아쌀람 이라크!

아쌀람 이라크!

"이라크에 평화를!"

●

서희부대 경비대장의 이라크전 참전기

●

김국현 소령 지음

비봉출판사

시작하면서…

　이라크 전쟁시 미군의 지휘관이었던 중부사령관 토미 프랭크스 장군은 우리나라에서 미 제2사단장 재임 시절 알게 된 한 목사님에게 전쟁에 임하기에 앞서 두 가지를 기도해 달라고 부탁했다고 한다.
　첫째는 자신이 중요한 판단을 하게 될 때 올바른 결정을 내릴 수 있는 지혜와, 두 번째는 전쟁에서 최소한의 인명손실만 발생할 수 있도록 해달라는 것이었다.
　그 목사님의 기도가 효과가 있었는지 프랭크스 장군의 요구는 성취된 것 같아 보인다. 적어도 부시 대통령이 주요 전투가 미국의 승리로 끝났다고 선언하고 프랭크스 자신이 중부사령관 재직 때까지만은 그랬다.
　그러나 전쟁 이후에 더 많은 미군의 피해가 발생하고 아직도 이라크에서는 총성이 끝나지 않고 있으니 참으로 아이러니한 전쟁인 듯하다. 그러나 분명한 것은 이라크 전쟁은 아직 현재진행형이라는 사실이다.

이라크 전쟁!

이 전쟁에 대하여 혹자는 미국이 이라크의 석유가 탐이 나서 일으킨 침략전쟁으로, 또는 테러 지원국이 될 가능성이 있는 이라크의 지원능력을 사전에 제거하고자 일으킨 대(對) 테러전쟁으로 그 성격을 규정한다. 이를 평가하는 사람들 중 평소 미국에 대하여 그 본질을 악(惡)으로 생각하는 사람들은 이 전쟁을 미국의 제국주의적 침략전쟁이라고 비난하거나 인류애적 차원에서 전쟁을 반대하기도 한다. 그러나 반대편에 있는 사람들은 미국과 안보동맹관계에 있는 나라로서 미국의 입장을 지지하거나 아니면 안보와 경제를 위해 어쩔 수 없는 국가적 선택으로 지지할 수밖에 없지 않느냐 하는 입장인 것 같다.

필자가 이라크 파병을 통하여 경험한 바에 의하면, 많은 사람들이 이라크 지역에서의 제한된 정보나 아니면 일부 편향된 시각 속에서 이 전쟁을 평가하고 있는 듯한 느낌을 많이 받았다. 그리고 전쟁의 당사자이자 우리나라와 불가분의 관계에 있는 미국에 대해서도 그 본질을 선 또는 악으로 단순하게 규정하는 합리적이지 못한 모습을 볼 수 있다. 분명 무언가가 잘못된 채로 바퀴가 굴러가고 있다는 느낌이다.

이라크 전쟁을 올바르게 이해하기 위해서는 전쟁의 배경이 되었던 걸프 전과 사담 후세인의 통치과정, 이란-이라크 전쟁 등을 알아야 한다. 또한 중동지역에서의 제국주의적 역사와 미국의 대외정책, 미국인의 성향에 대해서도 알아야 하며, 이러한 것 이전에 기독교와 유대교, 이슬람교에 대해서도 깊은 이해가 있어야 한다.

이 모든 것에 대한 이해가 전제되어야 비로소 이라크 전쟁의 실체에 다가설 수 있으리라고 생각한다. 그러나 이 글에 이러한 모든 것을 전부 담지는 못했다. 그것을 기록한다면 이 글은 참전기가 아닌 전혀 다른 종류의 책이 될 것이기 때문이고, 또한 그것은 필자의 능력의 범위를 넘어서는 것이기 때문이다.

이 글은 이러한 이해를 목적으로 하였으나 전문적인 종류의 글은 아니다. 다만 우리의 경험을 통하여 이라크 전쟁을 이해하는 데 작은 도움을 줄 수 있기를 바라고 썼을 뿐이다. 그리고 우리나라의 아들 딸들이 해외에 나가서 얼마나 자랑스럽게 임무를 수행했는지도 알아주기를 바라고, 이러한 능력을 가진 우리나라의 군(軍)에 대해서도 깊은 신뢰와 애정을 가져주기를 바라는 마음에서 쓴 글이다.

또한 필자가 강조하는 것은 미국에 대한 올바른 이해이다. 미국인은 성향적으로 합리주의를 지향하는 사람들이다. 우리나라 사람들이 다소 감정적이라면 우리가 감정적인 것만큼 그들은 합리적이다. 합리적이라는 것은 다른 말로 하면 계산적이라는 것이고, 손해 볼 일은 하지 않는다는 것이 될 것이다. 이러한 국민성은 한마디로 '기브 앤 테이크(give and take)'식으로 표현될 수 있다. 이것을 알아야만 그들과의 관계를 원활히 할 수 있고 우리의 국익을 위한 용미(用美)를 할 수 있다고 생각한다. 국제정치의 흐름에 대한 거시적 안목을 갖기를 바라는 마음 간절하며, 이 점에 대해서도 필자의 작은 경험이 도움이 되기를 바란다.

아무리 한 나라의 국민이 평화를 추구하고 전쟁을 싫어하더라도 전쟁이라는 것은 그것이 발생할 수 있는 조건이 갖춰지면 언제든지 일어날 수 있는 개연성을 가진 하나의 국제적 사회현상이라고 생각한다. 전쟁은 필요조건이지 필요충분조건이 아니라는 것이다. 따라서 전쟁이 발생하지 못하도록 나의 태세를 완벽하게 갖추어 놓으라는 손자(孫子)의 주장을 나는 절대적으로 신봉한다. 이 점에 대해서도 간략히 언급하였으니 참조 바란다. 이 모든 것을 이해하고 이라크 전쟁에 대한 국가적 대처방법에 대해서도 합리적으로 선택하리라 믿는다.

지금도 나의 뇌리 속에는 사막을 향해 뻗어난 이라크의 도로와 폐허가 된 마을 곳곳에서 맨발로 이국의 군인들을 향해 손을 벌리며 "물 좀 주세요! (give me water!)"라고 목청껏 외치는 어린아이들의 지친 모습이 떠나지 않는다. 이라크인의 피곤한 삶을 토로하는 한 여인의 한숨소리와 굽이쳐 흐르는 핏물 같은 유프라테스강과 티그리스강을 또한 잊지 못한다. 아마 영원히 나의 뇌리 속에 남아있을 한 장의 사진과 같은 장면이리라. 그리고 또한 나와 함께 이라크에서 젊음과 조국을 위해 푸른 마음을 불태웠던 용사들을 잊지 못한다. 그들은 조국의 부름에 기꺼이 임했고 앞으로도 그러한 부름에 또 기꺼이 응할 수 있는 용기를 지닌 사람들이기에…

파병 기간 동안 나와 부대원들을 아무런 사고 없이 지켜주시고 늘 도움 주시는 하나님과 주님께 깊이 감사드린다. 더불어 나를 위해 늘 기도하는 아내와, 어려운 출판여건에도 출판을 흔쾌히 허락해주시고 더불어 발행인 후기까지 써주신 비봉출판사 박기봉 사장님께 감사드린다.

2004. 5. 5
저자 씀

차 례

사진으로 보는 이라크 / 17

제1장 이라크 전쟁에 참전

1. 이라크전쟁이 내게 다가온 날 / 35
2. 참전을 지원하다 / 37
3. 저희 지역대를 보내주십시오 / 43
4. 서희부대 창설, 장도(長途)에 오르다 / 49

제2장 사담 후세인과 이라크

1. 이라크 역사 개관 / 57
2. 사담 후세인 / 59
3. 사담 후세인은 쿠웨이트를 왜 침공했는가? / 66
4. 쿠웨이트를 점령한 이라크군의 만행 / 69
5. 걸프전 이후 이라크에서는 무슨 일이 일어났을까? / 71
6. 미국은 왜 이라크 전쟁을 일으켰는가? / 73

제 3 장 아브라함의 고향에 가다

1. 쿠웨이트에서의 2주 / 79
2. 태권도 시범을 통해 한국군의 입성을 알리다 / 84
3. 큐빅 소장의 감탄 / 89
4. 쿠웨이트에서 이라크로 / 92
5. 기지건설 / 95
6. 메소포타미아 문명의 발상지 안 나시리아 / 99
7. 최초임무 메디캡 경호작전 / 104
8. 민병대와의 첫 대면 / 108
9. 현지인의 대 한국군 관(觀) / 111
10. 아브라함을 만나다 / 115
11. 4천년의 성상이 한국군을 보고 있다 / 120
12. 총이나 칼을 팝니다 / 122
13. 우리는 비아그라가 부럽지 않아요 / 125
14. 에로 CD의 비밀 / 128

15. Hey! Mister, Give Me Water / 130
16. 한국인의 심성 / 133
17. 한국군 덤벼라! 축구하자 / 136
18. 메소포타미아 문명과 한민족 / 140
19. 사랑의 기술을 가르쳐 주는 학교 (Love technical school) / 143
20. 아라비안 나이트 / 145
21. 고국에서 온 소포 / 148
　　◇ 기독교, 유대교, 이슬람교의 비교. '그 영원한 숙제' / 152

제4장 한국군 파병활동

1. 공병부대의 활동상 / 161
2. 제마부대 활동상 / 165
3. 제시카 일병 구출작전의 진실 / 168
4. 우리 함께 갑시다 / 180
5. 로마군의 후예, 이탈리아군을 보고 / 184
6. 인정이 넘치는 루마니아군 / 192

7. 슈크 알 슈알 마을 공사 경호작전 / 199
8. 부카(Booka) 포로수용소 방문기 / 205
9. 바그다드를 다녀와서 / 210
10. 바빌론 방문과 이스라엘의 슬픔 1 / 225
11. 바빌론 방문과 이스라엘의 슬픔 2 / 231
12. 일본군을 해외에서 만나보고 / 235
13. 태권도 교육 / 239
14. 마지막 순찰 / 244

제 5 장 후기

1. 해외 파병을 나가는 부대에게 / 257
2. 세계 경찰군, 그들을 지켜보고 / 267
3. 이라크 전쟁을 체험하고 나서 : 역사의 목소리를 들어야 / 274
4. 이라크 전쟁의 전쟁원인론 분석 / 277
◆ 발행인 후기: 해외파병의 새로운 패러다임을 정립하자 / 281
    -이라크 추가파병 철회 논의를 보고-

"주여! 이라크에 평화를 주소서!"

사 진 으 로   보 는   파 병 활 동

이라크 전쟁에 참전

쿠웨이트에 도착하여 항공기에서 내리는 병사들,
아직까지는 얼굴에 웃음이 가득하다

탤런트 김수미씨가 격려를 하고 있는 모습.
그녀는 우리나라의 안보를 위해서
파병은 당연하다고 여러 번 강조하기도 했다

국회 국방위소속 국회의원들의 부대방문

남재준 참모총장이 서희부대 창설식에서 부대를 사열하고 있다

바그다드를 다녀오는 길가에 세워진 이라크 국기와 총, 철모의 상징물 앞에서

바그다드의 사담후세인 대통령 궁으로 통하는 길목에서

시내에서 오수를 메우고 도로를 닦아주는 공사를 하고 있다

나시리아 시내의 이라크 군사시설 피폭장소를 둘러보며

아쌀람 이라크

사담 후세인과 이라크

사담 후세인이 자신과
동일시 하고자 했던
옛 이슬람 영웅 살라딘(左)과
투구를 눌러쓴
후세인의 동상 (右)

사담 후세인과 두 아들 우다이와 쿠사이

 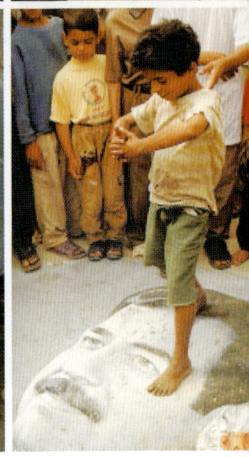

황금으로 만들어진 후세인 의자와
어린아이에게 짓밟히는
그의 초상화가 대조를 이룬다

고대 수메르인의
장례식 모습.
우리나라의 장례문화와
어딘지 모르게 닮아 보인다.

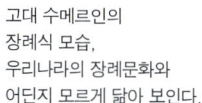

바빌론 왕궁의 무너진 성벽 사이로
사담 후세인의 궁전이 보인다.
후세인은 저 궁전에서
바빌론 왕궁을 바라보며
무슨 생각을 했을까?

쿠웨이트를 점령한 이라크군의
쿠웨이트 왕실 학살

나시리아 시내 중심부에
위치한 알리의 동상

식당에 걸려있는 시아파의 시조 알리의 초상화

오폐수가 고여 악취가 나는 웅덩이에서 놀고 있는 아이들

한 경비대원이 철조망 너머로 몰려든
어린이들에게 수통을 건네주는 모습.

지구라트 전경. 검은색 밑 부분이 원래의 기초로서
이를 토대로 윗부분은 나중에 복원한 것이다.

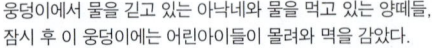

웅덩이에서 물을 긷고 있는 아낙네와 물을 먹고 있는 양떼들.
잠시 후 이 웅덩이에는 어린아이들이 몰려와 멱을 감았다.

나시리아의 한 이발소 내부모습

나시리아 시장에서
한 노인이 대추야자를 팔고 있다.
나이가 제법 들어보이는
이 사람은 한 50세 정도 되었을까?

나시리아 시장풍경

이라크의 전통음식 '케밥'

주둔지 입구 도로에서 칼을 사라고
손을 흔드는 이라크인

물고기를 팔고 있는 소년들

아쌀람 이라크 23

한국군 파병활동

주둔지 설치 동안 자욱한 먼지 속에서 텐트 주변에 자갈을 깔고 있다. 자갈을 깔고 난 다음에 땅바닥에서 이는 먼지는 반으로 줄어들었다

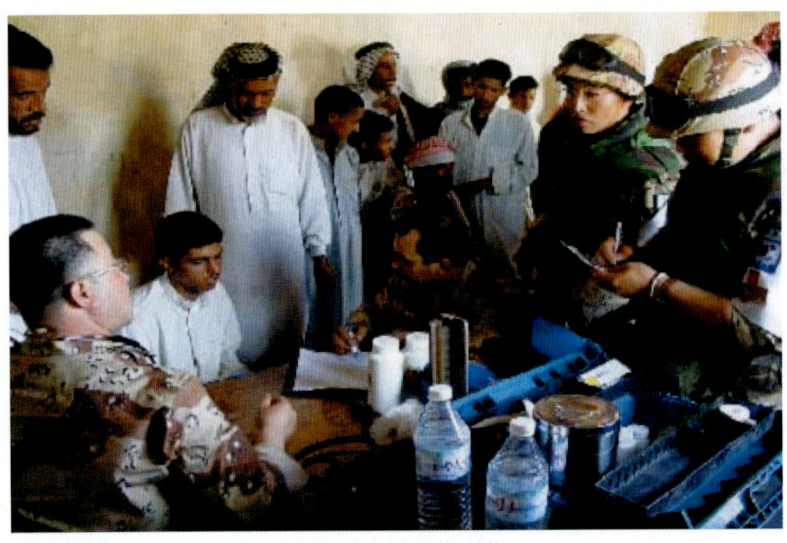

모여든 환자들을 치료하고 있는 군의관 홍영포 대위와 통역하는 함멧

한국군 병사가 어린이들을 대상으로 한국어 교육을 하고 있다. 이들의 산토끼 동요 가창 실력은 가히 수준급이다.

기술학교 수료식후 학생들이 교관을 최고라며 감사의 표시를 하고 있다.

고아원 방문

유프라테스 강가의 한 공원에서 태권도 교육을 하고 있다. 처음에는 모두가 맨발이었는데 서희부대 목사님이 운동화를 사 주어 신발을 신고서 힘차게 운동을 하고 있다

코만도 캠프에서 미군을 대상으로
실시한 태권도 교육

태권도 시범 동안 멋진 격파기술을 보이는
경비대원과 이를 지켜보는 미군,
뒤쪽에 노랑 군복은 쿠웨이트 군이다.

후세인 궁전의 옥상에서 주둔하는
미군과 기념 촬영

미군을 부대로 초청하여
축구시합을 하고 있는 모습

미군 초청
동맹군 만찬에서
CARABINIERY
요원들과 함께

특공무술
시범을 보이는
경비대원들

태권도 시범

철조망 밖으로 몰려든 아이들과 악수를 하고 있다.

모여든 아이들과 이야기를 나누는 부대장

마지막 태권도 교육을 마치고 기념촬영을 했다.
필자의 좌측이 디카르 주 태권도 총 책임자인 함마드
씨. 우측은 사범이자 관장인 바하씨

아이들과 더불어
구슬치기 놀이를 하고 있는 필자

어느 유목민 텐트에 들러
아이들과 아이들 엄마와 함께
한 컷트 찍었다.
아마 남자들이 집안에 있었더라면
이런 모습은 어림도 없었을 것이다.

서희부대원이 달려나온 아이에게
생수병과 과자를 건네주고 있다.

아쌀람 이라크   29

나귀와 경비대원

축구경기를 위해
부대를 방문한
나시리아 축구팀을
부대원들이 환영하고 있다.

양과 이라크인과 경비대원

한국의 날 행사에서 이라크팀과 축구경기를 하고 있는 서희부대원. 뒤쪽 관람석에는 약 2천여 명의 이라크인들이 축구경기를 관람하기 위해 모여들었다.

이라크의 젊은이들에게 둘러싸인 한 경비대원. 한국군이 이라크인과 얼마나 친근하게 지냈는지를 잘 대변해주고 있다.

유목민 탠트를 방문하여 차를 마시며

바그다드 시내에 위치한 사담 후세인의 주 궁전 앞뜰에서, 지붕에는 사진에서 보이는 사담의 흉상이 네 개나 있다

제 1 장

이라크 전쟁에 참전

1. 이라크 전쟁이 내게 다가온 날

이 이야기는 사담 후세인이 쿠웨이트를 침공하게 된 1991년부터 시작된다. 당시 필자는 육군사관학교를 막 졸업한 육군 소위로서 광주에 위치한 보병학교에서 초등군사반 교육을 받고 있을 무렵이었다. 4년여 간에 걸친 타이트한 교육으로부터 해방된 우리들은 자유스런 공기가 주는 상쾌함을 맘껏 누리면서 5개월여 간의 교육을 마치고 전방으로 가서 소대장을 멋지게 하겠노라는 설렘 속에서 매일매일을 보냈었다. 몇 달 후면 헤어질 동기생들과 함께 기울이는 한 잔의 소주잔과 나름대로의 포부 속에 날이 새는 줄 모르던 시절이었다.

   그 무렵 걸프전이 발발했다는 소식이 뉴스를 타고 전 세계를 강타했다. 뉴스에서는 온통 최첨단 무기를 동원하여 이라크군을 폭격하고 전격적인 기동전을 펼치는 미군의 전투수행 모습이 마치 컴퓨터 게임처럼 사람들에게 강렬하게 각인되면서 전쟁이 진행되고 있었다. 바야흐로 지금까지의 전쟁수행 방법이 아닌 새로운 개념의 20세기 전쟁이 눈앞에 펼쳐지고 있었던 것이다. 그러나 아직 어린 소위의 눈에는 "야! 미군들 대단하구나, 역시 세계 최강의 전력을 가진 미군들답구먼" 하는 정도의 감탄사와, "사담 후세인이 괜히 쿠웨이트를 침공하여 미국에게 도전함으로서 저렇게 호되게 당하는구나" 하는 철부지 생각뿐이었다. 그저 우리들의 머릿속을 지배하는 것은 소대장으로서 어떻게 군생활을 열어갈 것인가 하는 당면 과제와 동기들 간의 우정어린 만남이었다.

전쟁은 시작된 지 42일 만에 미군의 전격적인 승리로 종료되었고, 그리고 걸프전은 내 머릿속에서 그렇게 사라졌다. 그 해 8월, 강원도 홍천으로 소대장을 나간 이후에 시작된 군무의 바쁜 생활은 걸프전 따위(?)는 안중에도 둘 수 없는 시간의 연속이었다. 마찬가지로 우리 국민들의 뇌리 속에서도 걸프전은 나의 경우처럼 그렇게 사라졌을 것이다. 물론 이 전쟁을 연구하고 교훈을 도출하여 장차 우리 군(軍)에 발전적으로 적용하기 위한 군을 비롯한 각계의 노력이 있었음은 더 말할 필요가 없을 것이다. 그러나 대부분의 국민들은 나와 같았을 것이다. 이렇게 잊혀진 걸프전이 오늘날 내게 소리 없이 찾아와 나의 인생 전반에 걸쳐 세계관을 바꾸고 업그레이드(up grade)시키고 확신시키는 계기가 되었던 것이다. 아니, 그것은 그저 단순한 머릿속에서의 사유가 아니라 내 생(生)과 명(命)을 걸고 행동을 통해 얻은 결론이 된 것이다.

2003년 3월, 2차 걸프전으로도 표현되는 이라크 전쟁이 발발하였다. 부시 미국 대통령은 1차 걸프전을 일으킨 자신의 아버지를 좇아 기어코 이라크의 독단과 사담 후세인을 용납하지 않고 그를 제거하여 중동지역에서 미국의 이익을 관철시키기 위해 과감히 칼을 빼어든 것이다.

부시 대통령이 전쟁을 일으킨 원인에 대해 세계 각국과 국민들은 찬성과 반대로 양분되었고, 두고두고 각종 언론매체에서 뜨거운 감자모

양 회자되었다. 찬성론자들은 미국이 전쟁을 일으킨 원인을 9. 11테러 사건 이후 미국의 변화된 테러관이 주요 요인으로 작용하여 잠재적 테러국 또는 지원국인 이라크의 사담 후세인을 그 위험에 직면하기 전에 제거해버리는 대 테러전 형식의 전쟁으로 본 것이고, 반대론자들은 미국이 중동지역에서 이라크의 석유가 탐이 나서 이를 차지하기 위해 테러 위협을 이유로 침공하였다는 것이다. 특히 이러한 반대론자의 입장은 프랑스를 위시한 독일과 러시아 등이 주축을 이루어 반대의 목소리를 더욱 높여 세계의 반전 여론을 주도하였다. 우리나라에서도 전쟁 찬성론자와 반대론자가 나뉘어지다가 파병 움직임이 있자 여론은 양극으로 나뉘어 서로간의 치열한 공방이 온 나라를 벌겋게 달구었다.

　나는 특전사에서 지역대장의 신분으로 근무 중이었는데, 파병한다는 소식과, 공병 및 의료부대가 파병되며 특전사에서는 100여 명의 규모로 그 경계임무를 담당하게 될 것이라는 소식을 듣고, 반드시 자원하여 전투경험을 쌓으리라는 생각으로 지원하였다. 그러나 그저 단순하게 지원한 파병에의 동기가 6개월 간에 걸친 파병활동과 나름대로의 공부를 통하여 내가 전혀 생각하지 못했던 차원의 열매로서 다가왔다. 그리고 그것은 내가 생각하기에 너무나도 소중하다고 판단되어 나의 경험을 많은 사람들과 공유하고 이야기해 보고자 책이라는 매개체를 통해서 여러 사람에게 제언하는 장을 마련한 것이다.

2. 참전을 지원하다

2003년 3월 하순, 독수리 연습을 하고 있던 어느 날이었다. 나는 지역대장으로서 중대 작전 통제관 및 지역대 작전 제대장으로서의 임무를 수행 중에 있었다. 3일째 되던 날, 예하 8중대가 UH-60 헬기로 공중 침투하여 경기도 00산 일대에 무사하게 안착하는 것을 현장에서 감시하는 안전통제관으로서의 임무를 마치고 대대장님께 이상 없음을 보고하고 복귀하는 순간이었다. 지역대 통제소를 개소하였던 00사단 00연대 본부에 복귀하는 나를 맞이하던 정작(情作)장교 윤 중위가 의미 심장한 웃음을 띤 채 약간 긴장하는 모습으로 내게 보고하였다.

"지역대장님, 드디어 미국이 이라크를 공격하였습니다. 이라크 전쟁이 발발하였습니다."

보고하는 윤 중위가 얼굴에 웃음을 띤 것은 내가 그동안 몇 번이나 이라크 전쟁에 관해 질문하면서, '만약 전쟁이 발발하면 너는 나와 함께 이라크에 가는 거야', 라고 다짐을 해왔기 때문이었다. 그의 얼굴 표정은 나에게, '지역대장님은 정말로 지원을 하실 겁니까?' 하고 말없이 묻고 있는 것이었다.

2003년도에 전 세계적으로 가장 커다란 사건이 무엇이냐고 물으면, 아마도 대부분의 사람들은 이라크 전쟁을 들 것이다. 그처럼, 그 해 초는 과연 미국이 이라크를 침공할 것인가 아니면 사담 후세인이 미국의 무조건 항복이라 할 수 있는 요구사항을 받아들여 무장해제하고 권좌에서 물러날 것인가 하는 것이 초미의 관심사였다. 이어서, 미국이 이라크를 침공하는 것이 과연 옳은 일인가 아니면 그른 일인가에 관한 문제에 세계인의 관심이 집중되었다. 언론매체에서는 연일 미국이 이라크를 침공할 것인가에 대한 이슈와, 미국이 침공했을 때 한국군은 참전해야 하는가 아니면 참전하지 말아야 하는가에 관한 논란으로 지면을 채웠다.

　사람들은 만나기만 하면 이에 대한 토론에 열중했고, 나름대로의 주관을 가지고 자신의 주장을 펴면서 상대방을 설득시키려고 했다. 이렇듯이 국민들의 이목을 집중케 한 이라크 전쟁이 드디어 발발한 것이다. 그리고 지금까지는 토론으로 끝났던 파병에 대한 문제에 대해 이제는 무언가 양단간에 결정을 해야만 하였다. 그러던 중에 노대통령은 파병을 암시하는 발언을 하였고, 이 문제에 대해서 국민들은 또다시 찬성과 반대로 양분되어 마치 1945년 일제 치하에서 광복이 된 후 유엔의 신탁통치 결정에 대해 찬성할 것인가 반대할 것인가에 관한 논란처럼, 파병의 찬반문제로 온 나라가 달아올랐다. 젊은층을 중심으로 많은 국민들이 참전 반대쪽으로 기울었는데, 그 이유는 미국의 전쟁이 정당하지 않다는 것이었다. 미국이 이라크의 석유가 탐이 나서 일으킨 전쟁이기 때문에 우리나라는 이러한 침략전쟁에 참전해서는 안 된다는 것이 많은 사람들의 의견이었다. 다수의 언론들에서도 그러한 관점으로 보도를 하였고, 이라크에 파견 나갔던 종군기자들은 미국의 공습에 의해 파괴되고 죽어간 이라크 사람들에게 초점을 맞춤으로서 전쟁에 대한 국민들의 두려움과 우려를 증폭시키려 하였다.

나는 전쟁에 대한 관심과 파병에 대한 결정 문제로 마음이 들떠서 독수리 연습이 어떻게 진행되는지도 잘 모를 지경이었다. 평소 같았으면 온갖 정성을 다 기울여 연습에 열중했을 테지만 파병이 현실의 문제로 다가왔기 때문에 훈련에 정신이 집중되지 않았다. 더구나 이라크 전쟁으로 인해 미군이 테러를 당할 가능성이 높아졌다는 이유로 우리 지역대의 타격 목표였던 연합사 00지휘소는 다른 시설물로 그 목표가 변경

되었기 때문에 훈련의 집중도가 한층 더 떨어졌다.

훈련이 끝나자 나는 부대에 복귀하여 곧바로 대대장에게 파병 지원을 건의하였고, 뜻밖에도 대대장님은 흔쾌히 승낙해 주셨다. 당시 대대는 곧이어 5월에는 고등산악 훈련(유격훈련)을 하기로 계획되어 있었기 때문에 나는 선임 지역대장으로서 이에 대한 책임감을 느끼고 있었으며, 7월에 계획된 해상훈련에서는 내가 인명구조 주 교관의 임무를 수행하겠다고 대대장님께 약속을 해놓았던 처지인지라 내심 죄송했지만, 흔쾌히 허락해주신 대대장님의 호쾌함에 이 자리를 빌어 감사의 말씀을 드린다.

문제는 가족을 어떻게 설득시키냐 하는 것이었다. 남편이 전쟁에 참전한다는데 좋아할 가족들이 어디 있을까? 우리나라는 전투병을 파병하지는 않는다 하더라도 공병 및 의료지원부대의 경호경비를 맡은 특전사는 분명히 적과 교전할 가능성이 높을 것으로 예상되었고, 전후방이 구분되지 않는 게릴라전의 특성상, 그리고 주로 게릴라전을 펼치고 있는 이라크군의 전투양상을 고려할 때, 후방도 결코 안전하지 않은 상황이었다. 특히 이라크군에서는 화생무기를 사용할 것이 예상되는 상황이었으므로, 파병 지원은 나로 하여금 깊은 고민에 빠지게 하였다. 예전에 이란 이라크 전쟁 때 화학무기의 공격에 의해 피해를 입은 군인들의 끔찍한 모습을 VTR 자료를 통해 교육받았던 생도 시절의 군사학 수업이 떠오르면서 겁이 나기도 했다. TV에서는 연일 이라크의 대량 살상무기 사용 가능성에 대해 이야기하고 있었고, 수세에 몰린 이라크가 화생무기를 사용하리란 것은 누구에게나 충분히 예견되는 상황이었다. 이라크전은 과연 나의 생명을 바칠 만한 가치가 있는 전쟁인가, 하는 문제는 지원하기 전 며칠 동안 나의 뇌리를 떠나지 않았던 하나의 화두였다.

그러나 어차피 파병을 해야 할 상황이고 누군가는 가야 한다면, 차라리 내가 가야겠다고 생각했다. 더구나 이번 전쟁처럼 국가의 이익 문제가 고려되었던 파병은 전례가 드물었다. 한·미 동맹체제가 2003년도처럼 위협을 받았던 적이 없었기 때문이다. 2002년도 미군의 장갑차 사고로 어린 여중학생 2명이 사망한 이후, 그것이 한·미 불평등 문제로 확대되어 거센 반미 운동의 불길이 온 나라로 번져갔다. 성조기가 광화문 한복판에서 불탔고, 짚으로 만들어진 미군 병사의 화형식이 거행되었다. 또한 미군들이 시내에서 한국의 젊은이들에게 집단폭행을 당하기도 했고, 그리고 그 모습은 그대로 미국으로 전파되어 미국의 조야에서 한국에 대한 부정적인 인식을 확산시키는 촉매 역할을 하였다. '왜 우리가 한국에서 이러한 대접을 받으면서 계속 주둔해야 하는가? 당장 주한미군을 철수하자'는 여론이 거세게 일었다. 6.25전쟁 이래 혈맹으로 맺어진 한·미 관계가 이번처럼 악화된 예는 일찍이 없었다. 물론 그 전에도 어느 정도의 갈등은 있었지만 이번처럼 끝장을 보고야 말겠다는 최악의 상황으로 치달은 경우는 없었다.

나는 군인의 한 사람으로서 이러한 상황을 매우 걱정스런 마음으로 지켜보고 있었다. 국가의 안보는 전쟁을 통한 승리로써만 보장되는 것이 아니라 평시 준비태세를 확고히 하여 적으로 하여금 감히 침략할 엄두를 내지 못하게 함으로써 전쟁을 억지하는 것이 상책(上策)이다. 그런데 그 준비태세에서 가장 중요한 국민의 마음이 하나로 결집되지 않고, 우리나라 안보의 큰 축을 이루어 온 한·미 동맹체제가 흔들리고 있는 것이 아닌가? 국가안보를 가지고 도박을 하는 듯한 인상을 강하게 받지 않을 수 없었다.

손자병법의 구절을 예로 들지 않더라도, 전쟁에서 승리하여 안보를 보장받는 것은 하책(下策) 중의 하책(下策)임이 분명하다. 싸우지 않고 그 목적하는 바를 이루는 것이 최선의 방책인 것이다. 그런데 작금의 상황은 그동안 우리나라 안보의 핵심이 되어 왔던 한미간의 안보동맹 체제를 크게 손상시키고 있다. 나는 미군의 편을 들어주고 싶은 마음은 없지만, 그것은 분명히 작전 중의 교통사고였고, 재판 절차도 SOFA 규정에 따라 정상적으로 처리되었던 것으로 알고 있었다. 물론 우리의 정서에 맞지 않는 부분이 있는 것은 사실이지만, 이를 기화로 반미를 외치고 또 그것을 계속하는 것은 어두운 세력의 불순한 의도가 있거나 국제관계나 정치를 모르는 무지의 소치임을 통감하지 않을 수 없었다.

이러한 문제에 대해 이번의 이라크 전쟁은 악화일로를 걷고 있던 한미관계에 대하여 새로이 그 관계를 회복하고 공고히 할 수 있는 절호의 기회라고 여겨졌다. 이러한 생각은 파병에 따르는 위험과 그로부터 기대되는 이익 사이에서 갈등하고 있던 나에게 주사위를 던져볼 만한 선택으로 여겨졌고, 나름대로 판단이 서자 나는 갈등을 접고 기꺼이 파병을 선택하였다. 만약 파병을 지원하지 않고 머뭇거리다가 기회가 지나갔을 때, 먼 훗날 과연 나는 내가 옳다고 생각하는 대로의 삶을 살아왔는가라는 스스로의 질문에 직면했을 때 떳떳하고 싶었다는 것이 하나의 동기로 작용하기도 했다.

가족들은 처음에는 반대하였지만, 나의 각오가 워낙 다부졌던지라 깊은 기도 끝에 찬성해 주었다. 아버지를 여의고 홀로 계신 어머니는 뜻밖에도, 하나님께서 너를 크게 쓰시려 하나보다고 하시면서 찬성해 주셨지만, 막상 며칠이 지나고나서는, 안 가면 안 되느냐고 하시면서 전화상으로 안타까워 하시는 마음을 전해오셨다. 장인 장모님께는 차마 바로 말씀드리지 못하고 있다가 파병가기 3일 전에야 결정사항을 통보하다시피 말씀드렸다. 들으시는 순간 얼굴이 창백해지시던 장모님의 모습이 지금도 눈에 선하다. 더군다나 당시 아내는 임신 2개월의 몸으로 내가 파병을 나가 있는 동안 무거운 몸을 홀로 가누어야 했기 때문에, 이를 예상한 장모님의 염려는 결코 작은 것이 아니었다. 그러나 두 분도 결국 나의 확고한 마음을 받아들여주시고, 가족들은 염려하지 말고 무사히 다녀오라는 말씀으로 허락을 해주셨다.

　이러한 고민 끝에 파병을 지원하였고, 나의 지역대원들에게 같이 지원하자고 적극적으로 동참을 권유했다. 1개 지역대 정도의 규모로 보낸다니, 만약 우리 대원들이 원한다면, 그리고 가능하다면, 이들과 함께 가고 싶었다. 그 동안 6개월여 동안 지휘를 하면서 나의 생각과 스타일로 훈련시켰고, 이들의 장단점을 내가 다 알고 있으니, 우리 지역대원들과 함께라면 어떠한 상황에서도 즉각 임무 수행이 가능할 것이라는 자신감이 있었기 때문이다.

3. 저희 지역대를 보내주십시오.

나의 지역대원은 61명으로서 장교 8명과 부사관 52명, 그리고 병사 1명으로 구성되어 있다. 총원에 비해 상당히 부족한 상태로 운용되고 있었는데, 중대장들은 5명 중 2명이 단기자원으로서 전역을 1년여 앞두고 있었고, 1명은 조만간 중대장을 마치고 참모로 보직될 자원이었다. 중대 선임 부사관들은 군 생활 10년 이상의 상사 및 중사들로서 대대 15개 중대에서도 최고의 전투력을 인정받는 우수한 자원들이었으며,

중사 및 하사들로 이루어진 지역대원들도 내가 믿고 임무 수행을 자신할 수 있는 자들이었고 또한 그렇게 훈련을 시켜 놓았다.

지원 자격은 중사 이상으로 자대 근무 1년 이상인 자로 한한다고 명시되었다. 나의 지역대원 61명 중 그 자격에 해당하는 인원은 43명이었고, 그 중에서 결국 파병을 지원한 인원은 총 29명이었다. 기혼자들은 그 가족들의 반대를 무릅쓰고 지원하기가 힘들었고, 또한 그들을 남겨둔 채 지원하기가 차마 어려웠을 것임은 인정하지 않을 수 없다. 나중에 지원현황을 분석해 보니, 기혼자와 전역 대기자들을 제외하고는 지원자격이 있는 인원 중 대부분이 지원한 것으로 드러났다. 물론 기혼자 중에서도 우리 행정보급관인 나(羅) 상사처럼 특별히 나에게 꼭 선발을 부탁한 경우도 있었지만, 미혼자에 비해 지원률이 떨어진 것은, 일반 파병과는 달리 전투를 치를 수도 있을 것이라는 당시의 분위기를 반영하는 것이기도 했다. 당시 상황은, 나중에 이라크 추가파병이 결정되어 평화재건사단을 모집한다고 하자 전원이 지원을 희망한 지금의 분위기하고는 사뭇 달랐었다.

다른 지역대의 경우 10명 내외로 지원한 것을 보면, 우리 지역대는 대단히 파격적이었음이 분명하다. 내가 지역대장으로서 헛되이 근무하지는 않았구나 하는 자부심으로 그때만큼 뿌듯했던 적도 일찍이 없었다. 나는 우리 대원들과 함께라면 어떠한 임무가 부여되더라도 자신있게 완수할 수 있다는 평소의 나의 신념이 어느 정도 부하들에게도 공감되어 있음을 느낄 수 있었다.

그러나, 선발이라는 것이 원래 그렇듯이, 어느 한 부대에게만 우선권을 줄 수는 없는 일이었다. 부대별 안배는 부대의 기본 임무 수행을 위해서는 반드시 고려해야 할 요소이다. 각 여단별로 10여 명 안팎으로 선발 인원이 정해진 것을 알게 된 것은 나중의 일이다. 어쨌든, 대대에서 인원이 일차로 걸러졌고, 이차로 여단에서 30여 명으로 정해져서 사령부에 보고되었다. 30여 명 중에서 10여 명 정도가 선발되는 것이었으니, 알려진 바대로 선발률이 3:1 정도였던 것으로 되어 있으나, 실제로 지원한 인원들을 전부 고려하면 그 경쟁률은 20 내지 30대 1정도나 되었던 것이다.

4월 3일, 면접을 위해 나는 여단 선임자로서 지원자를 인솔하여 사령부로 향했다. 사령부에서는 정문부터 이라크 파병 면접을 나타내는 표지판이 우리를 안내하고 있었다. 경비대장으로 선발되는 소령은 여단에서 1차적으로 선별된 후 사령부에는 5명이 왔었는데, 면접관은 파병에 대한 기본적인 지원 동기와 자신이 선발되어야 할 이유에 대해서 질문하였고, 특히 나에게는 8월에 육군대학 전문과정에 선발되어 가도록 되어 있는데 굳이 이라크전에 지원할 필요가 어디 있느냐 하면서 의아해 했다.

사실 육군대학 입학 문제는 그동안 나를 아껴주던 여러 선배들이 조언해준 것이기도 했다. 육군대학은 전문과정과 정규과정으로 나뉘는데, 정규과정은 6개월 기간이지만 전문과정은 1년으로, 영관급 장교들은 이 과정에 선발되는 것을 대단한 영광으로 생각하는 것이 군 내의 분위기였다. 또한 선발에 따르는 인사상의 이점도 있었고, 10여년의 야전생활을 마치고 육대가 있는 대전에서 여러 동기생들과 함께 교육을 받으면서 문화적 혜택을 누리는 것을 가족들도 큰 기쁨으로 여기기 때문에, 대부분의 소령급 장교들이 이 과정에 선발되기를 바라고 있었다. 나는 이러한 전문과정에 선발되어 8월이면 지역대장직을 마치고 대전으로 내려가도록 되어 있었다.

면접관은 이러한 많은 이점을 포기하고 굳이 위험한 이라크전 파병에 지원하려는 이유가 무엇인지 물어왔는데, 그 질문 속에는 나를 아껴주는 마음이 깃들어 있음을 느낄 수 있었다. 나는 이 질문을 포함하여 나의 파병관에 대하여 다음과 같은 요지로 답변하였다.

"물론 육군대학 전문과정을 포기하고 파병을 지원한 것은, 인사상의 이점들만을 가지고 판단한다면, 여러 선배님들이 저에게 조언해주셨던 것처럼 바람직한 선택이라고 말씀드릴 수는 없습니다. 해외 파병은 차후에도 군 생활을 하다보면 기회가 있을 터이니, 금번 파병은 고집할 이유가 없을 것입니다. 그러나 이번 이라크전 파병을 제외한 나머지는 대부분 평화유지 활동이나 그에 따른 옵저버 요원으로 가는 것이지 지금처럼 전투를 경험할 수 있는 파병이 아니지 않습니까? 군생활에 있어서 전투를 경험할 수 있는 어쩌면 마지막이 될 수 있는 이번 기회를 어찌 육군대학 전문과정에 비할 수 있겠습니까? 저는 이 전쟁에 참전하여 직접적이든 간접적이든 많은 경험을 쌓고 저의 군생활의 초석으로 삼고자 합니다. 만약 전문과정을 못가서 받는 불이익이 있다면 달게 받을 것이니 염려하지 마십시오. 그리고 더불어 한 가지 건의를 드리겠습니다. 즉각적인 임무 수행을 할 수 있으려면 기존의 건제(建制)를 유지한 부대를 선발하지 왜 번거롭게 새로운 부대를 만들고, 그리고 전 사령부를 통털어 별도로 지원자를 모아 충원하려고 하십니까? 새로 편성된 부대는 임무수행 면이나 부대관리 면에서 즉각적인 전투력을 발휘하기에는 다소 문제가 있을 것으로 판단됩니다. 저희 지역대는 저를 포함하여 29명이 자원하였습니다. 지원 자격이 제한되는 하사들까지 포함시킨다면 40명 이상이 지원할 것입니다. 저희 지역대를 보내주십시오. 그러면 특전사를 대표해서 완벽하게 임무를 수행하고 돌아오겠습니다."

물론 나의 이러한 건의는 수용되지 않았다. 이번 파병은 안전을 보장할 수 있는 일반 파병이 아니라 전쟁 중이기 때문에 전체 인원을 자원에 의한 선발로 제한하였고, 그 경험을 전 여단에 공평하게 나눌 수 있도록 하기 위해서 균등하게 선발을 하는 것이라고 하였다. 그러나 속내로 비치는 실무자의 의견은, 생명에 위협이 있을 수 있는데 이렇게 많은 인원이 지원할 줄 몰랐다는 것이었고, 미리 알았다면 건제를 유지하여 선발했을 것이라고 하였다. 또한 육군대학 문제도 육본에서 검토하여, 이라크전에의 파병만은 특수한 경우로 인정해 주어 다음 해에 전문과정에 입교할 수 있도록 허가해 주었다. 이 점에 대해서 육군에 감사하게 생각한다.

부사관들은 그 특기별로 사령부에서 우수성이 검증된 교관 요원들이 면접관이 되어 선발하였다. 특전 부사관들은 폭파, 화기, 의무, 통신으로 그 특기가 분류되어 있는데, 이러한 특기는 전장에서 특수작전을 실시하기 위해서는 반드시 필요한 분야로서, 각 요원들은 1개씩 특기를 부여받아 고도로 숙달되도록 훈련된다. 따라서 주특기별로 우수한 교관이 면접관이 되어 그 훈련 정도와 더불어 파병에 임하는 동기와 자세를 평가한다. 특별히 특전사 사령관이신 김윤석 장군께서 각 여단 및 대대에서 가장 우수한 요원들을 엄선하여 선발할 것을 명하였기 때문에, 예하대에서는 자대를 대표하는 우수한 자원들을 선별하여 지원자로 보고하였다. 그래서 면접장은 그 어느 때보다도 긴장된 분위기였고, 지원자들은 자신의 지원 의지를 피력하고 그 능력을 인정받으려고 불꽃 튀는 경쟁을 하였다.

혹자는 정의롭지 못한 전쟁에 기꺼이 참전을 희망하는 군인들을 보고 개인의 영달을 위하여 사리를 판단할 줄 모르는 우매한 무리거나 전쟁광이라고 혹평할지도 모른다. 그러나 나와 우리 파병군인들은 그렇게 생각하지 않는다. 국가가 누란(累卵)의 위기에 처할 때 목숨을 바쳐 국가에 헌신하는 사람은 바로 반전주의자를 자처하면서 파병군인들을 악평하는 사람들이 아니라, 우리 군인들처럼 국가의 이익을 위하여 순진하게 자신을 희생시킬 수 있는 사람들이다. 그런 용기있는 자들만이 진정으로 국가와 민족이라는 숭고한 가치를 위하여 생명의 위험을 무릅쓸 수 있다고 생각한다. 우리는 역사를 통하여 무엇을 배우는가? 국제사회의 냉엄한 현실을 앞에 두고 언제까지나 명분론과 이상론만 고집할 것인가? 과거 조선시대에 새로이 중국의 강자로 떠오른 청(淸) 나라를 상대로 실리적인 외교를 펼치려던 광해군이 명(明) 나라를 섬겨야 한다는 명분론에 치우친 정치인들이 일으킨 인조반정(仁祖反正)에 의하여 왕위에서 쫓겨난 다음 그 결과가 어떻게 되었는가? 임진왜란이 끝난 지 불과 몇 해 지나지 않아 국가는 병자호란(丙子胡亂)이라는 또 다른 국란을 당하고 임금은 강화도에서 삼배구고두(三拜九叩頭)의 수치에 울지 않았던가? 파병 문제와 이런 역사적 사실을 직접 비교의 대상으로 삼아 말하는 것은 대단한 논리의 비약일 수도 있을 것이다. 그러나 이것은 같은 맥락의 사실이라고 감히 주장하고 싶은 것이다.

우리는 북한의 호전성을 간과해서는 결코 안 된다. 6. 25사변을 일으킨 북한이 그 후에도 헤아릴 수 없는 많은 도발행위를 해온 사실을 왜 염두에 두지 않는가? 한반도의 안보는 북한의 전쟁도발 의지가 약화되었기 때문에 지켜진 것이 아니라, 국가를 보위하려는 우리의 강력한 의지와 한·미간의 굳건한 군사동맹으로 가능해졌음을 인정하지 않으면 안 된다. 특히 우리의 젊은 청년들은 뜨거운 가슴으로 북한을 포용하되 냉철한 머리로써 우리 주변의 국제정세를 고려해야 한다는 교훈을 잊지 말아야 할 것이다. 그것이 젊은 청년들의 올바른 지성이 아니겠는가?

이야기가 잠시 다른 곳으로 흘렀지만, 나는 우리 군인들의 파병에 대한 국가적 가치와 국가의 부름에 응하여 거기에 지원하는 군인들의 동기의 순수함을 인정해 주어야 한다고 생각한다. 우리 특전사 요원들은 이러한 마음을 갖고 파병에 지원했으며, 또한 파병 임무에 임해서도 그러한 마음을 잊지 않고 실천하였음을 국민들에게 보고드린다. 단순한 공병 및 의료행위 등에 대한 전투지원이나 경비임무를 수행하는 파병만이 아니라, 실전에 투입되어 전투를 수행하는 파병이라 할지라도, 그들은 기꺼이 자원했을 것임을 확신한다. 나 자신이 그러하였기에 우리 대원들 또한 그러하였으리라 믿기 때문이고, 그러한 의지를 피력한 이들이 대다수임을 알고 있기 때문이다. 앞으로 다시 파병해야 할 날이 오더라도 지금처럼, "저희 지역대를 보내주십시오!"라고 자신 있게 건의할 수 있는 부대로 육성하기 위해 노력할 것이다.

4. 서희부대 창설, 장도(長途)에 오르다

마침내 영광스러운 파병부대 경비대장으로 선발되었다. 해외 파병에 선발된 사람이라면 누구나 다 자랑스러워 하겠지만, 나는 우리 특전사 병력들을 데리고 전쟁터인 이라크에서 공병과 의료지원 병력들을 경호 경비하는 경비대장 임무를 수행하게 된 것을 무한한 영광으로 생각했다. 그리고 나를 선발해준 국가와 군에 감사하고, 기필코 임무를 완수하여 모든 이들에게 충성과 믿음으로 보답코자 다짐하였다.

부대명은 「서희부대」로 명명되었다. 서희(徐熙)는 고려시대의 정치가로서 거란의 침입시 적장 소손녕(蕭遜寧)과 담판을 벌여 침략군을 물리치고 옛 영토까지 되찾은 서희 장군의 이름을 따서 명명한 것이었다.

파병되는 부대마다 과거 역사상 국가를 위해 공적을 세운 이의 이름을 따서 그 부대의 성격에 맞게 부대명을 짓는 예가 많았다. 따라서 서희부대는, 그 이름에서도 말해주듯이, 우리의 정치적 상황과 국민적 요구가 전투에 참여하는 전투병을 보내지 말고 공병과 의료지원 등의 지원부대를 파병하되 그와 더불어 군사 외교적인 노력을 통해서 나라의 이익을 극대화하자는 바램이 담긴 이름이었다. 그런 점에서 서희부대란 명칭은 적절한 이름이라고 생각되었다.

우리는 3박 4일간의 선(先) 소집 교육을 통하여 먼저 경기도 광주에 위치한 특전교육단에서 파병 전 교육을 받게 되었다. 김윤석 특전사령관님은 "파병되는 주 부대는 공병과 의료부대지만, 너희들은 이들을 경호 경비해야 할 전투부대이므로 전투에 준한 만반의 준비를 갖추라!"는 지시와 함께 사격, 수류탄, 지뢰 및 뷰비츄렙, 각개전투, 화생방 과목을 교육단 교관을 통하여 교육하고 훈련시키도록 했다.

늘 실시하는 교육훈련인지라 새로운 것은 없었지만, 파병을 눈앞에 둔 상황이었으므로 모두들 열성적으로 임하는 모습을 부대원들의 빛나는 눈동자와 굳게 다문 입술을 통해서 읽을 수가 있었다. 주간에는 모두들 열심히 훈련을 하였고, 야간에는 동화교육(同化敎育)으로서 자신을 소개하고 파병에 지원한 동기와 각오를 피력하는 시간을 가졌다. 나는 이들이 순수한 동기와 의지로 자원해서 전쟁터에 가려고 하는 그 자세가 무엇보다도 마음에 들었다. 이들 모두가 가족과 부모의 반대를 설득하고, 일부는 뿌리치고, 비장한 각오로 왔던 것이다. 지금이야 이라크 전쟁이 끝나고 미군의 승리로 종결된 상태에서 평정화 작전을 전개 중이지만, 이들이 지원할 당시만 해도 그야말로 전쟁의 한복판에서, 그것도 장기전과 화학전이 예상되는 상황에서 지원한 것이었기 때문이다.

교육단에서 3박 4일간의 선 소집교육을 마치고 경비대로 선발된 101명 중 공병부대 경비대 임무를 수행할 78명의 부대원을 인솔하여 수원에서 열차를 타고 전라도 장성에 위치한 상무대로 이동하였다. 나는 하루 전에 먼저 내려가서 부대장을 비롯한 간부들과 인사를 나누고 숙영지 문제를 협의하고 준비했는데, 그들과는 첫 대면인데도 불구하고 파병이라는 공통의 일이 눈앞에 있는지라 마치 오랜만에 만나는 전우처럼 가까운 느낌이 들었다.

마침내 4월 15일 참모총장님 주관하에 창설식을 갖고 부대가 창설되었다. 서희부대라는 고유 명칭의 부대가 명실 공히 발족한 것이다. 기념사를 통하여 국가와 민족을 위하여 숭고한 임무를 수행하라고 총장님께서 말씀하고 있는 중에도 위병소 밖에서는 파병을 반대하는 사

남재준 참모총장이 서희부대 창설식에서 부대를 사열하고 있다

람들의 목소리가 징, 꽹과리 등의 풍물소리와 함께 들리는 모습이 아이러니한 우리 시대의 자화상처럼 느껴졌다. 참모총장님께서는 창설 행사가 종료된 후 간부들과 악수하는 중에, "자네가 경비대장이구만. 24시간 긴장해서 경계 서야 해!"라는 말씀으로 임무의 중요성을 다시 한 번 강조하셨다. 그림 남재준 참모총장이 서희부대 창설식에서 부대를 사열하고 있다.

부대가 창설되자마자 파병까지 채 2주간의 준비기간도 남지 않았기 때문에 짧은 가용 시간을 효과적으로 활용하여 교육훈련을 실시해야 했다. 그나마도 주간에는 공통으로 이라크 문화, 언어, 전쟁법, 풍토병 등 필수 내용들이 계획되어 있었기 때문에, 며칠 간의 교육시간을 확보하여 임무 유형별 상황조치 훈련을 집중 실시하였다. 우리가 파병되어 수행하는 주 임무가 공병부대 경계이므로, 주요 인사 경호를 포함하여 공사지역 수색과 정찰, 이동하는 동안의 인원, 장비, 물자에 대한 경계 등 예상되는 각종 상황 13가지를 대별하여 상세하게 교육하였다. 특히 단장 경호대는 7명으로 별도의 인원을 선발하여 대통령 경호요원 출신

탤런트 김수미 씨가 격려를 하고 있는 모습. 그녀는 우리나라의 안보를 위해서 파병은 당연하다고 여러 번 강조하기도 했다.

인 곽동한 원사로 하여금 집중 교육하게 했다. 이렇게 주·야간 교육을 며칠간 강도 높게 진행하고 숙달시켰더니, 워낙 자질이 우수하고 하고자 하는 의지가 충만한지라, 며칠 안 되어 금방 숙달되어 임무 수행에 자신이 섰다.

2주 반만의 상무대 준비기간을 마치고 출정 신고식을 위해 다시 특전교육단으로 이동했다. 출정신고는 4월 29일 대통령 주관 하에 주요 귀빈과 파병가족들을 초청하여 특전사령부 연병장에서 거행되었는데, 규모는 작았지만 짜임새 있게 실시되었다. 행사 후 가족들과의 만남의 시간을 가졌는데, 5살 난 딸아이는 무슨 영문인지도 모르고 사람들이 많이 모여 있으니 그저 기분이 좋은지 온통 뛰어다니고 야단이었다. 나는 임신 2개월 된 아내를 홀로 남겨두고 떠나야 한다는 것이 내심으로 미안했고, 가족들은 조심해서 무사히 다녀오라고 눈시울을 적셨다. 모든 사람들의 떠나는 마음과 보내는 마음이 매일반일 거라 생각하니, 내가 맡은 책무를 성실히 수행하여 이들의 안전귀국을 보장해야겠다는 책임감과 각오가 한층 더 새로워졌다.

다음 날인 4월 30일 새벽, 우리 서희부대는 대한항공 전세기에 몸을 실어 이역(異域) 만리 이라크 전쟁터로 출발하였다. 가족들과 국민들의 열렬한 환송을 받지 못하고 이른 새벽녘에 떠나는 것이 아쉬웠지만, 그래도 특전사령관님 이하 특전부대 요원들이 나와서 장도에 오르는 길을 뜨겁게 환송해 주었다.

파병의 중요성과 숭고함 및 낯선 곳에서의 생활에 대한 기대감이 온통 마음을 설레게 하는 출발이었다.

제 2 장

사담 후세인과 이라크

제 2 장

대중매체언론

1. 이라크 역사 개관

KBS방송국의 「세계는 지금」이라는 다큐멘타리 제작을 위해 이라크를 방문한 강OO PD와 함께 동행한 수아드라는 이라크 통역관 여인과 이야기를 나눌 기회가 있었다. 그녀는 취재를 위해 3일 정도 한국군 캠프에 머물렀는데, 바그다드에서 대학교에 다니는 딸을 두었다는 현지인이었다. 그녀에게 들었던 여러 가지 이야기 중에서 가장 기억에 남는 말이, "이라크 사람들은 무척 피곤합니다"이다. 이유인즉슨, 수십 년에 걸친 국내 분쟁, 폭정으로 인한 궁핍과 인명의 살상, 이란 이라크전쟁 이후 벌어진 걸프전 등의 온통 전쟁으로 얼룩진 현대사에 또다시 미국 이라크 전쟁까지 일어나서, 그 전쟁들에 참가하여 그것을 수행하고 그로 인해 고통받던 이라크 사람들이, 이제는 고통을 넘어서 피곤하고 지쳤다는 것이다. 피곤이라는 낱말적 의미는 고통보다는 다분히 감성적 하위개념이지만, 그녀가 말하는 피곤은 오히려 고통의 상태마저도 무감각해졌다는 듯 모든 것을 포기하고 그저 쉬고 싶다는, 말하자면 이미 고통까지 초월한 상위개념으로 여겨졌다. 깊은 속 담배를 피우며 먼 허공을 응시한 채 자신의 나라와 민족의 처지를 타국의 군인에게 설명하던 그 모습이 지금도 눈에 선하다.

이라크는 세계 4대문명의 발상지로 유명한 메소포타미아 지역에 위치하고 있으며 그 역사는 고대로까지 거슬러 올라간다. B.C. 3000여년경 메소포타미아 문명을 건설한 것으로 알려진 수메르인들이 티그리스강과 유프라테스강 유역에 여러 도시국가를 건설했다. 이 도시국가들은 B.C. 2350년 경 아카드 군주인 사르곤의 통치를 받는 제국이 되었다가 쇠퇴하면서 2개의 새로운 중심세력인 바빌로니아와 앗시리아로 나누어져 발전하였다. 앗시리아는 중동의 대부분을 차지하는 광대한 제국을 건설했으나 B.C. 609년에 무너졌고, 바빌로니아는 이집트를 점령할 정도로 위세를 떨쳤으나 B.C. 550년 경에 이들을 포함한 메소포타미아 전체가 페르시아인들의 손에 의해 무너졌다.

페르시아인들은 B.C. 330년 알렉산드로 대왕에게 정복되었으며, 그 후(B.C. 323년)에는 압바스 왕조의 지배를 받았다. 이어 파르티아와 로마, 곧이어 사산조 페르시아와 비잔틴 제국이 지배했으며, 계속된 전쟁으로 쇠약해진 사산조 페르시아가 A.D. 7세기에 침략해온 아랍 이슬람교도들에게 정복당하면서 이슬람 제국의 치하에 들어갔다. 이슬람 제국의 지배를 받게 된 이후에는 여러 세력들 간의 싸움으로 다시 전쟁터가 되었다. 8세기에 압바스 칼리프 왕조가 수립되자 이슬람 세계의 중심지로 부상했으나, 1258년 압바스 왕조는 몽고에 의하여 멸망하였다.

이라크는 16세기에 오스만인들에게 넘어가 1917년까지 여러 세기 동안 지배를 받았다. 1899년 오스만인들이 독일인들에게 내어준 철도

부설권을 이유로 영국인들이 제1차 세계대전 중 이라크를 점령했고, 1921년 영국의 보호를 받는 군주국이 세워졌다가 1932년에 완전한 독립이 이루어졌다.

제2차 세계대전 중에는 친독일 정책을 고수해 1941년 영국에 재점령되었으며, 대전 후에는 1958년 혁명으로 군주제가 무너진 뒤 군사 쿠데타가 계속 일어나다가 1968년 사회주의 바트당에 의해 정권이 공고해졌다. 1970년대부터는 바트당 지도자인 사담 후세인의 통치 아래 국가의 산업화와 사회복지 개선이 이루어져 크게 발전하였으나, 1980년에 이란을 침공하면서 이란과 진퇴양난의 전쟁에 휘말리게 되었다. 이란 이라크전은 1988년 휴전으로 중단되었으나, 이 전쟁으로 인하여 그동안 이룩해 놓은 대부분의 산업시설이 파괴되고 경제기반이 무너져 나라 전체가 깊은 침체의 늪으로 빠져들었다. 곧이어 1990년 8월 후세인이 쿠웨이트를 침공하면서 이듬해 1월 시작된 걸프전에서 이라크는 국제연합의 지원을 받은 미군을 중심으로 한 반이라크 연합군에 패했다. 전쟁의 포화로 도시들이 파괴되었으며 이라크군도 막대한 전투력 손실을 입었다. 패전 후 이라크 내 쿠르드족과 시아파 등의 분리주의 운동이 거세게 달아올랐으나 연합군의 철수로 여력을 회복한 사담 후세인에 의하여 무력으로 진압되었다.

2. 사담 후세인

사담 후세인을 제외하고 이라크를 말한다는 것은 김일성과 김정일을 제외하고 북한을 논하는 것과 같은 것이리라. 그만큼 후세인은 이라크의 국민들에게, 그리고 이라크의 정치, 경제, 종교, 문화 등 모든 면에서 너무나 커다란 영향력을 미쳤기 때문이다. 그의 재임기간이 33여 년에 이르렀기 때문에, 그것도 절대적인 독재권력을 행사했기에, 후세인이 곧 이라크라고 할 정도로 생각되었고 또 외부세계에서도 그렇게 받아들여졌다. 따라서 이라크전쟁의 본질에 더 근접하기 위해서는 사담의 성격과 성장과정을 포함한 정치입문, 정치역정 등을 알아보는 것은 필수적이라 하겠다.

- 사담 후세인 사이드 K. 아부리쉬, 『사담 후세인 평전 · 복수의 정치학』
(도서출판 자전거, 2003) 참조

사담 후세인이 자신과 동일시하고자 했던 옛 이슬람
영웅 살라딘(左)과 투구를 눌러쓴 후세인의 동상(右)

사담 후세인은 1937년 바그다드의 북쪽에 있는 티크리트에 인접한 알 아우자라는 작은 마을에서 유복자로 태어났다. 티크리트는 후세인 자신이 닮고자 했던 이슬람의 오랜 영웅 살라딘의 고향이기도 한 곳이다.

후세인은 친모인 수브하와 계부인 하산 사이에서 자랐는데, 계부는 후세인을 자주 때리면서 몹시 핍박했다. 어린 시절을 매우 불우한 환경에서 방황하며 보냈는데, 나중의 비뚤어진 성격은 이러한 가정환경에 기인한 것이라고 한다.

그러나 후세인의 삶은 외삼촌 카이르 알라를 만나면서 달라진다. 카이르 알라는 이라크 육군 소위 출신으로 후세인의 장인이자 조언자가 되었고, 후에 이라크 군대의 명예 장성과 바그다드 시장을 역임하기도 했다. 그는 조카의 젊은 시절이나 개인적인 삶이나 정치적인 면에서 엄청난 영향을 미쳤던 존재였다. 후세인은 외삼촌과 살기 위해 1947년 집을 떠났고, 군인이 되기 위해 사관학교에 응시했지만 낙방하자 외삼촌의 도움으로 1957년 범아랍사회주의 정당인 바트당에 가입함으로서 인생의 방향을 접게 된다.

바트당의 열성당원이 된 사담은 테러를 신봉하는 행동가로 이름을 날려 1959년 이집트가 주도한 아랍연합공화국과의 합병을 반대한 알 카림 카셈의 암살을 시도하기도 했다. 암살 실패 후 이집트로 정치적 망명을 한 그는 당시 이집트의 대통령 나세르의 범 아랍주의에 깊이 빠졌고, 친 나세르 주의를 표방한 이라크 바트당에서 정치적 역량을 키워 나갔다. 이때 그의 나이는 20세에 불과하였다.

이후 1963년에 이라크가 CIA의 지원을 받은 바트당과 알 바크르 장군, 카이르알라, 후세인의 티크리크 친지들이 주동이 되어 일으킨 쿠데타에서 아레프가 대통령에 선출될 당시에는 바트당 전국 본부의 의장인 아플라크의 오른팔로 알려질 정도로 성장한다. 그 후 1968년에 아레프 정권은 쿠테타로 무너지고 그와 먼 친척벌인 바크르가 대통령에 오르자 외삼촌 카이르 알라는 바크르에게 믿을 수 있는 것은 고향사람과 친족뿐이라며 후세인을 부통령으로 추천한다. 후세인은 바크르에게, "나에게 권한을 주십시오. 그러면 저는 각하께 이 나라를 지배할

능력이 있는 당을 드리겠습니다"라고 충성을 표시했으며, 하루 18시간씩 일하면서 바크르의 전폭적인 신임을 받아 1969년 부통령으로 임명된다.

후세인은 "배부른 국민은 혁명을 꿈꾸지 않는다"라는 격언을 좌우명으로 삼고 지냈다고 한다. 그는 이라크인 한 사람 한 사람에게 경제적인 동기를 부여하기 위해서는 근본적인 해결책으로 석유조합을 국유화하는 것이라고 결론 내리고 많은 반대에도 불구하고 이를 관철시켜 나갔다. 이라크의 원유 매장량은 1,120억 배럴로 사우디아라비아의 매장량 2,618억 배럴에 이어 세계 제2위를 차지하고 있으나, 우리가 만났던 이라크인들은 자신들이 결코 사우디아라비아에 비해서 적지 않은 매장량을 갖고 있노라고 자신 있게 주장하곤 했다. 또한 이라크의 원유는 지표면 가까이 매장되어 있기 때문에 그 생산설비가 적게 들어 다른 나라에 비해 대단히 매혹적이라는 설명까지 깃들인다.

"아랍의 석유는 아랍인에게"라는 후세인의 구호에 국민들은 호응했다. 그리고 그는 국유화를 통하여 획득한 엄청난 국가 수입을 이용하여 무기개발 프로그램에 착수하였고, 중동 최강의 군대를 만들기에 이른다.

후세인은 보안군 책임자를 역임하며 모든 정보를 독점할 수 있었는데, 차차 야심을 드러내어 결국 대통령인 바크르의 뒷조사까지 실시하여 그의 부정과 약점을 잡고 배후 조종까지 하다가 1979년 그의 사임을 받아내고 뒤를 이어 대통령이 되었다. 바크르는 사임하기 몇 년 전부터는 이름뿐인 대통령으로서 실질적인 권력은 후세인의 수중에 들어와 있었던 것이다.

대통령에 오른 사담 후세인이 첫 번째 한 일은 평의회의 3분의 1에 해당하는 위원 60여명의 공개처형이었다. 이들의 처형 장면은 비디오 테이프로 전국에 배포되어 1인 통치의 시작을 알렸다. 후세인 집권 3년 만에 약 3천여 명이 살해됐다. 후세인은 두 아들인 우다이와 쿠사이가 어렸을 때 앞으로 닥칠 역경을 가르친다는 목적으로 감옥의 고문 현장을 보여준 적도 있었다.

나는 나시리아의 어느 한 유목민 가정을 방문한 적이 있었는데, 한 청년의 왼쪽 손목이 잘라지고 오른 눈은 실명한 상태였다. 그 청년은 후세인이 자신에게 그렇게 했다며 성한 바른손으로 잘려나간 손목과 실명한 눈을 가리켰다. 비록 그가 잘못을 범해 그에 대한 처벌로서 절단형이 내려졌겠지만, 이라크를 짓누르고 있는 폭력의 보편성과 후세인의 무자비한 통치술의 단면을 보는 것 같아서 가슴이 아팠다.

후세인의 잔혹성을 나타내는 단편적인 일화가 있다. 1982년 내각회의 도중 보건장관인 리야드 이브라힘을 불러내어 옆방에서 직접 권총으로 사살한 적이 있는데, 죄목은 그가 뇌물을 받고 유효기간이 지난 약품 납입을 허용하여 이를 복용한 병사들이 죽었다는 것이었다. 후세인은 보건장관을 즉결 처형하고 나서 마치 아무 일도 없었다는 듯이 돌아와 회의를 계속 진행하였다고 한다.

반대파들에 대한 후세인의 잔혹한 보복은 이란-이라크 전쟁의 와중에서도 그치지 않았는데, 1981년에는 "반란의 가능성"이 있다는 이유로 자신에게 불만을 말하거나 불복종하는 장교를 55명이나 재판 없이 처형하고, 정보장관에 의한 암살 시도가 있자 그 암살 시도자들과 쿠르드 애국동맹단원 140여명을 처형하는 등, 1981년과 1982년을 통틀어 3천 명 이상의 민간인이 처형되었다.

이라크의 국민들은 상당수가 안보기관과 연줄이 닿아 있었으며, 사람들은 서로를 감시하였고, 심지어 같은 안보기관에 근무하는 조직원들끼리도 서로 감시하였다. 이처럼 정교한 감시체제는 매우 효율적이어서 수많은 사람들이 납치되어 사라졌고, 괴롭힘을 당하거나 처형되었다. 또한 자백을 받아내기 위한 전기 고문, 매질하기, 발바닥 때리기, 사지 비틀기, 희생자 인척 강간하기를 비롯하여 불로 태우거나 사지를 톱으로 절단하는 고문이 자행되었다. 후세인의 강압통치에 의하여 1970년대에 수십만 명이 희생되었다.

이와 같이 전형적인 독재자의 길을 그도 그대로 밟아갔으며, 결국 많은 독재자들이 갔던 추락의 길을 그도 가고야 만 것이다.

후세인의 직접적인 몰락의 시초는 이란 침공으로부터 시작된다. 그는 자신의 정치·종교적 도전자였던 호메이니를 가택연금 시켰다가 국외로 추방하였는데, 호메이니가 이란으로 들어가 이슬람 혁명을 통하여 정권을 잡자 불안감을 느꼈던 것이다. 이라크인 중 60% 이상이 시아파로서 만약 이들이 이란과 내통하여 정권에 도전해 온다면 이것은 후세인에게는 체제유지에 가장 강력한 위협이 되는 상황이었다.

따라서 후세인은 자신이 그동안 건설한 군사력을 믿고 이란 침공을 결심하게 된다. 전쟁 초기에는 이라크가 우세하여 전쟁의 주도권을 잡고 이란으로 진격해 들어갔지만, 곧이어 이란의 거센 반격을 받아 전쟁은 장기전으로 치달았고 무려 8년 동안이나 지속되었다.

전쟁이 종반기로 치달을 무렵, 이란의 메카 순례자들이 폭동을 일으켜 이를 진압하던 사우디아라비아의 보안요원에 의해 400명이나 사망하자, 이슬람 원리주의의 확산을 우려하던 미국은 전쟁에 합류하여 이라크를 지원한다. 그 결과 후세인은 더욱 대담해져 화학무기와 로켓 사용에 대한 국제협약도 무시하며 이란을 압박한다. 한편, 이란이 이라크의 북부지역에서 쿠르드족과 연합전선을 펴서 공격해오자 이에 위협을 느낀 후세인은 화학무기를 사용하여 이들을 격퇴하였고, 이 와중에서 상당수의 이란군이 화학무기에 의해 희생당했다. 그리고 후세인은 스커드 미사일을 이란의 도시를 목표로 발사하여 테헤란과 주요 도시들을 포격하였다.

1985년 5월, 우세한 화력과 화학무기를 앞세운 이라크가 이란을 향하여 진격해 들어가자 상황의 심각성을 인식한 호메이니는 1988년 7월 18일 전쟁이 시작된 지 8년 만에 유엔 안보리의 결의안을 수용했다. 드디어 총성이 멈추었고 후세인은 승리를 선언했다.

후세인은 비록 이란 이라크 전에서 승리하고 많은 아랍 사절단으로부터 축하를 받았으나, 전쟁을 통하여 36만 이상의 이란인과 이라크인이 사망했고, 70만 이상의 부상자가 발생했으며, 전쟁으로 인한 손실액이 6천억 달러나 되었다. 이라크는 더 이상 70년대 당시의 전성기가 아니었고 완전히 후세인과 그의 가족국가가 되어버려 회생할 수 없는 길을 향해 나아가고 있었다.

전쟁이 끝나고 나자 이라크는 1970년대 이전의 시기로 되돌아가 있었다. 후세인과 그의 바트정권이 이루었던 유무형의 성과들은 모두 사라져 버렸고 후세인은 혼란한 사회와 파산한 국가를 거느리고 있을 뿐이었다. 석유수출로는 이라크의 부채와 전후비용을 감당할 수 없었다. 아랍 국가들도 호메이니라는 위협이 사라지자 더 이상 이라크를 도울

이유가 없어졌고, 또한 서방 국가들도 마찬가지였다. 그러나 후세인은 자신을 아랍의 새로운 정복자로 인식하였고, 국민들은 실업과 경제적 난관에 빠져 있는데도 불구하고 대통령궁을 짓기 위해 8년간이나 걸리는 공사를 시작했으며, 프랑스의 개선문을 본 따 개선문을 만들었다.

이렇게 자신을 아랍세계의 영도자로 착각하고 국가와 자신을 동일시했던 후세인은 급기야 모든 난관과 악 상황을 타개하고자 쿠웨이트 침공을 결정했고, 모든 것은 후세인과 이라크를 나락으로 몰아가고야 말았다.

3. 사담 후세인은 쿠웨이트를 왜 침공했는가?

1990년 8월 2일, 사담 후세인은 자신이 자랑하던 공화국 수비대에게 명령을 내려 쿠웨이트를 전격 침공케 했다. 이라크의 최정예 부대인 공화국 수비대는 국경을 넘은 지 불과 2시간 만에 쿠웨이트 전역을 석권하였다. 애당초 양국의 군사력이 비교가 되지 않을 정도로 현격한 차이가 났기 때문에 전쟁다운 전쟁이 될 수 없었다. 쿠웨이트를 공격한 이라크군은 8개 사단 10만여 명으로 불과 2년 전에 8년간의 이란 이라크 전쟁을 통해서 실전경험이 풍부한 역전의 용사들로 이루어진 세계 4위의 전력을 자랑하는 강군이었다. 그에 비해 쿠웨이트는 인구수 92만 명에 일개 국경 수비대 정도의 병력으로 기껏해야 이라크의 10분지 1에도 미치지 못하는 전투력 수준이었다.

그런데 왜 이라크는 쿠웨이트를 침공하였을까? 걸프전에 대해서는 자세히 알려져 있지만 정작 그 배경의 주된 요소가 되는 이라크가 쿠웨이트를 침략한 이유에 대해서는 익히 알려져 있지 않다.

물론 그 원인에는 양국의 역사를 통해 얽히고설킨 여러 가지 문제가 있겠지만 대략 다음의 세 가지로 꼽는다.

첫째는 이란 이라크 전쟁을 통해서 쿠웨이트로부터 수백 억 달러의 빚을 지게 된 사담 후세인은 종전 후 빌린 돈의 상환연기를 요구하게 되는데, 쿠웨이트는 이를 거절한다. 전쟁이 끝난 후 천문학적인 빚을 안고 전쟁의 피해를 재건해야 하는 후세인에게 당장 빌린 자금을 갚기란 현실적으로 어려웠다. 이에 후세인은 쿠웨이트를 방문하여 사정 얘기를 하고 상환연기를 요구하자, 쿠웨이트는 후세인이 빚을 갚지 않으

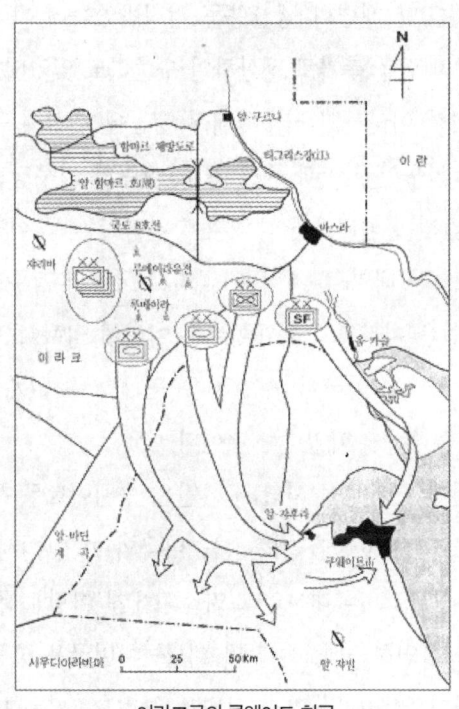

이라크군의 쿠웨이트 침공

려는 속셈이라고 판단하고 그 요구를 단호히 거절하였다. 여러 차례의 연기 요청에도 불구하고 쿠웨이트가 이를 허락해주지 않자 화가 난 후세인은 이라크가 대신하여 이란의 위협으로부터 쿠웨이트를 보호해 주었으니 그 대가로 이라크가 차용한 대금을 갚지 않아도 된다는 논리를 펴고 나섰다. 다시 말하면, 갚을 의도가 전혀 없다는 노골적인 협박이었다.

둘째는 쿠웨이트 석유 생산량에 대한 사담 후세인의 불만에서 연유된다. 세계 석유수출국 기구인 OPEC에서 각국의 원유 생산량을 통제하고 있는데 쿠웨이트가 이를 지키지 않고 통제량보다 과도하게 많이 생산하여 국제 유가의 하락을 가져왔다는 것이다. 당시 쿠웨이트는 OPEC로부터 150만 배럴의 생산량을 지정받았는데 자국의 경제사정을 이유로 60만 배럴을 추가로 생산하여 수출하고 있었던 것이다.

셋째는 이러한 이라크의 막무가내식 행동에 대하여 쿠웨이트가 이라크의 철천지 원수인 이란과 손을 잡고 이란의 외무장관을 자국으로 초청하여 양국간의 밀월관계를 대내외에 천명하는 등 이라크와 거리를 두는 외교를 지향한 데 따른 것이다. 따라서 아랍의 맹주로서의 역할을 자임해온 후세인은 이라크가 쿠웨이트와 이란에 의하여 포위를 당하여 활동 공간이 줄어드는 형국이 되는 것을 묵과할 수 없게 된다. 그리하여 쿠웨이트를 공격하게 되었다는 것이다.

이러한 원인에 근거하여 사담 후세인은 쿠웨이트를 무력으로 응징하고자 쿠웨이트의 보호국을 자처하는 미국의 개입 의사를 확인한다. 그는 직접 주 이라크 미국대사인 그라스피에게 아랍분쟁 발생시 미국의 개입 여부를 확인하는데, 이에 미 대사는 "미국은 중동국가의 분쟁에 개입할 의사가 없습니다"라는 답변을 주었고, 이를 미국의 불개입

전략이라고 오판한 후세인은 전격적인 공격명령을 내려 쿠웨이트로 향하게 된다.

4. 쿠웨이트를 점령한 이라크군의 만행

국경선을 넘은 지 2시간 만에 쿠웨이트를 점령한 이라크군은 도를 넘어선 사기와 베두인의 잔학성을 그대로 쿠웨이트인에 대한 학살과 만행으로 표출하였고, 후세인은 이를 방조하거나 오히려 부추긴다. 전쟁이 일어나기 전에 "우리에게는 미국과 영국이 있다"고 호언장담하던 쿠웨이트 왕가는 사우디아라비아로 긴급 피신했고 애꿎은 국민들만 성난 이라크군의 희생양이 된 것이다.

이라크군은 먼저 정부에 참여하거나 그들의 보호막이 되었던 정치가, 군인, 경찰, 공무원 등을 찾아내어 살해하거나 이라크로 끌고 가고, 그들의 가족들도 무참히 죽이거나 여자들을 강간하는 만행을 저지른다. 이라크의 점령기간에 수천 명이 살해되거나 실종되었으며, 실종된 사람들도 전부 살해당하여 집단 매장되었다고 한다.

실제로 서희 · 제마부대가 파병되어 활동하던 시기인 2003년 8월 무렵에 한 이라크인으로부터 쿠웨이트인 집단매장 장소에 대한 제보가 들어왔다. 그는 카듬이라는 이름의 전직 이라크 군인으로서, 이라크가 쿠웨이트를 침공했을 당시 자신이 속한 부대가 쿠웨이트인 수백 명을 집단으로 살해하여 매장하였는데 자신도 바로 그 현장에 있었다는 것이다. 왜 우리에게 그러한 제보를 하느냐는 질문에, "한국군은 진정으로 우리 이라크인을 도와주러 왔다는 믿음에서 이러한 제보를 합니다"라는 답변을 하면서, 그 장소는 이라크와 쿠웨이트의 국경선 부근이라고 하였다.

이러한 사실은 전쟁의 명분을 찾기에 갈급하던 미국측에는 사담 후세인의 잔인성을 세계에 알려 후세인의 제거를 정당화하려는 희소식이 될 만한 사건이었고, 또한 우리 한국군이 실종자 매장 장소를 찾는다면 이는 실종자 찾기 노력을 기울이던 쿠웨이트 정부에 좋은 선물이 되어 한국과 쿠웨이트간의 관계를 돈독히 할 수 있는 기회가 되기도 할 터였다.

결국 그 제보자를 앞세워 매장된 지역을 찾기 위한 탐사가 진행되었으나, 10년이 지난 후의 일이고 매장했다는 지역이 지형상 특이한 지형지물이 없는 사막으로서 제보자의 기억이 정확치 않아서 찾기에 그만 실패하고 말았던 사건이 있었다.

이렇듯 쿠웨이트인들에게 이라크의 사담 후세인은 우리나라 사람

쿠웨이트를 점령한 이라크군의 쿠웨이트왕실 학살

에게는 6. 25를 일으킨 김일성이자 한반도를 침략한 일본의 히로히토 천왕 같은 존재였던 것이다. 전쟁으로 인한 실종자 문제와 이라크 군인에 의한 쿠웨이트 여성 강간으로 출생한 사생아 문제는 커다란 사회문제가 되어 오늘날까지도 쿠웨이트인들에게 씻을 수 없는 상처로 남아 있다.

이라크전쟁이 발발하기 전에도 세계 각국에서는 반전 데모가 한창인 데 반해, 쿠웨이트에서는 미국이 빨리 이라크를 공격하기를 바란다며 전쟁 찬성 데모를 거세게 벌였다고 한다. 그리고 자국의 공항과 항만 시설을 비롯하여 주요 지역을 미군에게 사용하게 하여 이라크 공격을 위한 주요 거점과 기지로서 활용하게 하였다. 쿠웨이트인들에게는 이라크의 사담 후세인은 같은 하늘 아래 머리를 두고 공존할 수 없는 악마와도 같은 존재였고, 그에 반하여 미국은 자신들을 구원해준 구세주와도 같은 고마운 나라였던 것이다.

5. 걸프전 이후 이라크에서는 무슨 일이 일어났을까?

이라크의 쿠웨이트 침공에 대하여 미국은 즉각 유엔 안전보장이사회 소집을 요청하여 이라크의 침략을 규탄하고 사담 후세인에게 쿠웨이트에서 이라크군을 철수하여 전쟁 이전의 상태로 돌아갈 것을 요구하였다. 그러나 이라크의 반응이 원하는 만큼 이루어지지 않자 미국을 중심으로 다국적군이 결성되어 이라크군을 쿠웨이트로부터 축출하고 패퇴시키려는 걸프전쟁이 발발한다.

그간의 사정에 대해서는 TV상에서 CNN방송을 통하여 너무나도 잘 알려져 있듯이, 미군 중부사령관 노먼 슈워츠코프 대장의 지휘 하에 다국적군은 첨단의 전력을 발휘하면서 42일 만에 이라크군의 주력을 격멸시키는 놀라운 전과를 거두고, 그렇게 걸프전쟁은 종결을 맞이하여 미군은 이라크에서 철수하게 된다.

그러면 왜 이라크에서는 사담 후세인이 축출되지 않았으며, 미군이 철수하고 난 이후 이라크에서는 어떤 일이 일어난 것일까? 미국은 실제로 걸프전쟁을 통해서 사담 후세인의 제거까지 목적하지는 않았던 것으로 보인다. 미군이 이라크의 수도인 바그다드까지 진격하여 후세인의 축출을 눈앞에 두었을 무렵에 미군은 돌연 종전을 선포하고 병력을 물려 철수하고 만다. 미국의 지원에 힘입어 후세인에게 반기를 들어 곳곳에서 봉기한 시아파 이라크인들은 끝까지 후세인을 추격하며 미군에게 지원을 요청하지만, 미국으로서는 후세인도 부담스럽지만 이슬람 원리주의에 충실한 시아파의 집권은 더더욱 골치아픈 장애가 된다고 판단한 듯하다.

미군이 이라크로부터 철수하자 힘을 얻은 후세인은 여력을 동원하여 봉기한 반란군을 일거에 격퇴시켜 항복을 받아냈다. 그리고 자신에게 도전한 세력을 응징하여 철저히 복수하기 시작했다. 미국에게 당한 패배의 분노를 시아파 교도들에게 쏟는 듯 그들을 철저하고도 무자비하게 처형하고 탄압하였다. 전쟁 전 시아파를 어느 정도 감싸는 정책을 폈던 후세인은 이제는 노골적으로 그들을 적대시하였고, 조금의 틈도 주지 않고 도전에 대한 가혹한 대가를 치루게 하였다. 그리고 모든 반란이 진압된 이후에도 정책적 불이익을 주어 항상 압제하고 핍박했다.

우리가 나시리아에 파병되었을 당시 시아파 이라크인들이 미군에게 비협조적이고 적대시했던 것도 이러한 점에서 기인한다. 즉, 이번에도 미군들은 자기들의 정치적 목적만 달성하고 나면 걸프전 때처럼 그냥 철수해버리고 말 것이 뻔하기 때문에 기대할 것이 없다는 것이다. 만약 미군에 협조라도 했다가 후세인이 재기라도 하는 날에는 지난날처럼 호되게 당할 것이기에 절대로 협조할 수가 없다는 것이었다. 얼마나 당했으면 그럴까 하는 생각이 들기도 했다. 나중에 후세인이 미군에게 잡혔을 때 환호하는 이라크시민들의 모습을 TV에서 보았는데 아마도 시아파 이라크인들이 가장 기뻐했으리라 생각한다.

6. 미국은 왜 이라크전쟁을 일으켰는가?

서두에서 밝혔듯이, 미국의 이라크 침공을 찬성하는 편에서는 미국이 9.11테러 이후 테러에 대하여 과민할 정도의 반응을 보이며 잠재적인 테러국 또는 테러 지원국인 이라크를 사전에 응징하고자 침공한 것이라고 주장하며, 반대하는 편에서는 미국이 이를 핑계로 중동 이라크의 석유가 탐이 나서 이를 손에 넣고자 전쟁을 일으켰다는 것이다.

여기에 대하여 필자는 다른 각도에서 전쟁의 원인을 찾고 싶다. 미국이 만약 유전이 탐이 났다면 왜 지난 걸프전 때 사담 후세인을 제거하고 이라크에 친미 정권을 세워 자신들의 지배 하에 두지 않았던 것일까? 그때에도 얼마든지 그런 능력이 있었을 터인데 그렇게 하지 않고 고스란히 이라크에서 물러나는 소극적인 행위에 그치고 말았다. 그때는 유전의 필요를 느끼지 못했던 것일까? 결국 이러한 사실은 유전에 대한 욕심이 전쟁의 근본적인 이유가 아니라는 논리가 성립하게 된다.

필자가 확인한 바로는, 걸프전 이후 미국의 공화당 출신 위정자들은 사담 후세인이 계속해서 반미 노선을 표방하며 자신들의 통제권 하에 들어오지 않자 좀 더 확실하게 이라크에서 문제를 매듭짓지 못하고 철수한 사실을 매우 통분해 하면서 때를 기다려 왔다는 것이다. 그러다가 걸프전을 일으킨 부시 대통령의 아들이 대통령에 오르자 아버지 부시 행정부의 핵심멤버였던 체리 부통령과 럼스펠드 국방장관 등이 모여서 당시에 이루지 못한 뜻을 이루고자 한 것이다. 즉, 그들이 전쟁을 일으킨 근본 원인은 미국을 중심으로 한 중동세력의 재편에 있었던 것이다.

  중동지역은 유전의 보고로서 세계 경제에 미치는 영향이 지대하며, 미국도 석유수급을 이곳에 의존할 수밖에 없다. 이 지역에서의 안전한 석유확보는 그만큼 미국경제의 안정도를 보장하는 것이 될 것이다. 그러한 면에서 중동지역에서 자국의 이익을 확보하기 위한 각국의 물밑 경쟁은 전쟁을 방불케 할 정도로 치열하다. 그동안 이 지역에서 미국은 자신이 원하는 대로 세력을 조정하고 통제할 수 있었으나 사담 후세인으로 인하여 이를 위협받게 되었다. 또한 후세인의 노골적인 반미노선과 아랍 민족주의를 지향하는 그의 정치적 행보는 장기적으로 아랍권에 반미주의를 확산시키는 요인이 되는 것이다.

  이러한 점에서 볼 때, 유전에 대한 통제권 확보나 테러에 대한 사전 원인의 제거는 미국이 후세인 정권을 전복하고 친미정권을 수립했을 때 그로 인해 기대되는 효과들 중 부차적인 것에 지나지 않는 2차적 목표라고 판단된다.

  손자병법에서는, 모름지기 전쟁을 일으키기 전에는 묘당(廟堂)에서 전쟁의 득실을 면밀히 계산한 후에 그 개시 여부를 결정한다고 하였다.

이를 두고 묘산(廟算)이라고 하는데, 어찌 미국의 부시 행정부가 유전에 대한 통제권과 테러에 대한 사전 차단 효과를 백악관 안에 앉아서 계산해 보지 않았겠는가? 이러한 것들도 모두 계산해본 다음에 전쟁을 결정했을 터이지만, 미국과 중동의 오랜 관계를 모두 고려한 세계 전략적 차원에서 전쟁의 원인을 판단해 본다면, 미국의 목표는 중동지역에서 미국을 중심으로 한 세력의 재편과 강화라는 큰 틀에 있었을 것이라고 생각하고 싶다.

《 한국전쟁과 쿠웨이트전쟁의 공통점 》

한국전의 발발과 이라크가 쿠웨이트를 침공한 전쟁인 쿠웨이트 전의 발발에 대한 공통점을 찾을 수가 있을까? 아이러니칼하게도 양 전쟁 모두 전쟁을 일으킨 침략자의 오판이 주요한 요인으로 작용되었다는 점이 흥미롭다.

김일성은 한국전쟁을 도발하기 전에 미국에서 1950년에 에치슨 라인을 발표하여 극동지역에서의 미국의 방위선이 일본을 포함하는 선에 국한되고 한반도는 제외되었다는 사실에서, 비록 북한이 남한을 침공하더라도 미국이 개입하지 않을 것이라고 확신하고 6. 25 사변을 일으키게 된다.

마찬가지로 사담 후세인은 이라크 주재 미국 대사인 그린스피에게 중동지역에서 분쟁이 발발할 때 미국의 개입 여부를 타진했다가 미국이 개입할 어떤 계획도 갖고 있지 않다는 답변을 듣고 이를 과신하여 쿠웨이트 정복전을 결정하게 된다.

이렇듯 한 국가의 운명과 국민의 생명을 담보로 한 전쟁이라는 것도 그 실상은 지도자의 정보에 대한 그릇된 판단에서 기인한다는 사실은, 그 결과의 참혹성에 비해 시작이 너무 사소한 것에서 비롯된다는 점에서, 우리를 슬프게 한다.

제 3 장

아브라함의 고향에 가다

1. 쿠웨이트에서의 2주

서울공항에서 대한항공 전세기를 타고 12시간 동안 장시간의 여행을 하여 쿠웨이트에 도착했다. 여행 도중 기내 승무원들은 파병을 나가는 장병들을 마음에서 우러나오는 따뜻한 친절로서 대해 주었고 성공적인 파병을 기원하는 정이 담긴 기내 방송을 잊지 않았다. 물론 그들은 친절이 몸에 베여 있지만, 과거에 항공기를 이용했던 그 어느 때보다도 친절하게 느껴져 국민들의 진정어린 환송으로 생각되게끔 다가왔다.

   우리의 파병은 단기간의 준비기간을 거쳐 급박하게 떠나온 것이었기에 그동안 몹시 바쁘게 돌아갔다. 그래서 비행기에 올라 자리에 앉고서야 드디어 파병을 가는구나 하고 실감이 났다. 항공기는 전세기였으므로 단장님을 비롯한 주요 지휘관과 참모들에게는 1등석이 주어졌다. 나도 경비대장이라는 직책 때문에 1등석에 자리가 배정되었는데, 전쟁지역에 파병을 나가면서 그것도 1등석에 앉아 파병을 가게 되다니, 우리나라도 참 대단하구나! 하는 생각에 가슴이 뿌듯하고 국가에 감사하는 마음이 들었다.

참으로 바쁜 가운데 준비를 했다는 생각이 저절로 들었다. 부대가 소집되고서 20여일 만에 파병을 나왔으니 우리나라 파병 역사상 이렇게 단기간에 파병준비를 마치고 떠나온 적은 없었다. 그렇게 급히 떠나온 것은, 언론에도 보도된 바 있듯이, 대통령께서 미국을 방문하여 부시 대통령과 정상회담을 실시하기 전에 파병을 하여 그 정치적 효과를 극대화하려는 목적과 국가적 이익 때문이었다고 한다.

우리는 특전사령관님의 높은 관심 아래 부대가 창설되기 전부터 선(先) 소집되어 특전교육단에서 파병을 위한 교육을 받았고, 상무대로 이동하여 참모총장님 주관 하에 창설식을 거행했으며, 이후에 다시 특전교육단으로 이동하여 사령부에서 대통령의 임석 하에 파병신고를 했

쿠웨이트에 도착하여 항공기에서 내리는 병사들, 아직까지는 얼굴에 웃음이 가득하다

다. 정말로 바쁜 일정이었다. 그러나 이런 생각도 잠시였고, 그간 쌓인 피로가 밀려와 일행 대부분은 깊은 잠에 빠져들었다. 식사 시간을 제외하고는 거의 대부분 잠을 잤는데, 식사도 하지 않고 잠만 자는 사람도 있었다.

얼마나 날아왔을까? 창(窓)을 통해 아래를 내려다 보라는 안내원의 안내방송에 밖을 바라보니 저 멀리 아래로 끝없이 펼쳐진 사막이 눈에 들어왔다. 아! 드디어 내가 중동지역에 들어왔구나, 하는 생각에 전율이 느껴졌다. 아랍에미레이트의 두바이 상공을 지날 때에는 아랍의 부호들이 바다에 인공 섬을 조성하고 있는 것이 보였는데, 공중에서 쳐다보니 웃음이 나오기도 하고 신기하게 느껴지기도 했다. 확실히 우리와는 다른 세계에 살고 있는 사람들이라는 생각이 들었다.

항공기가 활주로에 착륙하여, 파병임무의 성공을 기원한다는 안내방송과 깍듯이 환송하는 승무원들을 뒤로하고 기체문을 나와 보니 쿠웨이트 공항의 너른 모습이 눈앞에 들어왔다. 그러나 그보다 먼저 뜨거운 사막의 열기가 엄습해왔다. 본격적인 임무를 수행하러 이라크로 들어가기 전에 무더위라는 환경과 싸워야 한다는 생각에 긴장을 늦추지 말아야겠다는 각오를 다시 한번 새롭게 해야 했다.

　공항에는 선발대로 먼저 와 있던 정작(情作)과장 이 소령 일행과 대사님을 비롯한 무관 및 교민 대표들이 나와서 꽃다발을 건네주며 우리를 환영해주고 있었다. 선발대 요원들은 본대보다 1주일 먼저 왔을 뿐인데도 마치 오래 전에 헤어진 동료들을 만나는 것처럼 기쁜 마음이 들었다.

공항에서 간단한 환영행사를 마치고 미군에서 보내온 버스에 분승하여 앞으로 2주 동안 머물 쿠웨이트 동북쪽 끄트머리에 위치한 코만도 캠프로 향하였다.

캠프에 도착하니 과거 쿠웨이트의 사관 양성학교로 사용되었다는 넓은 공간에는 걸프전 당시 이라크군이 주둔하여 포로로 사로잡은 쿠웨이트 군인들과 주요 정치인들을 고문하였다는 건물이 미군의 폭격을 맞은 채 보수도 하지 않은 상태로 보존되어 있었는데, 이것을 그냥 두고 전쟁의 교훈으로 삼으려고 하는 것으로 보였다. 이 건물은 심하게 파손되어 언제 무너질지 모를 정도로 위험하게 보였다. 건물 내부에는 이라크 군인들이 그렸을 것으로 추정되는 귀신의 그림이 있었는데, 우리들 눈에는 초등학생 수준의 낙서로만 보였다. 우리는 이 건물 바로 옆에 30여 동의 텐트를 지원받아 제마부대와 나누어 숙영지를 편성하였다.

이곳에서는 이라크의 작전지역으로 전개해 나가기 전에 사막의 열대기후에 적응하는 기간을 갖기 위해 머무는 것이었다. 2층 텐트를 50여 개 이상이나 넣고도 남을 누런 빛깔의 커다란 텐트에 병력들을 나누어 들여놓고 지휘통제실을 개소하고 나니 주둔지의 모양새가 어느 정도 갖추어졌다. 캠프는 매우 넓었는데, 이곳은 이라크 전선 지역으로 들어가는 병력과 또 임무를 마치고 교대하기 위해 복귀하는 병력들의 대기소 역할을 하는 곳이었다.

곳곳에 수많은 병력들을 수용하는 텐트와 각종 전투장비와 물자들이 산더미처럼 쌓여 있었는데, 그 엄청난 규모에 입이 저절로 벌어졌다. 만나는 군인마다, 쌓여진 장비나 물자마다, 전쟁의 냄새가 물씬 풍겨나와 가슴이 뛰며 묘한 흥분이 일기도 했다. 한 가지 특이한 점은, 이곳에서 만나는 미군들은 정말이지 한결같이 우리에게 친절하게 대해 주었다는 것이다. 과거에 만났던 어떤 미군보다도 친근감을 보였는데, 아마도 전쟁터에서 같은 편이라는 일종의 동료의식이 발동해서였던 것 같다. 우리 병력들은 금새 미군들과 친해져 뱃지며 모자, 부대마크 등 기념이 될만한 물건들을 바꾸기에 여념이 없었다.

미군들과의 의사소통은 헬로우(Hello)와 땡큐(Thank you) 이외에 몇 마디 단어만 알면 모든 일이 끝난 것처럼 보였다. 그만큼 서로가 마음을 열고 다가섰기 때문이었던 것 같다. 미군들 중에서 한국계 미군들이 자주 찾아와 많은 도움을 주곤 했는데, 그 중에서도 특히 미 해병대 소속 민 대위는 하루가 멀다 하고 우리를 찾아와 통역을 해주고 도움을 주었다. 그는 이 일을 매우 자랑스러워했는데, 낯선 전쟁터에서 조국의 군인들을 만나니 감격하지 않을 수 없었고, 또한 한국군이 미군들을 도와주러 달려왔다는 사실에 부쩍 커진 조국을 느꼈고, 부대 내에서도 자신의 위상이 높아졌다는 이야기도 했다.

식사는 미군 식당을 이용했는데 1,000여명 이상 수용할 수 있는 대형 텐트에 미군들과 동일하게 줄을 맞춰 들어가 일회용 식기에 각종 스프며 밥, 돈까스, 스테이크, 후레이크를 포함하여 빵, 음료수, 과일 등을 마음대로 골라먹는 것이었다. 미군 식사치고는 아주 맛이 있어서 병사들에게 매우 인기 있었는데, 전쟁터에서 이렇듯 풍요로운 식당을 운영할 수 있다니, 미군의 엄청난 지원능력을 이곳에서도 엿볼 수 있었다.

   도착한 다음 날부터는 공병요원들은 휴식을 취하면서 현지적응 시간을 가졌지만, 경비대 요원들은 바로 특공무술과 태권도 훈련에 들어갔다.

태권도와 특공무술 시범을 보임으로써 한국군이 이곳에 왔다는 신고를 하려는 의도였다. 이에 대해서는 뒤에서 더 자세히 이야기하기로 한다.

새벽녘으로는 영내 구보를 실시하기도 했는데, 체력단련을 위하여 구보를 실시하는 미군들이 이곳에도 많이 보였다. 아직 하늘에 별들이 남아 있을 때 캠프를 달리는 재미는 아주 쏠쏠하여, 색다른 맛을 느끼게 해주었다. 이렇게 낮에는 특공무술과 밤에는 구보로 체력을 단련하면서 사막의 기후에 적응해갔다.

2. 태권도 시범을 통해 한국군의 입성을 알리다

1960년대에 월남전이 발발했을 때 우리나라는 먼저 태권도 사범과 공병부대를 보내어 월남군을 지원했다. 전투병력이 파병되어 월남전에 본격적으로 참전한 것은 그 후의 일이었다. 한국의 태권도는 전 세계적으로 전파되어 지금은 올림픽 정식 종목으로 선정되어 우리나라의 이름을 세계속에 전하는 주요한 매개체로서의 역할을 하고 있다. 우리 서희부대도 이러한 태권도에 깃든 한국의 문화와 혼을 황폐한 이라크인에게 전하여 그들로 하여금 자립의지를 갖게 하고, 더불어 우리의 활동에 대한 긍정적인 인식을 심어주려고 했다. 이라크인을 대상으로 한 태권도 교육은 뒤에서 자세히 소개하기로 하고, 여기서는 미군을 대상으로 한 교육과 시범을 소개하기로 하겠다.

코만도 캠프에서의 태권도 교육은 우리가 쿠웨이트에 도착한 직후부터 바로 시작되었다. 2주간 머물면서 매일 아침 점호 후에 약 1시간 정도

코만도 캠프에서 미군을 대상으로 실시한 태권도 교육

태권도 교실을 열었는데, 주교관은 정보사에 근무하는 태권도 5단인 손00 대위였고, 우리 경비대에서는 조교 여러 명을 지원하였다. 미군 병사 약 10여 명이 매일 아침 꾸준히 참석하여 교육을 받았는데, 그들 가운데는 이미 태권도를 배운 경험이 있는 사람도 있었지만 우리가 수련하는 모습을 보고서 흥미가 생겨 배우기를 희망한 자들이 대부분이었다.

미군을 교육시킬 때는 조교 외에도 주변에 몰려든 한국군이 구경을 하면서 동작이 잘 나오지 않는 인원을 가르쳐주기도 했는데, 특히 예쁘게 생긴 여군에게는 수명이 몰려가 정성스럽게 가르치는 모습이 웃음을 자아내게 했다. 경비대 요원들은 모두가 유단자이기에 덩치가 커다란 미군들이 우스꽝스럽게 자세를 취하는 것을 보면 참을 수 없는 책임의식을 느껴 달려 들어가 시범을 보이고 자세를 교정해주곤 하였다.

태권도에 대한 미군들의 관심이 높기에 이를 이용하여 우리들이 파병 온 사실을 알려야겠다는 생각이 들었다. 미군을 위시한 동맹군에게 한국군의 파병은 사실을 알리고 그들에게 한국군의 강한 면모를 선전하는 일은 우리의 파병목적 가운데 중요한 부분을 차지한다고 믿었다. 그래서 나는 단장님에게 경비대에서 태권도 및 특공무술 시범을 준비하겠다고 보고했고, 나의 이 제안은 흔쾌히 받아들여졌다. 그래서 50도가 넘는 살인적인 더위에도 불구하고 교육시간을 편성하여 경비대 전원에게 특공무술을 교육했다. 사막의 무더위에 아직 적응도 하지 못한 상태에서 태권도 교육을 하면 병력들이 탈진한다고 말리는 군의관의 만류를 무시하고 교육을 강행했는데, 나는 우리 특전요원들의 체력에 대하여 자신이 있었기에 결심을 번복하지 않았다. 물론 나도 지휘관으로서 이에 동참하여 같이 교육하고 통제를 하였다. 경험해보지 못한 엄청난 더위와 작열하는 사막의 햇빛도 우리 군의 강한 모습을 알려야겠다는 우리의 결심과 각오를 꺾을 수는 없었다.

이미 파병 전에 각 여단에서 특공무술 교육을 실시해왔기 때문에 새로이 교육할 것은 거의 없었고 전체적인 동작을 맞추는 데 초점을 맞췄다. 그 중에서 특별히 30여 명을 시범요원으로 선발하여 각종 행사시 시범을 실시하기로 하고 전문적인 교육을 했다. 시범단은 총 50여명으로서 동작 시범은 서희부대 경비대가, 그리고 겨루기 및 격파시범은 제마부대 경비대가 맡도록 임무를 부여하여 통합적인 교육을 실시했다.

우리가 특공무술 수련을 하는 것이 미군들에게 입소문으로 퍼져 많은 구경꾼이 몰려왔는데, 특히 타고 가던 차를 받쳐놓고 그 위에 올라가 구경하거나 캠프 내에서 근무하는 잡역부들이 지나가다가 걸음을 멈추고 멋진 동작이 나올 때면 미군들과 같이 고함을 지르며 환호하는 풍경이 연출되기도 했다.

코만도 캠프 내에 있는 전 동맹군을 대상으로 시범을 보이는 계획은 우리가 캠프를 떠나기 4~5일 전에 계획되었다. 시범은 총 2회에 걸쳐 실시되었는데, 처음은 우리가 시범을 보이겠다고 미군 130공병여단 사령부를 찾아가 사전에 알리고 시범을 보였고, 두 번째는 처음 시범을 본 미군들이 감동하여 우리에게 재 시범을 요청해서 이루어졌다.

처음 시범을 보였을 때에는 널리 알려지지 않아 100여 명 참석에 그쳤지만, 두 번째는 300~400여 명이 몰려들어 성황을 이루었는데, 연락만 제대로 되었더라면 훨씬 많은 수의 동맹군들이 몰려들었을 것이다. 코만도 캠프는 전선지역으로 향하는 병력들과 또 임무를 마치고 교대하기 위해 전선으로부터 내려온 병력들로 인하여 인산인해를 이루었지만, 이들을 모두 통제하는 지휘부가 구성되어 있지 않았기 때문에 각급 부대에 연락을 하여 시범을 알리기는 애초부터 기대하기 어려웠다.

시범장소는 과거 쿠웨이트군의 훈련장소로 사용되던 스탠드가 설치된 모래사장이었는데, 시범을 보이기에는 최적의 장소였다. 나는 사회를 보면서 시범을 지휘하였는데, 내가 먼저 멘트를 하면 통역장교가 영어로 번역하여 설명하는 방법으로 진행했다. 시범을 보이기에 앞서

태권도 시범 동안 멋진 격파기술을 보이는 경비대원과 이를 지켜보는 미군, 뒤쪽에 노란 군복은 쿠웨이트 군이다

인사말로 전한 전문을 간략히 소개한다.

"**태권도** 시범을 보기 위하여 참석해주신 신사, 숙녀 여러분에게 감사의 말씀을 드립니다. 저는 한국군 서희부대 경비대의 지휘관인 김국현 소령입니다. 우리는 지난 4월 30일 쿠웨이트에 도착하였습니다. 대부분의 병력들이 이곳의 낯선 환경과 기후에 처음에는 걱정을 하기도 했지만 여러분의 따뜻한 친절과 환영으로 너무나 잘 적응하고 있음을 다시 한번 감사드립니다. 여러분 중에 일부는 한국에서 근무한 경험이 있었기에 더욱 가까이 하기가 쉬웠습니다.

우리는 지금까지 친구였습니다. 한국전과 베트남전에서 함께 힘을 모아 싸웠고, 그것은 우리가 혈맹이라는 것을 말해주고 있습니다. 우리는 우리의 동맹국인 미국을 돕기 위해 이곳에 왔습니다. 그리고 이제는 여러분들과 함께 이라크의 재건과 자유화를 위해 노력할 것입니다.

그러면 지금부터 태권도 시범을 시작하겠습니다. 태권도는 한국의 전통무술로서 … (중략) …
이것으로 시범을 마치겠습니다. 여러분의 성원에 다시 한번 감사의 말씀을 드립니다. 이제 이틀 후면 우리는 본연의 임무를 수행하기 위해 이라크로 올라갑니다. 그곳에 가서도 세계의 평화와 이라크의 재건을 위해 동맹군들과 함께 최선의 노력을 다할 것입니다.

여러분과 여러분의 부대에 하나님의 축복과 은혜가 함께 하시길 기도드리겠습니다."

시범은 1부와 2부로 나누어 실시되었는데, 1부는 태권도와 특공무술을 결합한 품세 및 발차기였고, 2부는 약속 겨루기 및 자유 겨루기와 격파 시범으로 진행되었다. 관람자들은 시범을 한 동작이라도 놓치지 않겠다는 듯 진지하게 보았으며, 멋진 동작이 나오면 박수와 환호를 아끼지 않았다. 특히 1부에서의 단전호흡 동작과 우렁찬 기합소리, 그리고 2부에서의 1:2 및 1:3 자유 겨루기와 고난이도 공중격파에서는 놀라움을 금치 못했다. 그들은 연신 환호를 지르면서 카메라 셔터를 누르기에 바빴다. 나는 사회를 보면서 평소 준비할 때보다 열심히 하는 우리 대원들의 모습이 자랑스러웠고, 시범을 지켜보며 감동해 마지않는 미군을 비롯한 영국군, 쿠웨이트군들을 보면서 시범을 실시하기를 잘했구나 하는 생각을 했다.

다음날부터 우리들을 대하는 동맹군들의 시선이 달라 보였다. 그들은 한국군이 지나가면 발차기 흉내를 내면서 환호를 지르기도 했는데 멋진 모습에 진심으로 감탄한 모습을 느낄 수 있었다. 일부 병력들은 콧대 높던 영국군들이 태권도 및 특공무술 시범을 본 후로 한국군들에게 친절하게 대한다며 웃기도 했다. 태권도가 아니면 어떻게 이렇게 단시간에 우리에 대한 인식을 긍정적이고 우호적으로 바꾸어 놓을 수 있을까 하는 생각이 들 정도로 우리의 시범은 성공적이었다.

3. 큐빅 소장의 감탄

이라크로 전개하기 하루 전에 우리에 대한 작전통제권을 갖고 있는 미 1MEG 제1공병사령관인 큐빅 소장이 부대를 방문했다. 지휘관으로서 인사를 나누고 또한 다음날 우리가 쿠웨이트에서 이라크로 전개하기 때문에 작전준비 상태를 확인하고자 방문한 것이었다. 코만도 캠프에서는 단지 숙식을 할 수 있는 시설만 준비하고 그 외의 시설은 준비되어 있지 않았기 때문에 미군 지휘관에 대하여 번듯하게 빔 프로젝트를 이용하여 보고할 수 있는 여건이 되지 않았다. 따라서 자연스럽게 외부에서 간단히 소개하는 정도의 브리핑만 준비할 수밖에 없었는데, 여기서 거론된 것이 특공무술 시범이었다. 별로 보여줄 것이 없다면 차라리 우리의 강인한 임무수행 의지를 특공무술 시범에 담아 보여주기로 한 것이다.

연일 이어진 시범에 병력들도 피곤했지만 기꺼이 재 시범을 자원했다. 임무가 주어지면 어떠한 여건 하에서도 기필코 최선의 노력을 다하는 것이 또한 특전 요원들의 멋이기에 서로를 격려하며 참여하는 분위기를 만들었다. 다만 시범을 보일 장소가 전일의 모래사장에서 자갈이 섞인 딱딱한 땅으로 바뀌었기에 그것이 약간 부담이라면 부담이었다.

큐빅 소장은 정해진 시간에 부대를 방문했고, 간단한 인사와 함께 곧바로 특공무술 시범이 실시되었다. 지난번 시범과 마찬가지로 1, 2부로 나누어 진행했는데, 그는 매우 진지하게 시범을 관람했다. 그런데 2부 겨루기에서 약간의 실수가 발생했다. 대검을 들고 겨루기를 하는 단계에서 그만 시범을 보이던 사공 진하사가 대검에 이마가 찢겨 피가 났던 것이다. 바닥이 지금까지 연습하던 모래밭과 다른 맨땅이었기 때문에 템포를 잊어버려 발생한 실수였다. 놀란 큐빅 소장은 곧바로 시범을 중지하고 치료할 것을 요청했고, 피가 많이 나서 단장님도 그렇게 하라고 지시했다. 그러나 나는 저 정도는 능히 극복할 수 있겠기에 계속 시범을 진행하겠다고 단장님께 다시 보고했으나 받아들여지지 않았다. 그래서 속으로 '녀석들은 시범을 계속 하겠다고 하겠지. 저 정도로 끝내면 특전사가 아니다' 하고 겉으로는 사공 하사에게 "시범을 일단 중지한다. 많이 다친 것 같다. 피를 많이 흘리니 중단하고 치료를 받아라!"하고 지시했다. 그러나 사공 하사는 얼굴에 웃음을 띠며 "괜찮습니다. 시범을 계속 하겠습니다"라고 큰소리로 대답했다. 나는 '당연하지, 계속해야지' 하고 생각하면서, 단장님에게 "시범자가 원하니 계속 진행한 후에 치료를 받겠습니다" 하고 보고했다. 사공 하사의 자신감 어린 답변에 큐빅 소장도 단장님도 감동되어 고개를 끄떡였고, 시범은 계속 진행되었다. 사실 피를 많이 흘린 것은 아니지만 우리가 나무를 깎아 모형으로 만든 대검 위에다 은박지를 씌웠기 때문에, 처음 보는 큐빅 소장과 단장님은 실제 대검으로 오해를 한 모양이었다.

분위기가 격앙되었기에 시범은 팽팽한 긴장감 속에서 계속되었지만 이후의 시범은 실수 없이 진행되었다. 그러나 큐빅 소장은 이마를 찢겨 피를 흘리면서도 시범을 계속한 시범자에 대해 감동해 마지않았고, 시범이 끝나자 예정하지 않았던 미군 기념 코인을 사공 하사에게 선물하고 즉석 훈시를 하면서 감동했음을 표현했는데, 그의 흥분에 가까울 정도로 달아오른 감동어린 표정은 지금도 잊을 수가 없다. 특히 그는 연설 도중 '전사(warier)'라는 표현을 사용하여 한국군을 칭찬하면서, 이 단어는 실전에 참가한 군인 중에서 용감한 군인에게만 사용하는 특별한 단어라고 했다.

나는 큐빅 사령관이 돌아가자 즉시 사공 진 하사에게 뛰어갔더니 이미 이마를 몇 바늘 꿰메고 붕대를 감고 있었다. 그의 감투정신을 높이 치하하며 격려하자 오히려 그는 당연한 행동을 했을 뿐인데 너무 칭찬한다며 다소 멋쩍어 했다. 나는 그 순간 "나는 정말로 행복한 군인이구나, 이렇게 멋진 특전요원을 부하로 지휘하고 있다니…" 하면서 감사하게 생각했다. 제마 경비대 요원들은 직접적인 지휘관계는 없어 나의 부하라고 할 수는 없지만, 처음 소집 당시에 내가 직접 이들을 지휘하면서 교육하였고, 또 특전사의 책임자로서 파병 전에 참모총장님께서도 정작부장님을 통하여 나에게 경비대의 병력관리를 맡기셨기 때문에 제마 경비대라고 해서 다른 부대라는 생각은 추호도 없었다.

이렇게 하여 우리 경비대는 태권도 및 특공무술 시범을 통하여 전쟁터에서 만난 미군을 한층 더 친근하게 사귈 수 있었으며, 한미 동맹관계의 강화라는 파병 목적에 직접적으로 기여할 수 있었다. 주변에서는 동료들이 이구동성으로 "우리가 어떤 활동을 하여 미군 장성의 마음을 이렇게 사로잡을 수가 있겠는가! 이런 점에서 경비대는 그 몫을 단단히 한 셈이다"고 하면서 격려와 칭찬을 아끼지 않았다.

4. 쿠웨이트에서 이라크로

5월 12일, 2주 남짓 간의 쿠웨이트 적응기간을 마치고 본격적인 파병임무를 수행하기 위해 서희와 제마부대는 수십 대에 이르는 버스와 테라칸에 탑승하여 미군의 캄보이 지원 하에 코만도 캠프를 출발했다. 나는 선두 찝차에 탑승하여 미군 캄보이 후미에서 이동하였는데, 미군의 호송작전을 자세히 지켜볼 수 있는 좋은 기회로 생각되어 이를 눈여겨보았다.

쿠웨이트에서 이라크 나시리아까지 호송책임을 맡은 미군은 '도로티'라는 미 해병 여군 대위였고, 구간별로 작전 책임부대 헌병이 험비를 타고 나와서 경계를 교대로 제공해 주었다. 험비는 우리나라 지프에 준한 다목적 전투차량으로서 용도에 따라 여러 가지 기능을 발휘하는 효율성이 뛰어난 차량이다. 그 상단에 기관총을 장착하고 한 명이 일어서서 전방 차량은 전방을, 후미 차량은 후방을 경계하였는데, 그 자세가 흐트러짐 없이 전투를 치르느라 긴장한 모습이 몸에 베여 있었다.

코만도 캠프를 지나 40여분 정도 북으로 달리니까 쿠웨이트와 이라크의 국경선이 보였다. 마치 우리나라 휴전선처럼 가운데를 기점으로 남북으로 200~300m 가량 떨어져 철조망을 치고 국경검문소를 운영하였는데, 적대국인 이라크와 쿠웨이트 간의 국경선치고는 단조롭고 평이해 보였다. 초소에서는 미군과 쿠웨이트군이 합동으로 검문을 하고 있었고, 철조망 바로 건너편으로는 전차 기동을 막기 위해 대(對) 전차구를 파놓은 것이 보였다.

검문소에서 신원을 확인하느라 약 20여분 지체한 후에 이라크 땅으로 들어섰는데, 도로 양 옆으로 어린아이들이 누더기 옷을 걸쳐 입고 맨발로 먹을 것을 달라고 달려드는 것이었다. 마치 우리 아버지 세대가 6. 25 사변 전후 미군을 만나면 저처럼 먹을 것을 얻기 위해 달려들었으리라 하는 생각에 저절로 가슴이 찡해 왔으며, 저 불쌍한 어린아이들을 저렇게 만든 사담 후세인에 대해서 말로 다 할 수 없는 분노가 치밀어 오름을 느꼈다. 아마 북한도 저와 같으리라. 아니 어쩌면 더욱 심하리라 하는 생각에 마음 한 켠이 무거워지기 시작했다.

미군들은 달려드는 어린아이들이 불쌍하다고 해서 먹을 것을 던져주면 나중에 더욱 몰려들어 통제가 안 된다며 어떤 것도 던져주지 못하게 했다. 우리도 미군의 요구가 일리가 있다고 판단하여 자발적으로 그에 따랐지만, 빵조각이라도 던져주고 싶은 마음은 아마 모든 파병요원들이 같았으리라고 생각한다. 차량이 정차하면 어린아이들이 달려들어 물건을 집어간다고 해서 버스에 탑승한 경비대 요원들을 하차시켜 트럭당 2~3명씩 탑승시켜 물건을 지키게 하기도 하면서 이렇게 국경선을 떠났다.

이후로는 계속해서 끝 모르는 사막이 좌우에 펼쳐졌으며 나시리아에 도착할 때까지 민가라곤 거의 보이지 않았다. 다만 전선에서 전투를 마치고 물러나는 미군 전차, 장갑차 및 지원차량이 끝도 없이 이동하는 모습이 자주 목격되었다. 한 가지 재미있는 것은, 미군의 전차와 장갑차 등 전투장비는 후방으로 철수하는데 한국군의 공병·의무 지원차량은 그들이 빠져나온 이라크 땅으로 들어가는 것이 묘한 대조를 이루고 있다는 생각이 얼핏 들었다.

우리가 이동한 도로는 1번 고속도로로서 미군 작전 도로명으로는 「TAMPA ROUTE」라고 하였는데, 「TAMPA」는 9. 11테러 당시 순직한 소방요원의 이름으로서, 금번 전쟁을 일으킨 원인이 대 테러 전쟁에 있다고 하는 미국의 의도를 읽을 수 있었다. 순직 소방관의 희생을 헛되이 하지 않기 위해 그 이름으로 난 도로를 타고 진격하여 테러 지원국인 이라크의 사담 후세인 정권을 무너뜨리겠다는 것이 미군의 목표임을 암시하는 것이다. 도로는 편도 3차로인데 가운데 분리대도 널찍하게 만들어 놓은 것이 땅이 넓은 지역임을 단적으로 표현해 주고 있었으며, 도로 상태는 폭격을 당하거나 끊긴 곳이 없이 대단히 양호했다. 왜 이라크인들은 전쟁 전에 도로를 미군이 사용하지 못하게 도로 대화구 등을 이용하여 파괴하지 않았을까? 하는 의문이 들 정도로 도로 상태는 지극히 양호하였다.

이렇게 7~8시간을 달려 나시리아에 위치한 탈릴 국제공항 내 미군

기지에 들어섰다. 이때는 이미 오후 8시가 가까워 어둠이 내려 있었는데, 선두 차량이 미군 위병소를 들어서는 순간 하늘에서 "우르릉, 꽝!" 하며 천둥번개가 내리쳤다. 비는 가랑비마냥 한 두 방울 살짝 내렸을까, 거의 오지 않은 채 마른 번개만 친 것이었다. 이렇게 커다란 천둥소리는 생전 처음으로 들어보았는데, 앞으로 있을 한국군의 정의로운 파병 활동의 서광을 하늘이 계시해 주시는 것이라는 생각도 들었다. 이후 나시리아에서의 비는 우리와 교대하는 병력이 도착한 10월에 인수인계하는 중에 내린 것이 처음이었는데, 또 그때는 파병을 성공적으로 수행한 것에 하늘이 박수를 보내는 것이라는 생각이 들었다. 자못 자의적인 해석이겠지만, 그렇게 생각하고 싶은 것이 모두의 마음이 아니었을까 싶다. 이렇게 나시리아의 탈릴공항 기지에 들어섬으로써 이라크에서의 파병 활동은 본격적으로 시작되었다.

5. 기지건설

우리가 주둔할 곳에 도착해 보니 1주 먼저 온 선발대가 텐트를 70여 동 설치해 놓은 것만 보일 뿐 발목까지 빠지는 흙먼지에 주변이 온통 먼지더미였다. 원래 아무것도 없는 광야에 미군이 우리를 위해 불도저로 평탄 작업을 해서 그 흙먼지 더미가 고스란히 그대로 남아 있었다. 다만 선발대가 세워놓은 높다란 깃대 위에 나부끼는 대형 태극기만이 선명하게 우리를 반겨주고 있었다.

도착한 첫날은 야전침대만 텐트 내부에 설치하고 그대로 취침을 하였는데, 모든 병력들이 앞으로 어떻게 여기서 근무할 수 있을까 하는 걱정어린 모습이었다. 흙먼지에 발목이 빠질 정도였기 때문에 서로들 먼지가 일지 않도록 하기 위해 조심해서 걸으라고 소리치는 소리가 곳곳에서 들렸고, 그 소리가 잦아들면서 모두들 깊은 잠속으로 빠져들었다.

다음 날은 5시 반에 기상하여 점호를 마치고 본격적인 숙영지 건설작업에 들어갔다. 이라크에서의 첫 점호라서 다소 상기된 표정이기도 했으나 주둔지를 보고 한숨을 짓는 것을 일부 병사들의 얼굴에서 읽을 수 있었다. 그러나 막상 작업에 임해서는 간부나 사병, 경비대나 공병을 가리지 않고 모두들 웃통을 벗어 던지고 텐트를 고정시켜 바닥에 합판을 설치하며 바쁜 손을 놀렸다.

원래는 공병들이 숙영지 편성작업을 하고 경비대는 경계초소를 포함한 경계시설물을 설치하도록 되어 있었는데, 아직 자재가 충분치 않아 먼저 텐트작업부터 진행했다. 한쪽에서는 통신병들이 땅을 파고 통신선로를 매설하며 선로작업을 하였고, 일부 공병들은 합판을 짜서 화

주둔지 설치 동안 자욱한 먼지 속에서 텐트 주변에 자갈을 깔고 있다. 이 자갈을 깔고 난 다음에 땅바닥에서 이는 먼지는 반으로 줄어들었다.

장실을 만들기도 했다. 우리가 국내에서 교육받을 때, 미군들은 화장실을 엉덩이 부분만 가릴 수 있게 만들어 볼일을 볼 때도 서로 쳐다볼 수 있게 하여 수치심을 없애고 전우애를 고양시킨다고 배웠으므로, 우리도 그런 모양으로 화장실을 만들었다. 그러나 어디를 가더라도 미군들이 내부가 드러나 보이는 화장실을 설치한 것을 볼 수 없었기에 잘못된 정보라고 판단하고 다시 화장실을 설치하는 해프닝도 있었다.

작업을 하다가 정오가 되니 더 이상 작업을 못할 정도로 날씨가 뜨거웠다. 그래서 점심식사 후 3시까지 오침을 했는데, 예전에 이라크가 이란과 전쟁을 치르는 중에도 더운 날씨 때문에 대낮에는 공격을 하지 않는 것을 하나의 불문율로 했다고 한다. 그럴 정도로 이라크의 날씨는 무덥고 뜨거웠다.

병력들이 작업을 하는 동안 나는 정작과장과 함께 주둔지 경계계획을 수립하기 위해 주둔지 주변을 정찰하였다. 인접 미군들과의 정확한 경계를 긋고, 일부는 철조망을 설치하여 통제를 하는 등 책임구역을 명확히 했다. 이를 기초로 이틀 후에는 임시 경계초소를 설치하고 주둔지 통합방호 훈련을 하기도 했다.

우리 주둔지 바로 뒤편에는 미군의 세탁소대가 위치했는데, 바로 이곳에서 우리는 샤워를 비롯하여 세탁지원을 받았다. 물은 유프라테스 강물을 탱크로 실어와 정해진 정수과정을 거쳐 사용하였으나 식수로 사용할 수는 없었다. 샤워장은 알루미늄 막대기와 고무판, 텐트를 조합하여 조립식으로 만들어져 한꺼번에 10여 명이 샤워를 할 수 있었는데, 이런 샤워장 하나에도 '전투를 많이 치러본 미군들이 참으로 효율적으로 꼭 필요한 것들을 만들어 놨구나' 하는 생각이 들었다.

이렇게 모든 병력들이 땀을 흘리며 무더위에 텐트와 바닥설치를 완료하고 그 안에 야전침대를 놓고 보니 주둔지는 제법 틀이 갖춰진 듯했다. 그러나 본격적인 문제는 그 이후부터였다. 하루가 멀다 하고 불어닥치는 앞이 보이지 않을 정도의 자욱한 먼지바람 속에서 텐트 옆 부분을 막아놓자니 더위 때문에 힘이 들고, 그렇다고 열어놓자니 먼지바람이 불어오고, 진퇴양난의 연속이었다. 물론 나중에는 적응이 되었는지 아니면 포기를 했는지 웬만한 먼지는 그냥 툭툭 털어낼 정도로 여유를 갖기는 했지만 그 고통은 이루 말할 수 없었다. 떠나온 지 며칠이나 되었다고 벌써 고국의 푸른 산야와 맑은 공기가 눈에 선하도록 그립고도 그리웠다.

식사는 미군의 야전용 취사 차량이 지원되어 그들이 먹는 C-Ration이 아침저녁으로 제공되고, 점심은 우리가 가지고 간 전투식량으로 하였다. 종이로 만들어진 식판에 느끼한 고기 한 덩이, 빵 한 조각, 콩 및 기타 몇 가지로 구성된 메뉴가 처음에는 먹을 만하더니 며칠 먹으니 입맛에 맞지 않아 김치와 된장맛이 그리워졌다. 식사 중 바람을 피할 만한 공간이 없어서 야외에서 먹었는데, 먼지바람이라도 불어올라치면 그 곤혹스러움은 이루 헤아릴 수 없었다. 며칠 후에 먹어봤던 통조림 김치와 컵라면은 그야말로 꿀맛이었다.

더운 날씨에 먹는 것까지 부실하니 열사병 증세로 의무대를 찾는 병사들이 속출하였다. 그나마 경비대는 그동안 닦아놓은 체력이 있는지라 기타 인원들보다 나은 것이 다행이라면 다행이었다. 그로부터 한달 후 텐트마다 에어콘이 설치되고 바닥에는 자갈을 깔아 먼지 발생을 막아주고 한국 식사를 먹을 수 있도록 쿠웨이트 교민의 협조를 받아 식당을 운영하였는데, 그 전까지 병력들은 난생 처음 겪는 이라크에서의 기후와 파병지의 어려움을 몸으로 감당해내야만 했다.

6. 메소포타미아 문명의 발생지 안 나시리아

우리가 주둔하게 된 안 나시리아는 이라크에서 네 번째로 큰 인구 50만의 도시이다. 나리시아 앞에 붙는 '안'은 영어의 'the'와 같은 의미로서 지명 앞에 붙는 정관사이다. 쿠웨이트로부터 북쪽으로 약 400km 지점에 위치한 도시로서 고대 메소포타미아 문명의 발상지로 유명하다. 따라서 도시 곳곳에 고대 유적들이 독특한 아랍식 건물들과 어우러져 고풍을 자아내고 있다. 다만 도시 전체가 워낙 재투자가 이루어지지 않고 방치된 채로 남아 있어 낡고 더러운 것이 흠이라면 흠이다.

시내 복판으로는 유프라테스강이 관통하고 있는데, 그 강에서 물고기를 잡는 어부들의 모습과 멱을 감는 어린아이들을 종종 볼 수 있다. 유프라테스강은 터어키 산악지대에서 발원하여 수천 km를 흘러 나시리아를 거쳐 영국군이 주둔하고 있는 바스라 지역을 지나 걸프해로 빠져나간다. 강폭은 약 60~70m로서 사막의 뜨거운 햇볕에 닿고 여러 도시를 거쳐 오느라 지쳤는지 우리나라에서 보는 여느 강물과는 사뭇 다르게 약간의 회청색 빛이 감도는 끈적끈적한 액체의 흐름 같다는 느낌을 준다. 이 강물을 보고 있으니 서구 유럽 강대국들의 침략과 독재자의 압제 속에서 힘겨운 삶을 살아야 했던 이라크인들의 뜨거운 피가 강물이 되어 흐르고 있는 것은 아닌가 하는 생각이 들면서도, 이것은 나만의 지나친 상상인지도 모른다는 생각도 들었다.

건물들은 20여년 전에 지어졌을 때는 제법 발전된 도시의 틀을 보여주었을 법하지만 지금은 부서지고 낡아서 제대로 된 건물은 시내 중심부로 들어가야 간신히 찾아볼 수 있다. 이란 이라크 전쟁이 발발하기 전까지만 해도 이라크의 1인당 국민소득이 4,000달러가 넘었다고 하니, 당시의 경제수준은 우리나라보다 훨씬 높았다고 할 수 있다. 이라크와 쿠웨이트의 화폐단위는 「디나르」인데, 현재 이라크 2,000디나르는 미화 1달러에 거래되는 데 반해, 쿠웨이트 1디나르는 약 4달러에 해당되는 것을 보면, 화폐가치의 격차가 대단히 큼을 알 수 있다. 80년대 초만 하더라도 이라크의 디나르 가치가 쿠웨이트의 그것보다 높았다고 하니, 이라크가 이란 이라크 전쟁과 걸프전쟁을 통하여 얼마나 파괴되어 버렸는지 쉽게 알 수 있다.

시내 곳곳에는 몇몇 건물들이 폭격을 맞아 부서졌거나 교전이 이루어진 흔적으로 총탄 자국이 많이 있는 것을 볼 수 있는데, 나시리아에서 이라크군의 격렬한 저항이 있었음을 알 수 있다. 미군의 폭격 능력의 정확도를 단적으로 보여주는 한 가지가 바로 나시리아의 유프라테스 강변에 위치한 바트당사 피폭 장면이다. 얼마나 정확하게 건물에 명중했는지 건물은 완전히 파괴되었는데도 건물로부터 약 20m 정도 떨어진 거리에 사방으로 둘러쌓인 담벼락은 금도 전혀 가지 않았을 정도이다.

시내 중심부에서 조금 외곽으로 위치한 곳에 사담병원이 높다랗게 자리잡고 있는데, 이 건물이 나시리아에서는 가장 높은 최신식 건물이다. 바로 이곳에서 그 유명한 「린치 일병 구하기」작전이 전개되었는데, 이 작전에 대해서는 다음 장에서 소개하기로 하겠다.

처음에 나시리아에 도착한 5월 경에는 전쟁이 종료된 지 얼마 되지 않아 사람들이 적대감을 드러내 보이는 표정과 행동을 많이 했는데, 어린아이들만 아무것도 모른 채 군복 차림의 외국군을 보면 손을 흔들고 환한 표정을 지으며 무어라 소리지르며 달려들곤 했다. 상당수의 어린아이들이 제대로 신발도 신지 못한 채 맨발로 지냈는데, 어른들도 다

떨어져 가는 슬리퍼를 끌고 이라크 전통옷인 흰 통옷을 입은 모습으로 구레나룻을 기른 채 다니는 모습을 많이 볼 수 있고, 여자들은 대부분 시커먼 이슬람 복색을 하고서 얼굴만 내놓은 채 종종걸음으로 바삐 다니는 모습이었다.

간혹 학생으로 보이는 젊은 처녀들은 검은색 차도로를 쓰지 않고 밝은색 무늬의 옷과 천을 머리에 둘렀는데, 그녀들도 결혼과 동시에 검은색 차도르를 써야 한다고 한다. 한국군에게 고용되었던 통역관이 개탄하면서 해준 이야기에 의하면, 이란 이라크 전쟁이 발발하기 전까지만 해도 여성들이 짧은 치마를 입을 정도로 매우 개방적으로 변화하는 추세였는데, 20여 년에 걸친 전쟁이 다시 이라크를 복고주의로 회귀시키고 말았다고 한다.

시내에는 오·폐수 관로가 고장이 난 채 보수가 되지 않아 썩은 물

오폐수가 고여 악취가 나는 웅덩이에서 놀고 있는 아이들

이 고여 있어 악취를 풍기고 있었는데, 일부 어린아이들이 그런 물도 아무렇지 않은 듯 발을 담그고 건너가는 모습에 측은함을 느끼지 않을 수 없었다.

도심지를 벗어나 외곽으로 가면 집이라고 보기에는 다소 무리가 있을 정도로 보이는 낡은 단층 건물에 거주하는 사람들을 많이 볼 수 있는데, 이들의 생활수준은 아주 낮아서 신발을 신은 사람은 도대체 찾아볼 수가 없을 정도였다. 특히 여자들은 뗄 나무를 해오거나 거친 일들을 하여 발바닥이 곰 발바닥처럼 부풀어 올라 단단해진 것을 훔쳐볼 수가 있었는데, 역시 기존의 지식대로, 이슬람 국가에서 여성들의 지위와 수준을 짐작할 수 있었다.

나시리아는 토양이 모래사막이 아니라 점토질의 진흙땅이다. 연평균 강수량이 300mm 이하로서 그것도 우기철인 11월부터 4월 사이에 집중적으로 내리기 때문에, 우리가 주둔했던 5월부터 10월 사이에는 비 한 방울 내리지 않았다. 따라서 흙먼지가 언제나 온 천지를 뒤덮고 있었는데, 그 정도가 얼마나 심한지 흙먼지 바람에 몇 분만 노출되어 있으면 먼지에 샤워를 한 것처럼 되어버린다. 쿠웨이트에서 북쪽으로 나시리아를 거쳐 바그다드까지 차량으로 이동해 보면 유독 나시리아만 먼지가 자욱해 있는 것을 볼 수 있는데, 그래서인지 사람들의 평균수명이 53세 정도로 매우 짧고, 그곳 사람들은 대부분 기관지염을 앓고 있다. 우리는 그곳에서 평생 먹을 먼지를 다 먹고도 남았다고 말하면서 웃곤 했다. 아무리 맑은 날이라도 밤하늘에 후레쉬 불빛을 비추어 보면 먼지가 자욱하게 보일 정도이다.

우리 군의 주둔지는 탈릴 국제공항 내에 주둔하고 있는 미군 캠프의 일부를 할당받아 정해졌는데, 이곳이 바로 구약성서에 나오는 믿음의 조상 아브라함의 고향인 「갈대아 우르」지역이다. 주둔지에서 전방으로 약 700m쯤 떨어진 거리에 아브라함의 생가가 보이고 그 옆에는 달에게 제사를 드리는 신전인 지구라트(Ziggurat)가 이집트 피라미드 크기 정도로 우뚝 솟아 있다.

아브라함의 아버지는 이곳에서 신상(神像)을 만들어 파는 우상(偶像) 장수였다고 한다. 그런 그에게 어느 날 하나님의 음성이 들려 이곳을 떠나 이스라엘의 가나안 땅으로 이동하게 했다고 한다.

"너는 너희 본토 친척 아비 집을 떠나 내가 네게 인도하는 곳으로 가라. 내가 그곳에서 너와 언약을 이루어 너의 후손으로 하여금 하늘의 별과 같이, 사막의 모래와 같이 많게 하리라."

아브라함은 그 말씀에 순종하여 처자식을 이끌고 이스라엘 땅으로 떠났고, 결국 위와 같은 하나님의 약속은 이루어져, 현재 아브라함은 기독교와 유대교, 이슬람교의 공통조상으로 숭배되고 있으며, 그들의 숫자를 합치면 35억 명이 넘는다고 하니, 성서의 기록은 과히 과학적 상상을 초월한다 하겠다.

주둔지에서 나시리아 시내까지는 약 25km로서 도로 양쪽에는 양이나 낙타를 치는 유목민들의 모습을 볼 수 있다. 흔히 양치기 소년 하면 푸른 초원에서 한가로이 양에게 풀을 뜯게 하는 전원적인 그림을 떠올리기 쉬운데, 이곳에서는 그와 같은 생각은 일찌감치 접어야 한다. 사막 땅 위에 거칠게 돋아난 몇 포기 안 되는 풀들을 뜯어먹고 과연 양들이 살 수 있을까? 하고 의아해 하다가, 풀을 찾아서 뜯어먹고 있는 양들을 바로 눈앞에 보고 있으면 그 의아심이 해소되기는커녕 더욱 납득이 가지 않는 그런 광경을 만나게 된다. 때가 꼬질꼬질하게 묻은 누추한 옷을 입고, 신발도 신지 않고, 막대기 하나만 들고 양을 치는 소년의 모습은 수천 년 전 구약의 한복판으로 우리를 안내한다. 아마 이들은 이곳에서 저러한 모습으로 수천 년을 살아왔으리라.

그러나 나시리아 사람들의 문화적 자부심은 정말로 대단하다. 자신들이 세계 최초로 문명을 이루었다는 것에 절대적인 자부심을 갖고 있으며, 이것을 인정해주고 존경을 표시하면 금새 친해져 뜨거운 피와 정이 흐르는 우리와 똑같은 사람들임을 알 수 있다. 우리 한국군이 그들의 이러한 정서를 알게 된 것은 오래지 않아서였고, 또 그래서 그들과 우호적인 관계를 맺을 수 있었던 것 같다.

7. 최초 임무 메디캡 경호작전

나시리아에 도착한 후 3일째 되던 날 우리에게 드디어 첫 번째 임무가 부여되었다. 그것은 주둔지 인근 마을에 의료지원 활동을 나가는 의무요원들을 경호하는 작전이었다. 아직 숙영지 편성을 마저 끝내지 못했고 폭염의 기후에 적응하지도 못했지만, 한국군의 파병 사실을 알리고 이라크인을 도와주러 왔다는 인식을 불러 일으켜 우리의 안전을 위해 (危害)받지 않으려는 나름대로의 판단에서 결정된 작전이었다.

전 날에 정작과장인 이소령과 3중대장인 신대위가 주변 정찰을 완료하였기 때문에 당일에 나는 3중대 1개 팀을 테라칸 3대에 분승시켜 의무대 앰블런스 1대를 경계하여 사전에 정찰한 그 마을로 이동하였다.

이라크에서의 첫 임무라 긴장이 되기도 했지만 한국군에 대한 반응과 이들의 분위기를 파악하여 차후 경계계획을 마련해야 하기 때문에 조심스럽게 접근하였다.

마을은 주둔지에서 10여km 떨어진 거리에 있는 25~30여 가구의 작은 마을로서, 마을회관으로 보이는 곳에 멈추어서 주변 수색을 실시하고 경계병력을 배치했다. 이후에 이상이 없음을 확인하고 나서 회관 안으로 군의관을 들여보내 진료를 하게 했다.

이윽고 주변에 이라크인들이 하나 둘 모여들면서 진료가 시작되었다. 찾아오는 사람들은 순진한 시골 사람들의 표정과 몸짓으로 다가와서 머뭇머뭇거렸는데, "아쌀라무 알라이꿈!" 하고 손을 흔들며 인사를 하자 그들도 어색한 웃음을 지으며 오른 손을 들어 "알라이꾸무 아쌀람!" 하고 답례를 했다. 나는 진료소 앞에 서서 경비요원들이 그들을 검색하는 것을 지켜보려고 했는데 검색할 필요도 없을 것 같았다. 때가 묻어 누렇게 된 백색 옷을 입고서 손을 흔드는 순박한 모습에 무기를 휴대하지 않았음을 한 눈에 알 수 있었고, 그들에게 검문을 한다는 것이 오히려 이상할 정도여서 한두 명 검색을 실시한 후 이를 금지시키고 눈으로만 이상한 사람이 있는가 지켜보도록 했다.

그 전에 미군들이 이곳에서 진료활동을 폈던 지역인지라 사람들이 의무대 표시가 되어 있는 차량을 보자 하나둘씩 모여들더니 어느새 좁은 회관 안은 북새통을 이루었다. 재미있는 사실은, 환자가 여자들은 한 명도 보이지 않고 전부 남자였다는 것이고, 또 그들은 그다지 아파 보이지도 않으면서 이곳저곳 아프다는 이야기를 하며 약을 받아 가는 데만 급급했다는 것이다. 물론 정말로 몸이 불편해서 찾아오는 환자도 있었지만 그렇지 않아 보이는 사람들이 더 많아 보였다. 나중에 알게 된 사실은, 이라크에는 의료약품이 매우 귀하기 때문에 이들은 차후에 아플 것을 대비해서 의약품을 미리 확보해두려는 차원에서 이렇게 몰려든다는 것이다.

통역관으로서 우리를 도와주었던 「함멧」이라는 이집트인은 자기네 동족인 아랍인을 돕는다는 동족애가 발휘되었는지 땀을 뻘뻘 흘리면서 통역을 했고, 군의관인 홍명표 대위도 적응되지 않은 몸을 이끌고 열심히 진료를 했다. 특히 홍 대위는 국내에서도 좀처럼 보기 드물 정도로 강한 군인정신의 소유자로서 자신을 찾아오는 환자들을 정성껏 돌보아주었는데, 이러한 사실은 서희 부대 모든 장병들에게 알려져서 높은 찬사와 신뢰를 받았다. 함멧은 통역하는 데 소요되는 시간을 줄이고자 자신의 노트에 환자의 어느 부위가 어떻게 아프다는 것을 구체적으로 사례를 들어 써놓고 그에 해당하는 영어를 표기해 놓아 최단시간 내에 환자의 진료를 끝내고 더 많은 사람들을 진료할 수 있는 기지를 발휘하여 한국군들로부터 많은 칭찬을 받기도 하였다.

우리가 낮 더위를 피하여 오전 9시부터 12시까지 약 3시간 정도 진료를 했는데, 그 시간에 이라크 여자들은 검은색 통치마 복장에 차도르를 깊이 둘러쓰고 사막 저 먼 곳에서 땔나무를 해서 머리에 이고 오거나 집에서 사용할 물을 길러오기 위해서 가까운 샘을 오가며 분주하게 움직이는 모습을 볼 수 있었다. 그녀들은 낯선 외국군이 온 것을 알고 우리를 피해 멀찍이 돌아가곤 했는데, 가사노동에 얽매여 있는 불쌍한 이슬람국의 여인들을 보고 있으니 안타깝게 느껴졌다.

3일째 되던 날, 드디어 여자 환자가 한 명 있었는데, 사실은 진료소를 찾아온 것이 아니라 앓아누워 움직이지 못하는 것을 그의 아들이 부탁을 해서 집으로 왕진을 간 것이다. 방은 두 칸 짜리로 안에는 낡은 카페트가 깔려 있었고 그 위에 60여 세쯤 되어 보이는 한 노파가 신음소리를 내며 고통을 호소하고 있었다. 시커멓게 타 들어간 얼굴에 불뚝 솟아오른 배를 보니 문외한인 내가 보기에도 중병에 시달리고 있음을 알 수 있었다. 환자를 살펴본 군의관은 암 환자 같다고 소견을 말하며, 이미 치료할 시기가 지나서 진통제 몇 알 주는 것 외에 달리 치료방법이 없다고 하면서 안타까워 했다.

집 주변에는 사내 아이들 대여섯이 호기심에 서성이고 있었고 나는 밖에서 경계 병력을 둘러보고 있는데, 옆집의 대문이 빼꼼이 열리더니 열 대여섯살쯤 되어 보이는 여자가 호기심을 못 이겨 살짝 우리를 건네보는 것이었다. 그런데 이것을 쳐다본 그녀의 동생쯤으로 생각되는 사내 녀석이 대문으로 달려가더니 누나로 보이는 그녀의 얼굴을 찰싹, 하고 때리듯이 밀

모여든 환자들을 치료하고 있는 군의관 홍명표 대위와 통역하는 함멧

치며 뭐라고 큰소리로 욕지거리를 내뱉더니 쾅, 하고 대문을 닫고 밖에서 빗장을 거는 것이었다. 그리고는 쳐다보고 있는 나를 보더니 계면쩍다는 듯이 씨익하고 썩은 웃음을 짓는다. 그 여자는 아무런 저항도 없이 그저 아이가 떠미는 대로 밀쳐질 뿐 별 수 없다는 표정이었다.

이라크에서의 남녀간의 위상을 단적으로 보여주는 것 같아 안타까웠다. 나중에 통역관인 함멧에게 이러한 것에 대해 이야기하면서, 이슬람 국가에서도 여성의 기본권을 보장해줘야 진정한 자유국가가 될 수 있을 거라고 내 생각을 말했다. 그랬더니 그의 대답인즉슨, 그것은 문화적 차이일 뿐이며, 자기가 한국의 이태원 밤거리를 가봤더니 여자들이 술에 취해 길거리를 흐느적거리며 어지럽게 오가던데 그것은 어떻게 설명할 것이냐고 하면서 오히려 나에게 물어온 일이 있었다.

8. 민병대와의 첫 대면

3일차 되던 날에 이 마을에서 진료가 거의 끝났다고 판단하여 다음 진료지역을 정찰하기 위해 지프에 경계병 2명을 태우고 야자수 나무가 보이는 인근 오아시스 마을로 향했다. 주 경계병력은 아직 마을에서 경계를 서고 있었지만 인접 마을이 바로 가까이 있고 만약 상황이 발생했을 때에는 무전기로 호출하여 지원을 받으면 문제가 없을 것으로 판단되어 단순하게 생각하고 출발했다.

울퉁불퉁 난 길을 약 1~2km 달려가 보니 야자수 나무가 열 댓 그루 서 있고 그 아래에는 오래되어 보이는 우물이 하나 있는 것으로 봐서 전형적인 시골이자 오아시스 마을 같았다. 입구에 들어서니 마을회관으로 보이는 벽면이 터져 있는 건물 안에서 20여 명이 회의를 하고 있는 모습이 보였다. 그들은 우리 차량이 마을로 들어오는 것을 힐끗 고개를 돌려 보더니 다시 계속해서 자신들의 얘기에 열중하였다. 마을 촌장으로 보이는 듯한 한 노인을 중심으로 서로 마주보고 길다랗게 늘어앉아 있는 모습이 격식이 차려져 있고 규율이 잡혀 있어 보였는데 우리 쪽을 경계하는 듯한 눈초리였다.

처음에는 촌장이나 만나볼 요량으로 마을에 왔지만 왠지 분위기가 좋지 않게 느껴져 가까이 가지 않고 멀찌감치 떨어져 차량을 정지한 후 내려서 마을을 둘러보았다. 그때 회의를 하고 있던 마을회관에서 젊은이 한 사람이 우리를 향해 뛰어 오더니 자기네 쪽으로 가자고 옷소매를 끄는 것이었다. 그는 영어 반 이라크어 반으로 말을 붙여 왔는데 무슨 말인지 전혀 알아듣지 못하여 어색하기도 하고 처음에 느껴졌던 경계심이 가시지 않아 다음에 다시 오겠다고 말한 후 차량에 올라 복귀하려고 했다. 무슨 이야기를 하는지 알아보고도 싶었지만, 병력이 부족한 상황에서 혹시 무슨 일이 있을까 염려되어 접촉을 피하고 차후에 다시 병력과 통역관을 데리고 오기로 했다.

차량에 올라 방금 전에 들어왔던 길로 다시 빠져나가는데 마을 입구에 도착하니 청년 4~5명이 기관총을 장착하여 놓고 한 명은 머리 위로 AK소총을 들어올린 채 우리를 쳐다보고 있는 것이었다. 아까 들어올 때는 아무도 없었는데 무슨 일일까? 혹시 저들이 우리를 공격하려는 것은 아닌가 하는 생각이 들어 차량을 멈추고 대응을 하려고 했지만 오히려 멈추면 더 위험할 것 같고, 그렇다고 차를 돌릴 수도 없는 상황이어서 긴장된 마음으로 그들에게 다가갔다.

나는 오른손으로 허리에 찬 권총을 빼들고 유사시 제압할 수 있는 준비를 한 상태에서 왼손을 들어 그들에게 적대의사가 없음을 표시하고 뒷좌석의 병력에게는 여차하면 뒷문을 열고 뛰어내려 제압할 준비를 하라고 지시했다. 그런데 AK소총을 들고 있던 녀석이 씨익, 하고 이를 드러내어 웃으면서 통과하라고 손을 앞뒤로 흔드는 것이 아닌가! 공격할 의사가 없음을 나타내는 표시였지만 녀석이 소총을 들고 있는지라 몹시 불쾌하고 긴장되었다. 혹시 저러다가 총을 내려 사격을 해오지는 않을까? 그러면 내가 저 녀석보다 먼저 사격을 해서 제압해야 되는데 내가 더 빠를까, 아니면 저 녀석이? 이런 생각이 순간적으로 머릿속에 교차되면서 지나오는데, 결국 아무런 일 없이 통과하기는 하였다.

어떻게 보면 아무 일도 아닌 단순한 사건에 불과한 일이었지만 당시로서는 여간 긴장되지 않았다. 나중에 안 사실이지만, 이들은 자기 마을을 지키는 민병대로서 일종의 자경단 역할을 하고 있는 무장세력이며 어느 부족이나 할 것 없이 일정 규모의 이러한 준(準) 군사부대를 운용하고 있다는 것이었다. 하지만 아무리 적대성이 없는 단체라 하더라도 기본적으로 충분한 경계병력을 대동하지 않고 임의의 지역을 정찰했다는 것은 나의 우(愚)이자 씁쓸한 경험이었다. 그 후로는 이러한 무모한 행동을 다시는 하지 않았음은 물론이다.

이렇게 우리의 첫 경계임무는 긴장과 호기심 속에서 시작되었다.

9. 현지인의 대(對) 한국군 관

캠프에 도착한 다음날 미군의 경계지원 하에 나시리아 시내를 정찰하였다. 험비 두 대를 전 후방에 배치하여 상호 지원하면서 경계를 서는 모습은 전날 쿠웨이트에서 이동해 올 때와 같은 형태였다. 그들은 매우 긴장한 상태에서 경계심을 풀지 않고 임무를 수행했는데, 긴장한 것은 우리들도 마찬가지였다.

시내를 통과하여 미군측에서 운용하고 있는 민사작전본부(CMOC)와 폭격으로 부서진 바트당사 및 초등학교 건물을 둘러보고 다시 부대로 복귀하였는데, 전쟁이 막 끝난 상황인지라 거리는 무거운 분위기였고 시민들의 얼굴 표정은 어두웠으며 긴장된 빛이 역력하였다. 누구 하나 웃음 짓는 사람이 없었고, 혹여 눈길을 마주칠세라 고개를 돌려 아예 쳐다보지도 않으려는 자세였다. 오직 어린아이들만이 전쟁이 무엇인지도 몰라서 웃으며 우리를 향해 손까지 흔들며 관심을 보일 뿐이었다. 간혹 저 멀리서 젊은이들 몇몇이서 엄지손가락을 위로 치켜세웠다가 다시 거꾸로 뒤집으면서 미국식의 'God Dam!'이라고 하는 손짓과 들리지 않을 정도의 소리로 욕을 하고는 우리가 쳐다보면 급히 사라지곤 했다.

전반적으로 우리에게 우호적이 아니라는 생각이 들었으나 그것은 당연하다고 여겨졌다. 아무리 사담 후세인이 독재를 펼쳐 자신들을 못살게 굴었어도 외국군이 들어와 자신들의 대통령을 몰아내고 탱크를 타고 총을 들고 거리를 제집인 양 활보하면 누가 좋아하겠는가?

하지만 6개월이 지날 무렵의 나시리아 거리는 많이 달라졌다. 태극마크가 선명한 한국군 차량이 지나가면 대부분의 사람들은 웃으며 반기는 모습으로 쳐다보았고, 먼저 손을 흔들거나 아니면 우리가 손을 흔들면 꼭 답례를 해주곤 했다. 혹 그렇지 않다고 하더라도 우리를 보고 인상을 찌푸리는 사람은 눈을 씻고 찾아보더라도 볼 수가 없었다. 한국군과 접촉을 해본 경험이 있는 사람들은 엄지손가락을 치켜세우고 "꼬레 굳(Korea Good)"이라고 소리치며 반가워했다. 파병 전에 아랍인이 엄지손가락을 치켜세우는 것은 원색적인 욕의 표시라고 교육을 받았지만, 그것은 잘못 알려진 것 같다. 아마 오래 전에 사용되었거나 아니면 현재도 일부 사람들의 제스쳐인지는 모르겠으나, 우리에게 보여진 그들의 표시는 상대방을 칭찬하고 반겨주는 우호적인 것이었다. 우리도 그들이 우리에게 약간의 호의라도 베풀면 엄지손가락을 치켜세우며 "슈크란! 이라키 굳(Iraqi Good)"이라고 말해주곤 했다.

그런데 이러한 한국군의 평가는 그냥 얻어진 것이 아니다. 처음에는 공사장 경계를 나가거나 시내를 주행하면 우리에게 돌을 던지고 욕을 하는 사람들도 있었다. 아마 미군이나 이탈리아 군에게 이렇게 돌을 던진다면 그들은 돌을 던진 자를 끝까지 찾아가 체포하고 그 책임을 물었을 것이다. 그러나 한국군은 그들이 일부 돌을 던져도 안전상 심각한 문제가 없을 경우 "우리는 당신들을 도와주러 왔다"는 말을 하면서 계속해서 친근하게 나가니까 어느새 그들도 우리의 본심을 알고서 더욱 가까워지게 된 것이다. 또한 그저 말로만 도와주러 왔다고 한 것이 아니라 병원을 열어 환자들을 무료로 치료해주고, 부서진 학교 건물과 도로를 보수해주고, 또 고아원이나 장애시설을 찾아가 위문하고, 태권도 교실을 열어 이라크의 젊은이들을 가르쳐줌으로써 한국군의 활동모습을 적절히 홍보했기 때문에 가능하게 된 것이었다.

그러나 우리가 미군이나 이탈리아 군과 가장 근본적으로 다른 점은 우리의 마음이었던 것 같다. 전쟁으로 상처받은 이라크인의 아픔을 알

이라크의 젊은이들에게 둘러싸인 한 경비대원, 한국군이 이라크인과 얼마나 친근하게 지냈는지를 잘 대변해주고 있다

아주고 따스하게 품어주는 마음들이 하나 둘 전해졌기 때문이라 생각된다.

전쟁 후에 미군이 이라크에서 곤혹을 치르는 것도, 그리고 나시리아에서 이탈리아군이 테러를 당하는 것도 그 밑바탕에는 이라크인들을 무시하고 점령군처럼 행동하려는 마음이 있음을 이라크인들이 알기 때문이다.

한 예로, 지난 2003년 11월 나시리아의 이탈리아 헌병대(CARABINIERY) 건물에 자살폭탄 테러가 발생하여 30여 명의 사상자가 발생했는데, 그것은 어쩌면 예견된 일이었는지도 모른다. 9월에 국회 국방위 소속 국회위원들이 서희부대를 위문차 방문한 당일에 나시리아 경찰서 앞에서 대규모 폭력시위가 발생했었는데, 그 진압과정에서 이라크인 한 명이 사살당하고 또 한 명이 크게 다쳤었다. 나는 그 광경을 경찰서 바로 뒷 건물인 구 바트당사 옥상에서 생생하게 지켜볼 수 있었다. 부대를 방문한 국회위원들이 바트당사를 개조한 알바라디 병원 공사 현장을 방문하기로 계획되어 있었기 때문에 나는 경계병력을 배치하기 위하여 그곳을 방문 중이었는데, 그때 그 시위현장을 목격한 것이다.

이라크 구 경찰관 약 300~400여 명이 경찰서를 에워싸고 불을 질러 경찰서 마당에 주차해 놓았던 이탈리아군 및 루마니아군, 이라크 경찰차량 각각 한 대씩을 불태우며 격렬한 시위를 하였는데 이것을 이탈리아 병력과 이라크 경찰이 최루탄을 쏘아 해산시켰다. 그 와중에 시위자 중 한 명이 총에 맞아 사망하고 또 한 명은 부상을 당한 것이었다.

해산되는 군중 몇을 붙잡고 왜 데모를 하느냐고 물어 봤더니 신분증을 보여주며 자신들은 구 이라크 경찰로서 저들이 임금을 주지 않아 데모를 했는데 이탈리아군이 발포를 해서 사람이 죽었다며 나중에 RPG-7로켓을 가지고 와서 공격을 하겠다고 했다.

"Italy 탕탕! (손날로 목을 그으며) One Iraqi 윽!"

"Rocket 피슈웅! (RPG-7을 어깨에 대고 쏘는 시늉을 하며), 쾅!" 결국 그들이 로켓을 가지고 와서 직접 공격을 하지는 않았지만 이러한 시민들의 정서를 바탕으로 테러분자들이 자신들의 목적하는 바를 이루고자 이탈리아군을 공격한 것이라고 생각한다.

나중에 TV에서 이라크 주재 이탈리아 외교관이 이탈리아군은 나시리아에서 시민들로부터 우호적인 평판을 받고 있었는데 왜 이런 일이 일어났는지 모르겠다고 말하는 것을 보았는데, 우리가 파악한 바로는, 사실 이라크 국민들은 미군도 이탈리아군도 "Go!" 하라는 입장이었고, 한국군은 "Good!"이라는 것이었다.

물론 듣기 좋으라고 우리들 앞에서 그런 말을 한 것으로 볼 수도 있겠지만, 그들의 눈빛과 표정을 보고 전반적인 분위기로 파악해 볼 때, 그들의 말은 결코 거짓말만은 아니었다. 차후 한국군이 추가 파병을 하더라도 이러한 맥락 하에서 접근을 한다면 국민들이 우려하는 것은 최소화되고 오히려 국익을 크게 위하는 파병이 되리라 판단한다. 파병부대의 구체적인 활동요령에 대해서는 마지막 장에서 자세히 소개하기로 하겠다.

10. 아브라함을 만나다

　기독교인이나 유대교인, 무슬림치고 아브라함을 모르는 사람은 없다. 종교를 갖지 않거나 다른 종교를 믿는 사람이라 하더라도 종교에 웬만큼 관심을 가지고 있는 사람이라면 아브라함을 알 것이다. 지금부터 3,600여년 전에 구약의 성서에 등장하여 '믿음의 조상'이라 일컬음을 받는 사람이 바로 아브라함이다.
　앞장에서도 밝혔듯이, 서희·제마 부대가 주둔했던 지역이 바로 아브라함의 고향인 '갈대아 우르'이다. 주둔지에서 저 멀리로 그의 생가가 보일 정도로 가까이 위치해 있었는데, 나는 그곳을 수 십 차례 방문할 수 있는 기회가 있었다. 왜냐하면, 경비대장이라는 직책 때문에 부대에 손님이 방문하면 그들을 경호하여 공사현장을 둘러보고 아브라함의 생가를 다녀오는 것이 하나의 정해진 코스가 되었기 때문이다. 부대를 방문했다가 생각지도 못했던 아브라함의 생가를 방문할 기회를 가지게 된 사람들은 경이에 찬 표정으로 얼굴이 상기되는 것을 많이 보았다. 어찌 그들이 꿈엔들 생각했으랴!

그 점에 있어서는 나도 마찬가지다. 나시리아가 파병지로서 결정되고 나서도, 그리고 주둔지에 전개하고 나서도 며칠이 지난 후에야 이곳에 아브라함의 생가가 있다는 사실을 알 정도로 전혀 생각지도 못했던 곳이었다. 처음 방문했을 때의 그 감동은 지금도 잊을 수가 없다. 마치 내가 구약시대로 거슬러 올라가 투명인간이 되어 그곳에서 우상을 만들어 팔았다던 아브라함의 아버지와 하나님에 대한 구도(求道)적 삶을 살았을 아브라함의 깊은 눈망울을 마주보고 있는 듯했다.

그가 살던 옛집은 물론 사라지고 지금의 생가는 기록을 토대로 복원된 것이지만 최대한 원형을 살려 복원했다고 한다. 작은 벽돌 크기로 진흙을 구워서 벽채를 세웠는데, 커다란 거실 하나에 방이 여러 개 있는 것으로 보아서 대가족이 살았음을 알 수 있다. 거실에는 지하로 배수구를 만들어서 오물이 흘러가게끔 해 놓은 것을 보면 당시의 건축기술 수준이 매우 높았음을 알 수 있다. 지붕은 일부러 만들지 않은 것인지 아니면 원래부터 없었던 것인지는 모르겠으나, 지붕이 없으니 밤에 잠자리에 누워 밤하늘의 무수한 별들을 바라보는 그들의 모습도 상상해본다.

나는 주간에 시내에서 작전을 마치고 돌아올 때는 가끔씩 혼자서 이곳에 들러 둘러보곤 했는데, 여럿이서 오는 것하고는 전혀 색다른 느낌이 있었다. 그때는 진짜 지금이 이라크전쟁이 일어난 2003년인지 아니면 구약의 아브라함이 살던 3,600여년 전인지 구분이 가지 않았고, 시간이 멈춰 서있다는 생각이 들 정도였다. 따라서 성서에 존재하는 아브라함을 바로 눈앞에서 만나는 듯한 착각에 빠질 때가 많았다.

어느날 저녁 무렵, 그 날도 작전지역 현장 지도를 마치고 복귀하다가 잠시 혼자 들러서 아브라함의 생가를 둘러보고 있었는데, 그가 하나님으로부터 부름을 받고 사랑하는 가족과 고향을 떠나야 했던 순간의 심정이 생각나며 저절로 시가 되어 나왔다.

- 아브라함을 추억하며 -

나 지금 지는 노을 쳐다보며
먼 지평선 너머의 나라를 생각하네
사방을 둘러봐도 보이는 것은 사막의 모래 먼지뿐
눈길 끌만한 것 아무것도 없어라
단지 집 옆엔 헤아릴 수 없이 오래 전에 만들었다는
달을 섬기는 신전만이 솟아 있고
주위엔 신전에 봉사하는 사제들의 집과
동네 아이들이 노는 소리뿐
그 소리마저도 신전의 엄숙함에 가려져
아이들은 숨을 죽이며 놀고 있구나
오늘도 아버지는 신상을 조각 하시느라
바쁜 손을 놀리시는데
나는 지금 지평선 너머의 일을 생각하네
저 너머 어딘가에 있다는 가나안 땅을 생각하네
이제는 결단을 내려야 할 시간
내가 태어나 자란 곳,

나의 동무들과 뛰놀던 저 신전 뒤뜰의 모래언덕
그 언젠가 잃어버린 양을 찾으러
저 너머 너머를 하염없이 걸어가던 때가
엊그제 같은데
며칠 전 들렸던 하나님의 음성은 오늘도 귓전을 울리네
정들었던 고향을 떠나 그가 인도하는
가나안으로 가라는 거부할 수 없는 말씀
차라리 듣지 못했던들, 내게 들리지 않았던들
이런 고민 하지 않고 늙으신 아버질 도와
신상이나 조각할 걸
넘어가는 해를 보며 먼 나라 상상이나 할 걸
그러나 이제는 결단해야할 시간
하나님께 약속드린 그 시간 다가왔네
내일이면 떠나야 하는데, 부모님을 이별해야 하는데
그 동안 몰래몰래 짐은 다 꾸려 놨건만
아직도 마음의 짐은 채 마저 꾸리지 못했으니
오늘도 나는 깊은 상념에 젖어든다
그래도 나는 알고 있지
내일 아침이면 떠나야 한다는 걸
고향의 추억일랑 살포시 접어둔 채
이별해야 한다는 걸
내게 들린 하나님의 음성 따라
먼 곳으로 가야 한다는 걸
이는 거부할 수 없는 나의 숙명

모든 생각 가슴깊이 묻어두고
나는 지금 조각상에 마지막 마름질 하고 계신
아버지를 쳐다보네
망치질에 이마의 땀방울이 송이송이 떨어지는
아버지를 쳐다보네
온몸으로 그를 보고 있네.

서희부대에서는 매주 일정한 수의 인원을 선발하여 목사님의 주관하에 이곳을 방문했는데, 병사들도 좋은 경험을 했다고 대단히 좋아했다. 특히 서희부대의 군종장교인 이태희 목사님은 아브라함과 우르 왕조, 달 신전에 대해 깊이 연구하여 방문하는 모든 이들에게 설명해주어 아예 이곳에 눌러 앉아 관광 가이드로 활동하시라는 농담어린 제안을 받기도 했다. 또한 이곳에서 예배를 주관하기도 하여 아브라함 생가에서 예배를 주관한 기독교 최초의 목사라는 영예도 얻었다.

사담 후세인은 아브라함 생가와, 바로 옆에 위치한 '우르' 왕조의 유적과, '달 신전' 등을 포함하여 관광지로 개발하려는 계획을 세워 추진 중에 있었는데, 그만 전쟁이 나서 계속 진행하지 못하게 되었다고 현지인은 전한다. 이라크에는 이곳 이외에도 구약성서에 등장하는 종교적 유적들이 많다. 바로 창세기에 나오는 에덴동산이 있었다는 곳이 바스라 하단부의 어느 지역이란 설도 있고, 이스라엘이·바빌론 제국에 패하여 그 국민들이 포로로 끌려와 노예살이를 했던 바빌론 성과 다니엘이 갇혀 있던 사자굴, 그리고 '니느웨 성'으로 유명한 모술 등이 있는 곳도 이라크이다. 만약 이런 지역들을 관광자원으로 개발하여 이스라엘과 연결, '성지순례화' 한다면 엄청나게 많은 사람들이 몰려들어 경제적으로 이라크에 크게 기여하게 될 것이라는 생각이 들었다.

이슬람의 땅에 기독교인들이 몰려와 무슬림이 자기들과 그 종교적 뿌리가 같음을 알고 친밀감을 느껴 하나가 될까, 아니면 잃어버린 성지를 회복해야겠다는 마음을 품고 더 멀어져 버릴까? 라는 의문을 아브라함에게 물어보고 싶었다. 그는 자신의 종교적 후손들이 서로 화합하여 하나가 되지 못하고 전쟁을 일삼는 현 시대의 상황에 대하여 어떠한 생각을 하고 있을까? 그러나 아브라함은 여전히 말이 없고 수천 년 동안의 침묵만 계속하고 있다.

11. 4천년의 성상이 한국군을 보고 있다

아브라함의 생가에서 우르 왕조 유적을 사이에 두고 3백~4백 미터 떨어진 곳에 높다란 건축물이 하나 서 있다. 높이가 약 30 미터 정도인 이 건축물은 주변의 사막에서 홀로 우뚝 서 있어서 지나는 사람들의 눈에 쉽게 띈다. 이곳이 바로 고대 메소포타미아 문명을 일으켰던 사람들이 달을 섬기는 신전으로 만들었던 지구라트(Ziggurat)라는 것이다.

이것은 이집트의 피라미드만큼 그 규모가 대단히 큰데, 지금부터 4,000여 년 전에 만들어졌다고 하니 아마 피라미드와 비슷한 시기에 만들어진 것 같다. 이집트를 정복한 나폴레옹이 병사들에게 피라미드를 가리키며, "보라! 4천년의 성상이 그대들을 내려다보고 있다"고 하면서 일장 훈시를 통해 이집트를 정복한 군사들의 노고를 치하하고 사기를 북돋웠다고 하는데, 혹시 이곳을 정복한 미군 장군도 이곳을 지날 때 나폴레옹이 했던 말을 알고 있는 인물이라면 자신의 병사들에게 이런 훈시를 내렸을 법하다.

"보라, 자랑스러운 미합중국의 군인들이여! 4천년의 성상이 그대들을 내려다 보고 있다. 프랑스의 나폴레옹은 이집트를 정복하기 위해서 공격했지만, 우리는 이라크에 평화를 심어주기 위해서 이곳에 왔노라. 힘을 다해 진격하여 이라크의 국민들을 독재자 사담 후세인의 압제에서 구출해내고 이 땅에 평화와 자유를 심어주자!"

지구라트는 진흙 벽돌로 만들어졌는데, 옛 모양은 세월의 풍파에 씻겨져 사라져 버렸고, 지금 있는 것은 기록과 흔적을 따라 복원한 것이다. 지금도 밑부분은 본래의 그것이었음을 바람에 닳은 오래된 모양새와 색채가 말해주고 있다. 그 위에 진흙벽돌을 쌓아올려 가운데는 계단길을 만들어 정상에 올라가도록 만들었는데, 정상 부위에는 꽤 널따란 공간이 있어서 찾아오는 사람들의 발길이 잦고, 바람이 거센 곳인지라 바닥이 반들반들하고 군데군데 무너져 있었다. 그러나 정상은 나시리아에서 제일 높은 곳으로 저 멀리 탈릴공항 내부의 한국군을 비롯한 미군, 이탈리아군 텐트와 활주로에 놓여있는 항공기 등이 보였고, 반대

지구라트 전경, 검은색 밑 부분이 원래의 기초로서 윗부분은 나중에 복원한 것이다

쪽 사막 끝에는 먼지에 가리운 나시리아 시내가 어렴풋이 보일락 말락 할 정도로 보여 사막국가의 색다른 운치가 느껴졌다.

원래 지구라트의 정상에서는 사제들이 달에 제사를 올렸기 때문에 일반인들은 올라갈 수도 없었고 제사를 지낼 때에도 밑바닥 빈터에서 절을 했다고 한다. 정상에 서있노라니 그때 당시의 사제들과 일반인들이 깊은 밤 달이 떠올랐을 때 달을 향하여 제사를 올리던 광경이 눈에 보이는 것 같았다. 아마 아브라함의 아버지도 우상을 만들어 팔던 사람이었기 때문에, 그가 만든 우상도 이곳에서 제사에 사용되었을 것이다. 그리고 아브라함은 멀찌감치 떨어져서 하나님에 대한 믿음으로 제사를 지내는 이들을 측은한 마음으로 바라보고 있었을 것이다.

그 유명한 바벨탑도 이 지구라트와 같은 양식으로 건축되고 있었다고 하니, 바벨탑의 모양도 어렴풋이 그려졌다. 진흙으로 벽돌을 구워 쌓아 올려 하늘 끝까지 닿고자 했던 고대인들의 단순하고 허황된 욕망, 그 마음이 느껴져서 저절로 입가에 웃음이 띠었다.

인터넷 검색란에 "지구라트"를 써넣고 검색을 해보면 이곳의 지구라트가 사진과 함께 설명되어 있다. 그만큼 이곳은 현존하는 것들 중에서 가장 오래되고 보존이 잘된 곳임을 나타내고 있다.

이곳을 지날 때마다 나는 생각하곤 했다. '4천년의 성상이 우리 한국군을 보고 있다' 라고…

12. 총이나 칼을 팝니다

"골라 골라! 총도 있고 칼도 있어요, 골라 골라!"

우스운 이야기지만, 아마 우리나라에서 총이나 칼(도검류) 등을 자유롭게 판매하도록 허용한다면 남대문 시장에서 이와 같이 소리지르며 판매를 하는 상인들의 모습을 볼 수 있게 될 것이다. 바로 이라크에서는 어디를 가더라도 총이나 칼을 손쉽게 구할 수 있는데, 특히 이들은 외국군만 보면 은근히 다가와서 사라고 조른다. 군인들이 임무를 마치고 귀국할 때 사가지고 갈 만하겠다고 생각을 했는지, 슬며시 다가와서 사지 않겠느냐고 묻는다.

우리의 첫 임무였던 의료지원 경계 때에도 동네 남자들 몇몇이서 다가와서는 손으로 권총을 쏘는 흉내를 내면서 자기 집에 있는데 사지 않겠느냐고 물어왔다. 가격은 600달러를 달라는데 잘 홍정하면 반값으로 깎을 수 있을 것 같았다. 우리는 총을 이미 갖고 있으니 사지 않겠다고 하면서 내 권총을 보여주자, 그러면 칼을 사라고 손을 들어 눈앞에서 칼을 그린다. 그래서 칼도 갖고 있다고 하면서 "We have guns and nives many many, ours are better than yours." 하고, 알아 듣건 못 알아 듣건 영어로 한 마디 해주며 웃고 말았다.

대부분의 이라크인들은 집안에 총을 가지고 있다고 한다. 또 부족마다 무장단체를 보유하고 있으며 이들이 조직적으로 마을을 보호하는 역할을 한다. 이들은 대부분 구 소련제 AK소총이나 RPG-7 로켓, 수류탄으로 무장하고 있는데, 이러한 무기들은 이라크 어디를 가더라도 손쉽게 구할 수 있다. 나시리아의 시장에도 이러한 무기들을 전문적으로 취급하는 상인들도 있어서 미군이나 이탈리아군들이 무기 회수를 위해 주기적으로 작전을 펼치는 것을 자주 목격하였다.

시내에서도 수시로 총소리가 들리는데, 이것은 도둑들이 강도짓을 하기 위해서 쏘는 것이거나 아니면 도둑들을 쫓아내기 위해서 쏘는 총

소리라고 생각하면 십중팔구 맞다. 모두들 이렇게 총을 갖고 있으니 함부로 이들과 접촉하는 것은 위험할 수도 있겠다고 생각이 들겠지만, 그렇다고 걱정할 필요는 없다. 모두들 집안에다 숨겨두고 밖에 외출할 때는 갖고 다니지 않으니 염려하지 않아도 된다. 다만 작전시 검문검색 등을 할 때에는 항상 이들이 총을 소유하고 있다는 가정을 하고 이에 대한 대비를 해야 할 것이다.

우리가 주둔했던 탈릴공항 입구에도 도검류를 포함한 잡기류를 파는 사람들로 북적거렸다. 총을 판매하는 것은 금지되어 있기 때문에 갖고 다니며 팔지는 않았으나 암암리에 사라고 종용하였고, 칼은 진열해 놓거나 손에 들고 흔들면서 팔고 있다. 특히 칼은 우리가 흔히 보았던 반달처럼 굽어진 아랍 특유의 칼이나 이라크 군용이 대부분이었는데, 장식용 칼은 모조 보석을 박아 넣어서 보기에 그럴듯해 보인다. 우리 병력들 중에도 일부 병사들이 구입한 적이 있었는데, 사고발생의 우려가 있으므로 나중에는 전부 회수해서 이라크 경찰에 넘겨주었다.

이렇게 총이나 칼을 쉽게 사고 팔 수 있다는 것은 그만큼 국가나 사회의 법질서가 어지럽다는 것을 뜻한다. 이라크는 전쟁이 끝난 직후이니 오죽하겠는가? 결국 저런 모습이 전부 사라져 총과 칼을 통제할 수 있는

주둔지 입구 도로에서 칼을 사라고 손을 흔드는 이라크인

정부 권력이 생겨나려면 언제쯤이나 될까, 하는 생각이 길거리에서 칼을 들고 외국군을 향해 손짓을 하는 이라크인을 볼 때마다 들곤 했다.

13. 우리는 비아그라가 부럽지 않아요

다음은 신라 시대의 향가 '처용가'의 가사이다.

서울 밝은 달에 밤 깊도록 놀고 다니다가
들어와 잠자리를 보니 다리가 넷이로구나
둘은 나의 것이지만 둘은 누구의 것인가
본래는 내 것이었지만
빼앗겼으니 어찌하리

여기서 아내와 눈이 맞은 외간 남자를 어떤 학자는 아랍 남자라고 해석한 것을 본 적이 있다. 처용무란 탈춤에 등장하는 사내의 얼굴이 눈이 크고 깊이 들어간 모습이 신라인이 아니라 아랍인의 얼굴형이고, 당시에는 아랍과의 무역이 어느 정도 이루어지고 있었기 때문에 이러한 해석을 내놓은 듯하다.

아랍인들은 정력(?)이 세다는 속설이 있다. 아마도 그들이 일부다처제를 유지하고 있기 때문에 다수의 부인들을 만족시키려면 거기도 힘이 좋아야 할 것이라는 농담 때문일 것이다. 그런데 이것은 이라크나 쿠웨이트 사람들의 말을 들어보면 사실인 듯 싶다. 우리와 같이 근무를 하느라 친해져서 서로 온갖 농담까지 하는 사이가 되었던 통역관들의 이야기를 들어보면, 농담인지 진담인지 이런 말을 한다.

"우리 아랍인들의 힘은 양고기와 야자열매에서 나옵니다"

혹시 이 말을 듣고 양고기와 야자열매를 구하려는 사람이 있을지 모르겠으나, 정말 그런 것 같기도 하다. 이라크인들이 가장 즐겨먹는 고기가 바로 양고기인데 그 맛이 꼭 개고기와 비슷하다. 우리 부대에서도 양고기를 사와서 양보신탕을 가끔 끓여 먹곤 했는데 진짜 보신탕과 구별을 못할 정도였다. 개고기가 일반적으로 정력제로 통하니 양고기도 그렇지 않겠는가? 하는 생각에서 우선 그 말에 일리가 있어 보인다.

그러나 진짜로 양고기가 좋은 이유는 다른 데 있다고 생각한다. 이라크의 양들은 푸른 초원에서 자라는 풀을 뜯어먹으며 자란 순한 양들이 아니다. 메마른 사막 땅에서, 그것도 억센 풀이 하나 둘 드문드문 나 있는 그 풀들을 뜯어먹고 작열하는 태양 아래서 엉기성기 난 털옷을 입고 살아야 하니 그 생존력이 얼마나 강하겠는가? 따라서 양고기가 최고의 보신이 된다고 할 수도 있을 것이다.

두 번째는 야자나무 열매인데, 이것은 시장에 가면 가장 손쉽게 살 수 있는 과일들 중의 하나이다. 생으로 먹거나 아니면 말려서 먹는데, 특히 쿠웨이트에서는 잘 말려서 그 가운데 있는 씨를 빼어내고 땅콩을 한 알 넣어서 은박지로 포장한 가공품이 판매되고 있다. 이것이 정력제라고 소문이 나자 쿠웨이트로 호송작전을 나간 동료들에게 너도나도 사달라고 부탁을 하는 바람에 쿠웨이트에서도 그만 동이 나버렸다는 소문이 돌 정도로 한국군에게 인기가 있었다. 나중에 임무를 마치고 귀국하는 병사들의 가방에 야자나무 열매 상자가 한 두 개씩 들어 있었던 것은 굳이 말을 하지 않아도 짐작할 수 있는 일이다. 모두들 부모님께

효도하고 가정에 충성하는 마음으로 그것들을 구입했으리라.

이라크에서 제일 많은 나무가 바로 야자수이다. 아니 야자수 이외에 다른 나무는 거의 찾아볼 수 없을 정도이다. 그 야자수의 꼭대기에 야자열매가 열리는데 마치 포도송이 마냥 둥글게 많이도 열린다. 언젠가 병사 한 명이 나무에 올라가 이 열매를 따다가 이라크 노인에게 야단을 맞은 일이 있었다. 왜 자기네 나무열매를 허락도 없이 따가느냐는 것이었다. 그 병사는 임자 없는 나무라고 생각하고 올라갔는데 주인이 있는 모양이었다. 정중하게 사과하고 다시는 나무에 올라가지 않았음은 물론이다.

사막과 사람밖에 볼 수 없었던 파병생활 동안 양고기와 야자열매가 있어서 파병생활의 고단함에 지친 병사들에게나 조금이나마 위안이 될 수 있었던 것은 그나마 다행이라면 다행이다.

웅덩이에서 물을 긷고 있는 아낙네와 물을 먹고 있는 양떼들, 잠시 후 이 웅덩이에는 어린아이들이 몰려와 멱을 감았다

나시리아 시장에서 한 노인이 대추야자를 팔고 있다. 나이가 제법 들어 보이는 이 사람은 한 50세 정도 되었을까?

14. 에로 CD의 비밀

이라크 노점상들이 파는 물건에는 환전을 위해 돈을 파는 경우(이라크 디나르를 달러로 교환)가 제일 많고 다음에는 칼이나 기타 껌이나 과자 등 주전부리가 있다. 그러나 드물게 CD를 파는 사람들도 눈에 띈다. CD의 겉에 붙어 있는 사진을 보면 이연걸이나 레오나르도 디카프리오 등 외국의 유명 영화배우인 것으로 보아 영화가 대부분인 것 같다. 그러나 그 중에는 겉에 아무런 사진도 표시도 없는 것도 있는데, 그런 것은 주의해서 보아야 한다. 혹자는 이라크 저항세력들이 동맹군의 컴퓨터체계를 마비시킬 목적으로 바이러스가 있는 CD를 판매한다고 하는

데, 크게 신빙성 있는 말 같지는 않다.

언젠가 누군가가 곁에 아무런 표시가 없는 CD를 구입해 왔는데 자기 딴에는 아랍용 에로물이겠거니 했던 것 같다. 그래서 기대에 부풀어 그것을 혼자 몰래 보려고 밤에 컴퓨터를 켰다고 한다. 그러나 컴퓨터에 넣어본 결과 끔찍한 장면이 나온 것이다. 그것은 아리따운 아랍 여인네의 모습도 아니었고, 그렇다고 자기들의 문화나 종교를 선전하기 위한 것도 아니었다. 그것은 미군 포로의 처형장면이었던 것이다.

어느 전투에선가 붙잡혀서 포로가 된 미군 병사를 심하게 구타한 듯 얼굴과 머리는 온통 피투성이가 되어 있었는데 잔뜩 겁에 질려 있는 그를 집단으로 둘러싼 군인과 민간인들이 환호를 지르며 목을 자르는 장면이었다. 그 옛날 태평양 전쟁 당시 일본군이 포로로 잡은 적군이나 독립군들을 일본도를 높이 쳐들고 목을 내리치던 장면이 떠올랐다.

아무리 전쟁터에서는 법도 없고 자비도 없다고 하지만, 전투 중 교전으로 인한 사살도 아니고 포로로 잡힌 적에 대해 이렇게 무자비하게 집단 살해하는 것은 가히 전투폭력이라 하지 않을 수 없다. 전투 중 적을 죽이는 것과 포로로 붙잡힌 적을 죽이는 것에는 엄연히 큰 차이가 있다. 그 민족성에 폭력 지향적 성향이 깊이 뿌리박혀 있는 것이라고 의심하지 않을 수 없다.

그런데 왜 이러한 CD가 시중에 유통되는 것일까? 이유는 자신들의 나라를 침략한 미군을 살해하는 장면을 보여줌으로서 외국군으로 하여금 이라크군 또는 저항세력이 건재함을 알고 너희도 죽을 수 있으니 어서 이라크를 떠나라는 메시지이고, 다른 하나는 자국민에 대하여 적군에 대한 적개심을 고취시켜 계속적으로 대항하게 하려는 의도에서일 것이다.

바그다드에서 차량을 주차해 놓고 휴식을 취하고 있던 미군 2명을 일단의 청소년들이 갑자기 달려들어 집단 구타를 하고 목을 베었다는 소식을 얼마 전에 TV를 통해 본 적이 있다. 전쟁은 끝이 났어도 하루에도 여러 명의 미군이 계속해서 죽임을 당하는 이라크의 전선이다. 이것은 분명 전쟁이 끝난 것이 아니라 제2의 전쟁이 계속 진행 중인 것이리라. 언젠가는 분명히 끝이 나겠지만 그 끝은 언제일까? 언제 이들의 가슴속에서 폭력에의 호소가 사라지고 평화의 봄기운이 내려질 것인가?

15. "Hey, Mister! give me water!"

만약 대여섯 살 되어 보이는 어린아이가 "아저씨! 물 좀 주세요!"하고 두 손을 내밀고 애원하는 표정으로 애타게 부르짖으면, 여러분은 어떻게 하겠습니까? 아마 대부분의 한국인이라면 인정상 자신이 먹던 물이라도 건네주고야 말 것이다. 그러나 과연 이라크에서도 그렇게 할 수 있을까? 만나는 사람마다 달라는 대로 물을 건네준다면 당신은 아마 트럭으로 하나 가득 물통을 싣고 다녀도 부족할 것이다.

그만큼 이라크에서는 물이 귀하다. 사막으로 이루어진 땅이니 당연히 물이 부족할 것이다. 그나마 샘물도 오아시스 마을에 가끔 가다가 하나씩 있기 때문이다. 이라크의 젖줄 유프라테스강은 염분이 많고 오염이 심각해서 이미 식수로는 사용이 불가능하다. 식수용으로는 티그리스 강물이 가능하나 그러나 관개시설이 대단히 미비한 실정이다. 오죽했으면 사담 후세인이 티그리스 강을 이용하여 자신의 마음에 들지 않는 사람들에게는 물을 통제하는 방법을 썼을 정도였을까!

한 경비대원이 철조망 너머로 몰려든 어린이들에게 수통을 건네주는 모습

그나마 도시에는 수돗물이 공급되어 다행이지만, 그래도 안심하고 먹을 수준은 아니다. 그래서 우리가 가는 곳곳에는 아이들이 몰려와 물을 달라고 아우성이었다. 특히 도시를 벗어나 사막으로 들어가면 상황은 더욱 심각하다. 그곳에는 웅덩이에 거의 썩은 수준의 물이 고여 있는데, 처음에는 양을 치던 목동들이 양을 몰고 와서 물을 먹이는 곳인 줄로만 알았다. 그런데 얼마 있으니 웬 아낙이 나귀를 끌고 와서 그 물을 길어 나귀 등에 싣고 있는 게 아닌가? 아마 집에 가져가서 식수로 사용할 것임이 틀림없으리라. 우리가 보기에는 도저히 먹을 수 없는 물 같은데…

나시리아에서 주둔지로 가려면 시내를 벗어날 때 철로를 건너야 한다. 그 철로와 도로가 만나는 지점에는 폭격을 맞은 건물이 한 채 서 있는데 이곳이 바로 아이들이 모이는 집합장소이다. 그런데 여기에 있는 아이들은 사실은 아이들이 아니라 열 서너살 정도의 소년들이다. 이 녀석들은 우리를 보고 물을 달라는 것이 아니라 아예 물을 강탈하는 수준이다. 처음에는 불쌍하기도 해서 몇 번 건네주었더니, 나중에는 물을 주지 않으면 아예 소리를 지르며 욕을 하거나 심지어 돌을 던지기까지 한다. 이 정도면 아예 악다귀 수준이다.

처음 이라크에 도착했을 때는 아이들이 초콜릿을 달라고 손을 내미는 줄 알았다. 물론 그 중에는 초콜릿을 달라고 하는 아이들도 있지만 대부분은 물을 달라는 것이다. 주둔지에서 나시리아 시내로 약 25km의 길을 차를 타고 달려오면 도로 옆의 유목민 텐트에서 아이들이 주르르 달려 나와 손을 내민다. 이 아이들에게는 먹던 물이라도 건네주고 싶은 마음에 몇 번 건네준 적이 있다.

처음에는 부대에서도 이라크인들에게 일체 음식물이나 물을 주지 말라는 지시도 있었으나, 우리도 6. 25전쟁을 겪은 처지임을 생각해서 너무 야박하게 굴지 말자는 여론이 형성되어 그 지시는 유야무야 되어 버렸다. 우리 단장님은 어렸을 때 미군한테서 얻어먹은 초콜릿이 지금도 생각날 정도로 즐거운 추억이었다면서 아예 차 안에 과자와 물을 항상 준비하고 다니다가 유목민 아이들이 달려나오면 차를 세우고 그들에게 나누어주곤 했다.

여러분들도 이라크를 방문할 기회가 있거든 초코파이 몇 상자와 두어 박스 정도의 물을 꼭 준비하시라. 아이들을 보고 그냥 지나치지 않고 물이나 먹을 것을 주고 나야 여러분의 마음도 무겁지 않을 테니.

16. 한국인의 심성

언젠가 대대 전술종합훈련을 나가서였다. 김동현이라는 이름을 가진 한 중사가 앞장서 길을 가다가 산 아래에서 동물을 잡으려고 쳐놓은 덫에 걸린 너구리를 발견했다. 덫에 다리가 치였지만 그렇게 심한 것 같지는 않았다. 김 중사는 눈빛으로 살려주고 가자는 말을 내게 건넸다. 시간이 바빠서 구해줄 여유가 없었지만 나를 바라보는 김 중사의 촉촉했던 눈망울이 어쩐지 그 너구리의 눈처럼 보였고, 그의 마음이 가슴으로 전해져 구해주라고 지시했다. 그는 기쁜 마음으로 어디선가 꼬챙이를 주어와서 발로 덫을 밟고 꼬챙이로 덫의 양 이빨 사이를 벌려 너구리의 다리를 빼내었다. 너구리는 죽은 듯이 엎드려 있었고, 우리는 놈이 크게 다쳤는가보다 하고 긍휼지심(矜恤之心)을 발휘하여 대대 상황실로 전화하여 인근지역에 있는 동물보호소로 연락하여 살려주려고 했다. 전화를 하려고 몇 분간 지체하고 있는 순간 너구리가 살살 몸을 일으키더니 몇 발자국 기어가다가는 후다닥, 하고 몸을 날려 산으로 도망쳐버렸다. 놈은 크게 다치지 않았으면서 마치 죽은 듯이 벌렁 누워서 우리를 속이고 있었던 것이다. 우리는 우습기도 했거니와 옛말에 너구리 심보라고, 음흉함의 대명사로 너구리를 드는 이유를 이해하게 되었기에 한참을 웃다가 가던 길을 계속하였다.

너구리의 음흉함을 말하고자 한 것이 아니라, 이라크에서 파병 임무를 수행했던 우리 한국군이 어떤 마음으로 임했는가를 단적으로 나타내주는 사건이 있었으므로 이를 소개하기 위해서이다.

이야기는 내가 태권도 교실을 운영하는 지역을 현장지도 차 나갔을 때 시작된다. 그때가 파병된 지 약 3개월쯤 지날 즈음이었다. 7월 달에 같이 파병 나갔던 의료지원단인 제마부대가 탈릴공항 내에 있던 우리 주둔지에 병원을 열고 나서였다. 한국군이 병원을 만들었다는 소문이 지역방송을 통해 전파되고 사람들의 입에서 입으로 전해져 찾아오는 사람들이 꼬리를 물었다. 나시리아 시내에서 임무를 수행하다 보면 서희부대에도 환자들이 찾아와 자기들을 병원으로 데려가 달라고 부탁하는 사람들이 많아졌다.

그날도 태권도 교실에 도착해보니 교육생으로 나오고 있던 알리라는 청년이 다리에 붕대를 감은 채 부러졌다고 하고, 함마드라는 소년은 머리를 감싸 안은 채 두통을 호소하고 있었다. 함마드는 얼마나 아픈지 아예 그 형이 작심하고 한국군에서 운영하는 병원에 데리고 가려고 차비를 차리고 나와 있었는데, 집이 가난하여 약국이나 나시리아 병원에는 찾아갈 여유가 없는 듯했다.

우리는 태권도 교육을 마치고 환자들을 차에 태워 주둔지로 향했다. 처음에는 내일 직접 탈릴공항의 병원으로 찾아오라고 할까도 생각했지만, 통증을 호소하는 모습이 너무나 애처로워 직접 데려다 주어 치료를 받게 할 참이었다. 그런데 캠프 전방에 설치해 놓은 인포메이션 센타에 도착해보니 이미 당일의 환자 수송은 끝나 있었다. 제마병원에서는 처음에는 나시리아 시내에서 일정 장소에 모여있는 환자를 부대로 수송하여 치료해주곤 했으나, 시일이 지나면서 환자가 많이 몰려옴에 따라 위병소 근처에 인포메이션 센타라고 진료 신청소를 세워 현지 통역관을 배치, 당일 진료 가능한 환자 수만큼 접수한 후 그 인원을 경비대 요원들이 차량을 이용 병원으로 수송하는 체제를 갖추어 운영하고 있는 터였다.

이미 시간이 지났고 또 우리의 기본 임무가 있으니 직접 위병소를 통과하여 병원으로 데리고 가기도 곤란하였고, 그렇다고 환자를 다시 돌아가라고 하는 것도 우리의 정서상 용납되지 않는 상황이었다. 그래서 생각해낸 것이 다리가 부러진 알리는 내일 다시 진료시간에 맞추어 우리가 데려다 치료해 주기로 하고, 두통을 호소하는 함마드는 직접 약국으로 데리고 가서 약을 사 주기로 했다. 당시 주머니에 가지고 나간 돈이 없었으므로 우리 요원들에게 확인해보니 누가 8달러를 가지고 나왔다고 하면서 건네주었다. 그 돈을 가지고 환자들을 태워 다시 차를 돌려 나시리아 시내에 있는 약국으로 찾아 들어갔다. 시내의 약국 사정이 얼마나 빈약한지, 환자를 데리고 네 군데나 약국을 돌아다닌 끝에야 겨우 두통약을 구할 수 있었다. 다른 약국은 기본적인 두통약조차 비치하지 못한 상태에서 운영되고 있는 모양이었다. 약사가 환자의 상태를 보더니 약을 꺼내어 두 가지를 한꺼번에 복용하라고 이야기했고, 나는 값을 치렀는데, 약값은 겨우 1달러였다. 약을 받아든 두 형제의 얼굴만큼 환하게 빛나는 얼굴을 여태 본 적이 없을 정도로 그들은 우리의 도움에 대하여 고마워했다. 우리 대원들의 가슴 또한 뿌듯해졌음은 물론이다.

다시 그들을 차에 태워 집까지 데려다 주고, 다음날도 약속대로 태권도 교육이 끝나자마자 제마병원의 인포메이션 센타까지 태워다 주었다. 그때는 내가 직접 나가지 않고 다른 대원에게 임무를 부여하였는데, 그날 제마병원에 볼일 차 들러보니 다리가 부러진 알리 녀석이 나를 보고 환하게 웃으며 아는 체를 하는 것이었다.

이렇게 우리 한국군은 부여된 기본 임무를 수행하는 데도 최선을 다했고, 부가하여 도움이 필요한 이라크인들에게 우리의 가슴을 열어 따뜻하게 대해 주었다. 그리하여 나시리아 어디를 가든지 "꼬레 구

웃!(Korea Good)"이라는 칭송을 듣지 않은 곳이 없었다.

17. 한국군 덤벼라! 축구하자

한국군과 이라크 동네 축구팀이 축구를 하면 누가 이길 것 같은가? 동네 팀도 팀 나름이겠지만 나시리아 시내의 여러 팀들 중 중간 정도 수준의 한 동네 팀과 축구경기를 가진다면 그 결과는?

나시리아 시내를 순찰하다 보면 곳곳에서 공터에 모여 축구를 하고 있는 젊은이들의 모습을 자주 볼 수 있다. 뜨거운 대낮을 제외하면 오후나 저녁 즈음 어디서나 그런 모습이 쉽게 눈에 띈다. 밤에도 시내를 나가보면 어른들은 군데군데 모여서 담배를 피우며 잡담을 하고 있고, 아이들이나 젊은이들은 왠만하면 도로상이나 공터에서 축구를 즐기고 있다. 밤거리의 온 시내가 온통 축구로 덮여 있다. 이쯤 되면 취미로 하는 운동이 아니라 아예 매니아(mania) 수준이다. 흔히들 축구, 하면 브라질을 꼽지만 아마 이라크도 브라질에 못지 않은 축구 열기를 갖고 있는 것 같다.

처음에 나시리아에 도착해서 이라크인들에게 친한(親韓) 활동의 일환으로 축구경기를 한 적이 있다. 이들이 축구를 좋아하니 우리가 경기를 제의하면 받아줄 것 같았고, 이를 이용하여 이들에게 좀 더 가까이 다가가기 위해서였다. 그래서 우리가 자주 갔던 바트당사 주변의 한 동네의 축구팀을 물색하여 이들에게 축구경기를 하자고 초청했더니 흔쾌히 응하였다. 드디어 이들이 부대에 도착하였다.

심판은 이라크팀 감독으로 하고 전 후반 각각 30분씩 해서 경기를 진행했는데 전반전은 공병부대가 그리고 후반전은 우리 경비대가 경기를 하기로 했다. 친선을 목적으로 하는 것이니 과격하게 하지 말고 또 너무 차이가 나게 이기지 말고 적당한 수준에서 이기거나 비기기로 하자는 의견이 지배적이어서 나도 우리 대원들에게 그렇게 주문을 했다.

그런데 이들이 부대 연병장에 도착하여 몸을 풀며 준비를 하는데 그 모습이 장난이 아니었다. 아직 스무 살을 넘기지 않은 젊은이들로 편성된 팀으로 남루한 체육복에 오래된 축구화, 그리고 몸도 여위고 해서 수준을 아주 낮게 보았는데, 몸을 푸는 동작이 마치 정식 대표선수들이 하는 것처럼 조직적으로 푸는 것이었다. 그래서 우리는, "녀석들 폼은 제법 제는구먼…" 하고 생각했다.

드디어 경기가 시작되고 약간의 탐색전이 시작되는가 싶었는데 순식

축구경기를 위해 부대를 방문한 나시리아 축구팀을 부대원들이 환영하고 있다

간에 이라크 팀이 득점을 하였다. 그런데 이후에도 공이 하프라인을 넘어서 이라크 팀 진영으로 가는 일이 거의 없이 공병대 골문에서만 노는 것이었다. 우리가 처음에 생각했던 그런 모습이 아니었다. 마치 전문적인 대표선수와 동네 축구팀의 게임 같아 보였다. 놀라운 개인기와 조직적인 팀 전술을 구사하는 높은 수준의 축구를 하는 것이었다. 전반전이 5대 0의 스코어로 끝나버렸다. 완전히 이라크 팀이 주도하는 일방적 게임이 되고 만 것이다.

후반에 경비대가 들어갈 차례였다. 나는 너무 차이가 많이 나게 져버려서 어느 정도 만회를 해야겠다고 생각하고 선수들에게 반드시 이겨버리라고 주문하고 싶기도 했지만, 그러나 이라크인들의 기(氣)를 살려주는 것도 괜찮다는 생각이 들어서, 과격한 몸싸움을 피하고 친선의 목적에 부합되게 게임을 하라고 지시했다. 결과는 후반전에서도 3대 1의 스코어로 우리는 또 져버렸다. 우리의 주특기인 거친 몸싸움과 파이팅을 외치며 게임에 임했다면 이길 수도 있었겠지만, 그렇게 할 필요가 없었기에 그냥 이 정도에서 만족하기로 했다. 졌지만 어쨌던 친선활동이라는 소기의 목적은 달성한 셈이다.

이후에도 한국의 날 행사를 포함하여 우리가 그들 동네를 방문하여 친선게임을 수 회에 걸쳐 개최했는데 한 번도 이긴 적이 없었다. 이라크 팀의 수준이 우리 부대의 수준보다 한 수 위임이 객관적으로 증명된 것이다.

시내에서 축구가 시작되면 단지 축구 선수들만의 만남이 아니라 주위에 온통 이라크인들이 몰려들어 성황을 이룬다. 이라크인들은 자국 팀을 응원하지만 우리 한국군은 이라크 팀을 응원한다. 비록 지더라도 아무런 문제가 되지 않는다. 사물놀이 패까지 준비해 가서 징과 꽹과리를 치면서 신나게 응원을 하면 마치 운동회 같은 분위기가 연출된다. 집집마다 대문이 빼꼼이 열리고 밖으로 나오지 못하는 여자들은 집안에서 이것을 훔쳐보느라 여념이 없다.

이들이 게임을 하고 나서 우리에게 요구하는 것은 마실 물과 약간의 음식 그리고 축구공이었다. 우리가 가져간 국산 축구공이 이라크 공보다 그 질이 훨씬 좋았으므로 이라크인들에게 매우 인기가 있었는데, 이러한 소문이 나서 우리가 마을을 방문하면 젊은이들이 축구공을 달라고 손을 내미는 때가 많았다. 당장은 많이 준비해 간 것이 없었으므로 나중에 어느 정도 확보해서 나누어주었지만, 여하튼 이들의 축구사랑은 알아줘야 한다.

우리 공병대도 이들의 이러한 축구사랑을 익히 알고서 축구장을 닦아주는 공사를 여러 차례에 걸쳐서 지원해 주었다. 빈 공터가 많다 보

한국의 날 행사에서 이라크팀과 축구경기를 하고 있는 서희부대원, 뒤쪽 관람석에는 약 2천여 명의 이라크인이 축구경기를 관람하기 위해 모여들었다

니까 왠만한데는 그냥 불도저로 밀어부치면 축구장이 되었다. 조금 아쉬웠던 것은, 축구장만 닦아줄 게 아니라 축구 골대와 골망도 같이 만들어 주었으면 하는 마음 간절했으나 그런 것은 미처 준비해가지 않아서 지원해 줄 수가 없었다는 점이다. 추가로 파병을 나가는 부대는 꼭 이런 것까지 준비해 간다면 이라크인들이 한층 더 고마워 할 것이다.

이 글을 쓰고 있는 지금 이 순간도 이라크의 젊은이들이 먼지를 뒤집어 쓴 채 땀을 뻘뻘 흘리며 드넓은 사막의 운동장에서 축구공을 향하여 달려드는 모습이 떠오른다. 마치 우리가 그 옛날 시골에서 돼지 오줌보를 묶어서 축구공 삼아 축구를 했던 것처럼…

18. 메소포타미아 문명과 한민족

이라크의 사회구성의 기본단위는 가정과 친족이다. 이는 혈연이라는 끈으로 굳게 묶여져 있고 또 부족으로 연결된다. 다시 말하면, 이라크는 부족사회의 전통이 지배하는 사회라고 할 수 있다. 어느 정치세력치고 유력한 집안을 배경으로 하고 있지 않은 사람은 없을 만큼 부족은 거의 절대적이다. 대통령인 바르크에게 사담 후세인을 부통령으로 추천한 그의 외삼촌 카이르 알라는 "믿을 수 있는 사람은 고향사람과 친족뿐"이라고 했던 말이 있다.

이러한 사회구조는 부족을 우리나라 조선시대의 문중에 비유하면 이해가 쉽다. 그들은 결혼도 타 부족이나 타 집안보다는 한 집안의 사촌 사이에 시키는 경우가 허다하니, 그 정도가 우리보다 훨씬 심하다. 이쯤 되면 삼국시대에 비교될 정도이다.

사담 후세인의 처도 그의 외삼촌의 딸인 것을 보면 사촌간의 결혼이었고, 그의 어머니인 수브하도 사촌인 하산과 결혼했었다. 부족이나 씨족을 21세기가 되는 현 시대에도 이처럼 강조하는 나라가 이 세상에 다시 또 어디에 있을까?

그런데 한 가지 재미있는 사실이 있다. 필자가 육사를 갓 졸업하고 임지로 발령받아 소대장을 나갔던 그 시절, 우리 군에서는 민족사 교육이 한창 붐을 이루고 있었다. 강원도 지역을 담당하고 있는 1군사령부 예하에 배치된 우리 동기들은 아예 사령부에서 한 달간이나 민족사 집체교육을 받았던 것이다. 교육의 요지는 우리 역사가 중국인들과 일본인들에 의해 조직적으로 왜곡되었고, 우리들은 그들이 가르친 식민사관을 그대로 비판 없이 수용해 왔다는 것인데, 원래의 우리 조상들은 현재의 한반도에 갇혀 있는 작은 민족이 아니라 동아시아 전체를 호령하던 대국 중의 대국이었다는 것이다. 그것을 논리적으로 하나하나 증거를 들어서 배웠던 기간이었다. 처음에는 다소 과장된 면이 있다고 생각했지만 교육이 진행될수록 서서히 흥미를 느끼기 시작했는데, 교육이 끝나갈 무렵에는

고대 수메르인의 장례식 모습, 우리나라의 장례문화와 어딘지 모르게 닮아 보인다

100여 명의 소위들은 철저한 민족사관 신봉주의자가 되어 있었다.

이때 우리가 받은 교육 중 하나가 밝칸 호수(바이칼 호수) 근처에서 인류 최초의 문명을 일으켰던 우리 조상들의 일부가 현재의 중동지역으로 이동해 들어가서 메소포타미아 문명을 이룩했다고 했는데, 그들이 바로 역사상에는 수메르란 이름으로 기록된 민족이라고 한다. 그 증거로서 여러 가지를 들었는데, 그 중 하나가 수메르어와 우리 고대 한국어가 너무나 흡사한 것이 많다는 것이었다. 그 중 대부분 기억에서 사라졌으나 이라크에 와서 이곳 사람들과 이야기하면서 잊혀졌던 기억이 새롭게 떠올랐다.

우리말로 '아버지'가 이라크어로는 '아부'라고 하며, '어머니'는 '엄'이라고 한다. 또한 '차(茶)'는 '챠이'라고 부르는데, 우리가 이러한

아이들과 더불어 구슬치기 놀이를 하고 있는 필자

사실을 이라크인들에게 알려 주었더니 그들도 대단히 신기해했다. 아마 이것 외에도 비슷한 발음의 단어들이 꽤 많이 있을 것이다.

현재로서는 규명할 수 없으나, 우리의 조상과 이들의 조상은 아마도 무엇인가 공통된 역사의 끈이 있었을 것이라는 추측을 해본다. 정말로 그렇게 느낀 것은 단 몇 마디 단어의 유사성 때문이 아니라 이들의 생활양식과 가슴으로 다가오는 그 무언가가 있었기 때문이다. 정말로 그 무언가가 있다면 언젠가에는 역사의 진실이 밝혀질 날이 올 것으로 기대해본다.

19. 사랑의 기술을 가르쳐 주는 학교
  (Love technical school)

"세상에 자기들은 밤일(?)을 얼마나 잘 하기에 이라크 사람들에게 그짓 하는 기술을 가르쳐 주겠다는 것인가, 아이그 망측한 한국 군인들…'

학교 간판을 보고 혹자는 이렇게 생각했을지도 모르겠다. 바로 우리 서희부대 공병들이 나시리아 시내에 개소한 「기술교육학교」에 대해서 말이다. 문제는 기술교육 자체에 있었던 것이 아니라 학교 이름을 영어와 이라크어로 번역하여 표기하는 과정에서 해석 여하에 따라서는 오해의 소지가 다분히 있었기 때문이다. 「Love technical school」이라고 간판을 붙였으니, 우리나라 말로는 '사랑의 기술학교' 라는 뜻이 되기도 한다. 한국군의 사랑을 담아 각종 건설기술을 가르쳐주는 학교를 운영하겠다는 것이었는데, 보는 각도에 따라서는 마치 "남녀간에 사랑하는 기술을 가르쳐 주는 학교" 라는 뜻으로 해석될 수도 있으므로 충분히 오해를 살 만했다.

그렇다고 정말로 크게 문제가 되었다는 것은 아니고 잠시의 해프닝이 있었음을 이야기하려는 것이다.

우리 서희부대가 나시리아에서 어느 정도 자리를 잡아갈 7월 무렵인가, 단장께서 이라크 현지인을 대상으로 기술교육을 시키는 학교를 만들어 운영하겠다는 뜻을 밝히셨다. 매일 고기를 잡아서 주기보다는 고기를 잡는 기술을 가르쳐주면 자기들이 직접 잡을 수 있을 것이니 근본적으로 이라크인을 돕는 것이 된다는 커다란 뜻에서 비롯된 발상이었다. 모두들 바람직한 일이라고 찬성을 표시했고, 곧이어 시내에서 우리 부대가 거점으로 활용하고 있던 바트당사의 뒷마당에 기술학교를 개설했다.

가르치는 과목은 포크레인과 굴삭기를 포함한 중장비 조작기술 및 용접기술, 영선기술 등이었다. 교육기간은 3주로서 우리가 주둔했던 10월까지 총 3개 기 총 200여 명이 수료하였다. 이러한 교육에 대하여 이라크인들의 인기는 대단하여 서로 입교하려고 몰려들었다. 그러나 교육 여건이 제한되어 있다 보니 한정된 인원만 선발하여 수업기회를 주었는데, 선발에서 탈락된 사람들은 바트당사 담벽 너머로 교육하는 모습을 부러운 눈으로 바라보는 모습도 보였다. 전쟁 직후이기 때문에 이라크에는 실업이 대량으로 발생하여 너도나도 기술을 배워 취직을 하려는 마음으로 몰려들었던 것이다. 그리고 한국 기업이 오면 그곳에 우선적으로 취직할 수 있으려니 하는 기대심도 크게 작용했던 것 같다.

교육은 정비관인 추(秋) 준위가 주교관 임무를 수행했는데, 처음에 입교한 학생들이 농담을 하더라는 것이다. "여기가 정말 밤일을 가르쳐주는 학교가 맞느냐, 너희 한국군들은 어떻게 그 일을 하느냐?" 라고. 처음에는 황당하여 무슨 말을 하는지 몰랐는데, 나중에 알고 보니 당사

입구에 세워 놓은 간판 표기가 "Love technical school"이었기 때문에 그걸 보고 농담을 해본 것이라는 것이었다. 그래서 잠시 시간을 내어 한국인의 화려한 기술을 소개하는 시간을 가졌다고 한다. 이렇게 하여 자못 딱딱할 수 있는 기술교육 시간이 서로간에 스스럼없이 재미있는 분위기 속에서 진행될 수 있는 계기가 되었던 것이다.

앞으로 만약 한국 기업이 나시리아 지역에 진출하여 현지인을 채용할 기회가 있으면, 그때 우리로부터 교육을 받았던 사람들을 우선적으로 채용해 주었으면 하는 마음 간절하다.

20. 아라비안 나이트

하루는 우리에게 고용되었던 통역관들이 양고기를 접대하겠다고 제의해 왔다. 그들은 월급으로 300여 달러 정도 받았는데, 현재 이라크인들의 평균급여가 70여 달러이고, 가장 높은 보수를 받는다는 의사가 200여 달러 정도이니 대단히 이는 대단히 높은 수준이다. 이처럼 높은 급여를 제공함으로써 이들을 통해 한국군의 이미지를 긍정적으로 선전하는 효과를 기대했음이다.

그러나 우리가 초대를 받았다고 해서 통역관한테 접대를 받을 수는 없기에 양고기 값을 우리가 치르기로 하고 그 초대에 응했다. 또한 단순한 회식이 아니라 우리와 관계를 맺고 있는 나시리아시의 시의회 의장과 디카르 종합대학교 총장 등 유력자들과 탈릴공항의 기지장인 라슨대령과 그의 참모들을 초청하여 식사를 대접하고 관계를 돈독히 하고자하는 목적으로 회식을 주선했다. 장소는 주둔지에서 약 5km 떨어진 거리에 있는 나시리아시로 향하는 도로상에 인접한 유목민 텐트였다.

저녁 6시에 약속을 정하고 나는 그 전에 회식장소에 도착하여 사전에 경비대로 하여금 주변을 수색하여 안전 위해 요소를 확인하고, 또 회식 중에도 혹시 모를 적의 위협에 대처하려고 병력을 배치하였다. 또 양을 잡아 요리하는 곳에도 일부 병력을 배치하여 그 과정을 지켜보게 했다.

양을 도살하고 요리를 만드는 과정은 옛날 시골에서 토끼를 잡는 방법과 비슷하였다. 먼저 칼로 목을 찔러 피를 빼내고 칼질을 하여 사지 관절을 잘라낸 후 목에서부터 마치 옷을 벗기듯 벗겨내면 알몸이 드러났는데, 그것을 적당한 크기로 자른 후 향료와 양념을 넣고 솥에 넣어 삶는 방식으로 요리가 만들어졌다.

드디어 회식이 시작되어 우리가 가져간 판초 우의를 넓게 깔고 자리에 앉으니 이라크 남자들이 두 손에 양고기 요리를 들고 나타났다. 여자들은 어디로 숨었는지 일체 보이지 않았다. 그런데 이제야 하는 말이지만, 지금에 와서 다시 그 요리를 먹으라면 아마 그때처럼 즐기지는 못하리라.

옛말에, 복숭아 서리를 할 때는 밤에 해야 그 맛이 제격이라는 말이 있다. 이유인즉슨, 복숭아에는 벌레가 많이 들어 있으므로 그것을 보면 복숭아를 먹지 못하기 때문에 아예 어두운 밤에 보지 않고 먹으면 맛있게 먹을 수 있다는 것이다.

쟁반 위에 양고기를 담아서 나르던 한 남자가 발을 잘못 디뎌 그만 양고기를 땅에 떨어뜨렸다. 그런데 그는 마치 아무 일도 없었다는 듯이 그것을 손으로 들고는 자기 옷에 슥슥 문지르더니 다시 쟁반 위에 올려서 우리들 앞에 내놓는 것이었다. 이 사람들은 물이 귀하기 때문에 제대로 씻지도 못하고, 또 용변을 본 후 어떻게 처리하는지 우리가 알고 있기 때문에, 그 손으로 고기를 잡고 하는 모습이 몹시 꺼림직했지만, 그렇다고 못 먹겠다고 거부할 수는 없는 노릇이었다.

우리가 약간 떨떠름해 하며 서로의 눈치를 살피는 동안, 이라크인들은 양고기를 오른손으로 잡고 뜯어먹기 시작했다. 약간 망설이다가 우리도 그들을 따라 오른손으로 고기를 잡고 먹어보니 보기와는 달리 간이 적절하게 베어 있고 아주 맛이 있었다. 이때부터는 서로 왁자지껄하며 얼마간의 영어와 바디 랭귀지로 서로의 의사를 표현하며 즐겁게 어울렸다. 우리가 가져간 무알콜 맥주와 약간의 소주를 나누어 마시며 서로간의 관계를 돈독히 했다.

이렇게 화기애애한 분위기 속에서 아라비아의 밤은 깊어갔고, 마지막으로 그들이 내놓은 이라크식 커피를 한 잔씩 마시고서 회식은 종료되었다. 나는 차를 마실 때쯤 자리에서 일어나 경계병력 쪽으로 가면서 텐트 뒤쪽을 보았는데, 여자들과 어린아이들이 둥글게 모여 앉아 무엇인가를 열심히 먹고 있는 모습이 눈에 띄였다. 자세히 보니, 그들은 우리가 회식을 하고 있을 때는 일절 모습을 드러내지 않고 뒤쪽에 숨어 있다가 회식이 끝나고 접시가 빠져나가자 그제서야 모여들어 바로 우리가 먹다가 남긴 뼈다귀에 붙어 있는 고기를 먹고 있는 중이었다.

그것을 보는 순간, 예전에 어머니께서는 식사시간에 같이 드시자고 해도 끝끝내 괜찮다며 꼭 작은 밥상에 반찬도 별로 없이 따로 혼자 드시던 모습이 떠올랐다. 더 이상 이 사람들과 문화적인 차이점으로 고민하지 말자고 하면서도, 자꾸 그녀들 쪽으로 고개가 돌아가는 것은 어쩔 수 없었다.

이것이 이라크에서 현지인과 어울린 처음이자 마지막 '아라비안 나이트' 였다.

21. 고국에서 온 소포

파병을 나가기 전에 전라도에 위치한 상무대(尙武臺)에서 만났던 한 동기생은 나에게 파병 준비에 대한 조언을 해주면서 꼭 가족앨범을 가지고 가라고 했다. 그는 소말리아에서 근무한 경험이 있는 파병 선배로서, 외국에서의 외로움과 피곤함을 달랠 수 있는 가족 사진의 중요성에 대해서 강조하였다. 그래서 나는 처음에는 사진 한 장만 가지고 가려고 했는데 그의 말을 따라 가족에게 별도로 앨범을 한 권 만들어 달라고 하여 이를 가지고 갔다. 그 앨범은 내가 6개월 동안 이라크에서 지내면서 정말 스무 번도 더 꺼내 본 것 같다. 전쟁터에 파병 나갔을 때처럼 가족의 중요성과 사랑하는 사람들을 보고 싶은 마음이 드는 적이 있을까?

이러한 점에서 장병들의 마음은 비슷한 것 같아 보인다. 대부분의 장병들이 애인이나 가족사진을 지갑에 넣고 다니며 휴식시간이나 잠을 자기 전에 사진을 꺼내보는 모습을 쉽게 볼 수 있다. 외국군들도 마찬가지로 조금만 친해져서 가족 이야기가 나오면 대부분이 지갑을 꺼내 들고 가족 사진을 보여주곤 한다. 나는 성격이 구식이라서 국내에서도 지갑에 사진을 넣고 다닐 정도가 되지 못해서 그렇지만 이들의 하는 바가 이해가 되었다.

그러던 어느 날 고국의 아내로부터 소포가 왔다. 6월 중순께 보낸 것이었는데 내가 받아본 것은 7월 달이었으니 거의 한 달 정도 소요된 것이다. 소포는 쿠웨이트를 경유하여 왔는데, 외국에서 아내의 소포를 받아보니 감개무량하여 기념으로 사진까지 찍어 놓았다. 소포 안에는 아내와 딸아이가 찍은 사진 한 장과 편지 한 통, 몇 가지 종류의 영양제가 들어 있었는데, 아내의 정성과 사랑이 듬뿍 담겨 있어 감격하지 않을 수 없었다. 그 정성이 고마워 그때의 감동을 몇 자 적어놓지 않을 수 없었다.

소포를 받아들고

머나먼 이국 땅 이라크 전쟁터
작열하는 태양과 모래바람 속에서
아내가 보내준 소포 받아들고
남편은 그만 감격에 젖었어라

정성껏 포장한 네모 상자에는
몸에 좋다는 홍삼 절편 한 상자
배 아플 때 먹으라는 정로환 한 통
먹으면 속이 편하다는 청매단 한 개
가래 끓지 말라는 용각산 두 통
피부가 고와진다는 레모나 한 묶음
사탕 두 봉지
부채 하나
그리고 사진 두 장
그 위에 곱게 쓴 편지 한 통
편지엔 한 글자 한 글자 사랑의 향기가 배었구나

여보, 더운 나라 이라크에 파병 나가
고생 많지요?

우리 주혜하고 나는 잘 지내고 있으니 걱정하지 마시고
당신이나 건강히 계시다 오세요
몇 가지 싸서 보내니 시간 놓치지 말고 꼭 드세요
사탕은 사람들하고 나눠 드시고요
또 보낼 테니 맘껏 드시고
필요한 것 있으면 언제든 연락 주세요

아니! 여기가 무슨 경로당인 줄 아나봐
속 모르는 우리 목사님 핀잔을 다 주네
아무렴 모르지 모르고 말고
어찌 그 누가 우리의 사랑을 알 수 있으랴
아내의 소포 받아들고
남편은 생각에 잠겼어라
아! 소포 안에 담긴 것은
정성이었네
아내의 사랑이었네

그러나 이 소포가 도착하고 며칠 되지 않은 어느 날, 소포를 받은 감동이 채 가시기도 전에 가슴 아픈 소식을 들어야 했다. 아내로부터 온 컴퓨터 이메일에, 임신 중이던 아이가 잘못되었다는 내용이 적혀 있었다. 4개월째라서 10월에 귀국하면 조금 있다가 세상에 나올 녀석이었는데, 그만 유산되었다는 것이다. 가슴이 아프고 눈물이 나왔지만, 아마 아내보다는 덜할 것이라는 생각에 단장님 실에 설치된 위성전화기를 빌어 병원에 입원한 아내와 긴 통화를 하였다. 아내는 울고 있었다.

결혼 3년째 되던 해 대전에서 첫 아이를 낳고 기뻐하던 아내의 모습과 아파트가 나지 않아 부대 주변에 집을 얻어 이사할 때 전세금이 모자라 어려워하던 모습도 떠올랐다. 7년의 결혼생활에 5번이나 이사를 했고, 올해도 연말이면 또 이사를 해야 한다. 군인으로 살면서 가족에게 제대로 가장노릇 하기가 정말 어렵고 미안하다. 내가 좋아서 파병을 나왔지만, 이것도 사실은 가족에게는 미안한 일이다.

세상에서 전쟁이 일어나지 않기를 바라는 사람은 바로 군인이라는 말은 참으로 역설적이다. 전쟁이 일어나면 군인은 전장터로 달려가지만 가족은 홀로 남겨져야 하기에 더욱 그것을 감당하기가 힘든 것이다. 혹시 전쟁터에서 죽더라도 군인이야 명예라도 영광으로 주어지겠지만, 남아있는 가족은 버거운 짐을 홀로 져야 한다. 그래서 군인은 전쟁이 나기를 바라지 않고 또 국가의 안보가 항시 튼튼하게 보장되기를 바란다. 그래서 오늘도 무거운 군장을 짊어지고 산야를 걷기에 여념이 없는 것이고, 이렇게 더운 이라크 땅에까지 와서 생활하기를 두려워하지 않는 것이다.

나이가 들어갈수록 가족의 소중함이 더욱 절절해진다. 이라크 시내를 지나갈 때 고사리 같은 손을 흔들며 뛰어오는 아이들을 볼 때면 고국에 있는 딸아이가 생각난다. 내 딸아이가 사랑스럽고 소중한 만큼 저 아이들에 대한 연민의 정도 더해진다. 내 가정이 평안하기를 간절히 바라는 만큼, 이국땅에 파병 나와 임무를 수행하는 모든 군인들의 가정이 평안하기를 바라는 마음 또한 간절하다. 그리고 나아가 사담 후세인 때문에 고통받고 전쟁 때문에 고통받고 있는 이라크 사람들의 모든 가정에 하루속히 평화와 안정이 깃들기를 바라는 마음 더욱 간절해진다.

《기독교, 유대교, 이슬람교의 비교 : '그 영원한 숙제'》

우리의 기억속에 이슬람교하면 언뜻 떠오르는 것이 어린시절 읽었던 알리바바와 40인의 도둑, 요술램프와 거인 등 동심의 나래를 펴게 해주었던 아라비안 동화와 다음으로는 "알라를 믿을것인가 아니면 죽음을 받을 것인가?"를 외치며 한 손에는 코란, 다른 손에는 칼을 들고 이슬람교를 포교하는 아랍인의 모습이 그것이다.

이라크인을 이해하기 위해서는 아랍을 이해해야 하고 아랍을 알기 위해서는 이슬람교라는 종교를 알아야 한다. 또한 이슬람교를 알기 위해서는 기독교와 유대교를 더불어 알아야 하며 이 세 종교를 이해하면 세계사의 굵직한 사건들을 포함하여 과거와 현대의 역사의 큰 줄기를 알게된다.

일반적으로 기독교권 세계관을 가진 세계에서는 이슬람에 대하여 왜곡된 시각을 갖고 있다. 위에서 제기한 한 손에는 코란 다른 손에는 칼로 대표되는 이슬람에 대한 시각이 그것이다. 기독교와 유대교 그리고 이슬람교가 한 뿌리에서 출발했고 동일한 유일신을 숭배한다는 것을 아는 사람은 그리 많지 않다. 또한 기독교와 유대교의 차이에 대해서도 별다른 차이점을 알고 있는 것 같지는 않다.

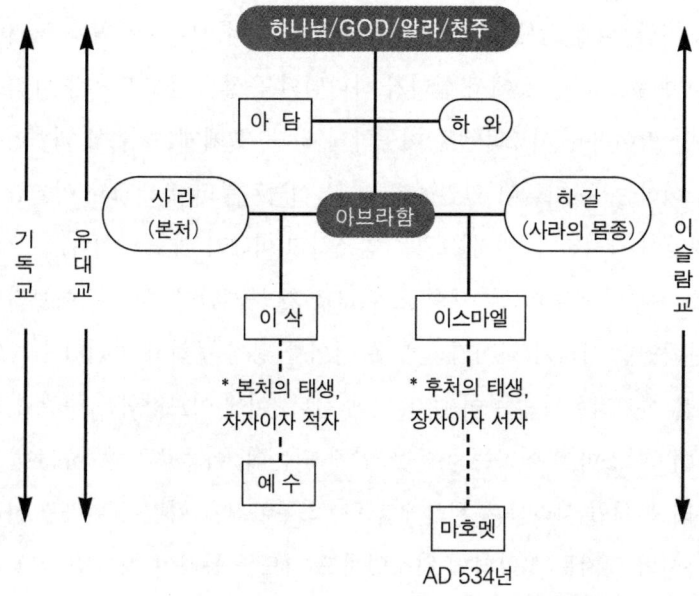

〈기독교와 유대교, 이슬람교의 비교〉

* 알라(Allah)는 GOD의 아랍식 표기임

기독교와 유대교 그리고 이슬람교에서 숭배하는 유일신은 '하나님 (또는 하느님, 천주)'으로서 기독교와 유대교의 성경인 구약에서는 신 (神)이 자신의 이름을 '여호와(또는 야훼)'라고 밝히고 있다. 이 동일한 대상을 이슬람교에서는 '알라'라고 부르는데, 여기서 '알'은 정관사일 뿐이고 '라'가 영어의 'GOD'(신, 하나님, 하느님, 천주 등)에 해당되는 단어이다.

이 세 개의 종교는 하나님이 유프라테스강 어귀의 에덴이라는 곳에 동산을 만드시고 이곳에 인류 최초의 인간(또는 종교적 최초의 인간)인 '아담'과 '하와' (또는 '이브')를 창조하시고 종교의 역사를 시작했다는 동일한 창세기를 갖고 있다. 에덴동산이 이라크의 일정 지역이라고 추정된다는 것은 앞에서 이미 밝힌 바 있다. 아담과 하와로부터 2000여 년이 지난 후에 '아브라함'이라는 사람이 이라크의 나시리아 근처인 '갈대아 우르'라는 곳에서 살다가 하나님의 음성을 듣고 일족을 데리고 가나안 땅이라는 이스라엘로 이동하게 된다. 그에게는 '이삭'과 '이스마엘'이라는 두 아들이 있었는데, 바로 이들로부터 유대교와 이슬람교의 씨앗이 갈려진다. 위의 그림을 참조하면 이해가 쉬울 것이다.

그런데 이삭과 이스마엘의 모계(母系)가 문제였다. 처음에 아브라함의 본처였던 사라가 나이가 늙도록 아이를 낳지 못하자 자신의 몸종인 하갈을 아브라함에게 주어 대를 잇게 한다. 이에 아브라함은 하갈과 동침하여 '이스마엘'이라는 아들을 얻게 되는데, 아들을 낳은 하갈이 그때부터 본처인 사라를 무시하게 된다. 하루아침에 형편이 뒤바뀐 사라는 자신의 처지를 하나님께 하소연하고 기도를 통하여 계시를 받고 아들을 낳게 되는데 그가 곧 이삭이다.

아브라함이 100살 때 아들 이삭을 낳은 사라는 아브라함에게 하갈과 서자인 이스마엘을 쫓아낼 것을 요구하게 되는데, 집안에서 쫓겨난 하갈은 이스마엘을 데리고 집을 떠나가다가 원통함을 기도하였더니, 하나님께서 천사를 통하여, "너에게도 큰 민족을 이루게 하겠도다"라는 계시를 주신다. 여기서 재미있는 사실은, 나중에 아브라함이 하나님으로부터 아들을 제물로 바치라는 믿음의 시험을 받게 되는데, 기독교인과 유대교인들은 그때 아브라함이 이삭을 바치려고 했다고 믿고 있고 이슬람교인들은 이스마엘을 바치려 했다고 주장한다. 즉, 자신들의 종교가 적통이라는 것을 은연중에 나타내는 것이다.

이와 같이 기독교, 유대교와 이슬람교는 하나님이라는 유일신을 믿고 아브라함이라는 동일한 시조(始祖)를 두고 태어난 한 뿌리임을 알 수 있다. 기독교와 유대교는 아브라함 사후 2000여년 후에 태어난 '예수'로부터 갈라진다. 즉, 기독교는 예수를 구약성경에서 예언된 인류의 구세주인 메시아로 믿고 그를 신성과 인성을 겸비한 존재로 믿는 반면, 유대교는 예수를 종교적 이단자이자 사회를 어지럽히는 괴수라고 규정하여 로마인의 손을 빌어 그를 고문하고 십자가에 못 박아 죽이고 만다. 이러한 그의 죽음은 멜 깁슨이 만든 영화인 「패션 어브 크라이스트」에 잘 나타나 있다. 이 영화가 처음에 상영될 때에 유대인들이 심하게 반대를 했는데, 그 이유는 예수의 죽음을 자신들의 조상에게 돌리려 하는 시각에 대해서 반대하기 때문이라고 한다. 예수가 십자가에 못 박혀 죽은 직후에 이스라엘은 로마의 침입으로 나라가 망하고 이스라엘인들은 뿔뿔이 흩어져 각종 억압과 고통을 당하는데, 실제로 유럽인을 포함한 기독교인들에게 남아 있는 유대인에 대한 뿌리깊은 미움은 그들이 메시아인 예수를 죽였다는 데 있다. 지금도 이스라엘인들은 예수를 인정하지 않고 하나님이 메시아를 보내어(또는 하나님이 직접 세상에 내려와) 자신들을 구원해줄 것으로 믿으면서 로마군에 의해 함락된 성벽인 통곡의 벽에 나와서 울음으로 기도를 한다.

    이슬람교는 예수 사후 530여년이 지난 후에 태어난 '마호메트'에 의하여 창시된다. 그는 40세의 나이에 동굴에 들어가 기도생활을 하던 중 하나님이 보낸 천사의 계시를 받아 이를 기록으로 남기는데 이것이 곧 '코란'의 기초가 된다. 그 후 그는 포교활동을 통하여 그의 생존 당시에 아랍의 대부분을 자신의 세력권 하에 넣게 된다. 무슬림(이스람교를 믿는 사람들)들은 마호메트를 알라의 사도이자 최후의 예언자로 믿고 있지만 그는 신성을 지니지 않은 인간이라고 한다. 그리고 예수에 대해서도 그를 반대하지 않고 단지 위대한 알라 신의 예언자로서만 인정한다. 그러나 기독교인들이 믿고 있는 신성과 인성을 겸비한 존재가 아닌 인간으로서의 존재를 인정할 뿐이다.

이슬람교는 마호메트 사후에 후계자 선정 문제로 갈등을 겪다가 시아파와 수니파로 나누어지는데, 마호메트의 조카이자 사위인 '알리(Ali)'를 초대 후계자로 인정한 세력이 시아파(Shia 또는 Shiites)이며, 알리가 아닌 마호메트의 친구인 '아부 바크르(Abu Bakr)'를 후계자로 인정한 세력이 수니파(Sunnies)이다. 알리는 종교적 갈등 때문에 반대세력으로부터 암살당하는데, 여기에서부터 시아파와 수니파의 뿌리 깊은 갈등이 시작된다. 시아파는 이슬람 교리를 절대시하는 종교로서 주로 이라크의 중남부 지역과 이란에서 믿고 있는 소수세력이며, 그들의 이슬람 원리주의적 성향에 위험을 느낀 미국이 걸프전 당시 시아파가 집권하는 것보다는 차라리 사담 후세인이 집권하는 것이 낫겠다는 판단 하에 이라크에서 사담 후세인을 축출하지 않고 전쟁을 종결시킬 정도로 강한 이슬람 원리주의를 표방한다.

현재 이라크전쟁 전후 처리 과정에서 시아파와의 관계가 잘못되어 수니파와 더불어 전 시아파의 반대를 받고 있는 미국이 만약에 자신들

나시리아 시내 중심부에 위치한 알리의 동상

을 반대하는 시아파가 집권하게 된다면 걸프전 당시에 부시 대통령이 우려하던 최악의 시나리오가 연출되는 것이며, 이것이 또한 미국의 고민거리이자 독실한 기독교인인 현재 의 부시 대통령의 종교적 고민이 아닐까 생각한다.

    무슬림들은 하나님께서 최초에는 이스라엘을 택하여 역사를 시작했지만 이스라엘인들이 불순종하여 신의 역사가 자신들에게 왔다는 믿음을 갖고 있다. 마호메트는 생전에 유대인들과 관계가 좋지 못했으며, 이 때문인지 무슬림들이 존중해 마지않는 코란에는 이스라엘에 대하여 대단히 비판적이며 적대적으로 기술되어 있다. 따라서 코란을 신의 절대적 계시로 믿고 있는 무슬림들에게 이스라엘은 그들이 딛고 넘어가야 할 종교적 장애물이며, 유대교로부터 파생한 기독교에 대해서도 마찬가지로, 이스라엘에 대한 증오와 더불어, 십자가 전쟁을 통해서 유산으로 상속된 절대적 증오의 존재이다.

    결론적으로, 이러한 관점에서 본다면 이라크 전쟁은 일부 학자들이 제기하는 종교전쟁이라는 의미도 일정 부분 내포되어 있음을 알 수 있다. 전 세계 인구 중 36억 명 이상이 기독교나 이슬람교를 종교로 갖고 있는데, 이 두 종교가 동일한 유일신을 숭배하고 있고 아브라함이라는 한 시조를 가지고 있음에도 불구하고 아브라함의 두 처(妻)와 아들로부터 시작된 반목과 질시의 역사가 종국에는 십자가 전쟁으로 이어졌고, 오늘날 팔레스타인 지역에서 끊임없는 이스라엘-팔레스타인 분쟁과 또한 이라크 전쟁이라는 반(半) 종교적 형태의 전쟁으로 계속 이어지고 있는데, 이에 대한 해결책을 누구에게 물을 수 있을 것인지 막막할 따름이다. 오직 신(神)만이 해답을 줄 수 있는 문제일 것이다.

제 4 장

한국군 파병활동

1. 공병부대의 활동상

서희부대의 주축은 공병이다. 부대의 명칭「1100건설공병지원단」에서 보듯이, 건설공병을 주로 하는 지원부대라는 뜻이다. 부대는 경의선 건설의 국책사업을 수행한 적이 있는 1118야전공병단 예하 190공병대대를 모체 부대로 하여 전군에서 지원자를 추가하여 600여 명 규모로 창설되었다.

 1970년대 중동건설 '붐'을 일으켜 우리나라의 경제를 반석 위에 올려 놓은 산업역군의 후예라고 부를 수 있을 만큼 그 정신과 기백이 우리 공병부대에는 그대로 살아 숨쉰다. 우리 공병들이 공사하는 것을 보고 있으면 저절로 감탄사가 나온다. 이는 같은 한국군인 우리뿐만 아니라 외국군과 이라크인들도 다 같이 인정하는 바이다.

주황색 굴삭기, 불도저와 흰색 덤프에 선명하게 부착된 태극마크를 휘날리면서 시내 곳곳에서 굵은 땀방울을 흘리며 서희부대원들의 일하는 모습은 더 이상 낯선 광경이 아니다. 미군이나 이탈리아군도 다수의 공병지원을 하였지만, 우리 한국군이 마치 자신의 일을 하듯 헌신적으로 저들을 도와주는 모습을 보고 있으면, "내가 이들을 지키는 경비대원이란 사실이 자랑스럽다"고 한 어느 경비대원의 고백은 가슴 뭉클한 감동을 불러일으킨다.

공병대는 이라크의 전후 복구와 더불어 동맹군을 성심껏 지원하였는데, 이들의 열심 정도를 말해주는 하나의 일화가 있다.

7월 언젠가, 미군측에서 텐트 설치 지원을 요청해온 적이 있다. 쿠웨이트에서 올라오는 병력의 수용을 위해 숙영지를 편성해야 되는데, 그 시한이 촉박하여 자기네 공병능력만으로는 어려우니, 우리 한국군에게 지원을 해달라고 요청을 해온 것이다. 지휘부에서는 파병의 근본 목적이 미군 지원을 통한 한미동맹 강화에 있었기 때문에 기꺼이 수락하였고, 그 임무는 야공 중대의 배테랑 소대장인 박 성희 중위의 소대에게 주어졌다.

시내에서 오수를 메우고 도로를 닦아주는 공사를 하고 있다

결론부터 이야기하자면, 지원 임무는 100% 성공이었다. 미군들이 약 2주간 소요될 것이라고 판단한 작업량을 이들은 불과 열흘도 안 되어 끝맺었다. 박 중위의 얘기를 들으면, 사실은 일주일 안에도 충분히 가능했지만 쉬엄쉬엄 미군들을 가르쳐 주면서 하느라 열흘이나 걸렸다고 한다. 이들은 작업기간 내내 화제를 몰고 다녔는데, 특히 공사 파트너였던 미 공병 여군 소대장이 박 중위에게 한국군 병사들은 너무 훈련이 잘 되어 있다며, "당신 소대원과 내 소대원을 바꾸었으면 좋겠다"고 한 이야기는 우리들로 하여금 실소를 자아내게 했다.

이러한 박 중위 소대의 지원활동 모습에 감동한 미 공병대대장은 박 중위를 비롯한 소대원 전원에게 감사장을 수여하고자 대대 간부들을 모두 데리고 우리 부대를 방문하여 직접 수여하는 행사를 갖기도 했다. 통상적으로 감사장은 대표자에게만 수여되는 것이 상례인데, 소대원 전원에게 수여되었다는 것은 대단히 파격적인 일이다.

이러한 대미 지원은 그대로 이라크인들을 위한 인도적 지원으로 이어져서, 나시리아에서 활동하는 동안 부서진 학교를 보수 하거나, 도로를 정비하고, 오수관로를 고쳐주는 등 많은 지원실적을 거둠으로써 이라크인들의 전폭적인 지지를 얻어내는 데 큰 역할을 하였다. 이 모든 공사지원을 할 때는 이라크인을 도와준다는 자부심이 생겼고, 특히 학교를 보수할 때는 부서진 책걸상도 고쳐주고 낡은 칠판에 색칠도 해주었다. 어느 한 병사가, "우리가 고쳐준 이 교실에서 공부하는 어린이들의 손에 이라크의 미래가 달려 있다고 생각하면 눈시울이 뜨거워진다"고 했는데, 그의 이 말 한마디에 이라크인을 돕는 한국군 공병들의 마음이 잘 표현되어 있다고 생각한다.

병사들은 작업을 일찍 마칠 때면 몰려든 어린이들과 어울려 즐거운 시간을 보내기도 했다. 어떤 때는 사물놀이 팀이나 댄스팀을 데려와서 공연하기도 하면서 어린이들에게 볼거리를 선사하기도 하고, 또 스스로도 작업에 지친 몸을 쉬는 시간을 갖기도 하였다. 나는 이러한 시간에도 경비대 요원들은 바깥에서 이들이 아무런 사고 없이 공사를 하거나 어울릴 수 있도록 경계를 소홀히 하지 말도록 주문하면서 미안한 마음이 들기도 했으나, 그것은 우리의 기본 임무이기에 어쩔 수 없는 일이었다.

공병부대는 이 외에도 기술학교, 한국어교실 운영 등 이라크인들을 위하여 그리고 한국의 긍정적인 모습을 심어주기 위해 물심양면으로 열심히 하였다. 나중에 파병임무가 종료될 즈음에 소감문을 작성하고 이를 발표하는 시간을 가졌는데, 국가와 민족 그리고 나아가 세계의 평화를 거론하는 단계까지 성장한 병사들의 안목과 모습이 결코 이상하게 느껴지끼지 않았던 이유는 그만큼 이들이 6개월간의 파병활동을 통하여 정신적 성장을 이룬 것에 대한 믿음 때문이다. 정말이지, 물론 간부들도 그렇겠지만, 20대 초반의 병사들에게 있어서 이라크에서의 파병근무는 이라크인과 동맹군을 지원하였다는 겉으로 드러난 결실 외에도 커다란 정신적 성장을 가져옴으로써 그들의 사고영역에 국가와 민족 그리고 세계의 평화에 대한 밑그림이 그려졌다고 믿는다. 이는 돈을 주고도 살 수 없는 귀중한 정신적 재산이 되어 앞으로 이들의 인생을 더욱 깊이 있고 풍요롭게 만들 것으로 나는 확신한다.

2. 제마부대 활동상

서희부대와 더불어 파병임무를 수행한 의료지원부대가 바로 제마부대이다. 부대명은 조선 후기 사상의학(四象醫學)의 대가인 이제마(李濟馬)의 이름을 따서 명명한 것이었는데, 군의관과 간호장교를 주축으로 특전사 경비병력 22명을 포함하여 100명으로 구성된 의무부대이다.

한국군 의무부대의 수준과 그 활약상은 그간 수 차례의 해외 파병활동을 통해서 정평이 나 있듯이 이라크에서도 대단한 활약을 펼쳤다. 제마부대는 우리와 한 울타리 안에 주둔하였는데 서로 형제와 자매같은 관계를 유지했다. 처음에는 시내 외곽으로 순회진료를 나가다가 영내에 병원이 지어지자 이곳에서 진료를 하였는데, 그 인기는 말로 다 표현하기 힘들 정도였다.

나시리아 시내에는 종합병원인 사담병원과 소아과 전담병원인 모자병원 2개소가 있었는데 모두 다 의료시설이 빈약하고, 약품도 부족하며, 또한 경제적 여유가 없는 이라크 시민들인지라 환자를 무료로 치료해주고 약까지 주는 한국군 병원이 인기 최고였음은 당연한 일인지도 모른다.

얼마나 많은 환자가 몰려드는지 최초에는 버스를 타고 나가서 시내에서 환자를 모아서 병원으로 데리고 와서 치료를 할 요량이었으나, 막상 진료를 개시하고 보니 그럴 필요 없이 찾아오는 환자도 주체할 수 없을 정도로 많아서 나중에는 예약제로 전환할 정도였다. 주둔지 외부 약 2km 지점에 '인포메이션 센타'를 설치, 이곳에 통역관과 경비요원을 상주시켜 환자를 접수하였는데, 몰려오는 환자가 너무 많아서 우리가 파병근무를 하던 10월에는 이미 12월까지 예약이 끝난 상태였다.

이라크인들이 너무 많이 몰려들자 오히려 미군 측에서 당황해하고 심지어 불쾌해하는 모습도 보였다. 그도 그럴 것이, 미군들은 바그다드를 중심으로 도처에서 테러공격을 받고 있는데 한국군들은 이라크인들을 도와준다고 시내로 나가서는 공병지원을 해주고, 그것도 모자라서 영내로까지 불러들여 치료해주고 있으니 기분이 별로 좋지 않았을 것임은 당연한 일인지도 모른다. 그래서 환자를 검문 검색했던 위병소에서는 다소 비협조적인 상황이 발생하기도 했고, 일부 미군들은, "너희 한국군들은 도대체 누구를 도와주러 왔느냐? 미군인가 아니면 이라크인인가?"하고 반문하기도 했다. 그러나 이것은 일부 병사들의 잘못된 근시안적 사고에서 비롯된 것이고, 한국군이 이라크인을 도와주어 조기에 이라크에 안정과 평화를 정착시킨다면 이는 결과적으로 미국을 도와주는 것이 되기 때문에, 이러한 사실을 알고 있는 미군들은 대단히 고무적인 일로 받아들였다.

제마병원은 이라크인에게만 인기가 있었던 것은 아니다. 미군과 이탈리아군을 포함한 동맹군에게도 상당히 인기가 있어서 그들도 많이 이용했으며, 언제나 병원을 방문하면 이라크인과 동맹군 환자들이 함께 섞여서 북새통을 이루고 있는 모습을 목격할 수 있었다. 이렇게 제마병원은 나시리아의 대표적 명소로 각광을 받았다.

환자가 넘쳐날수록 군의관과 간호장교들의 피곤은 더해졌지만, 그럼에도 불구하고 언제나 친절하고 밝은 웃음을 띠고 환자를 대하는 그들의 모습을 병원을 방문할 때마다 볼 수 있었는데, 다시 한번 이 지면을 통하여 그들에게 경의를 표하고 싶다.

제마병원은 나시리아에서 최고의 의료시설과 서비스로 소문이 나서, 나시리아뿐만 아니라 인근 도시에 거주하는 시민들까지 물어서 방문할 정도였다. 우리 서희부대가 시내에서 공사와 경계 등의 부대활동을 하고 있으면 이라크 시민들이 다가와서, "꼬레 호스피톨!" 하면서 병원으로 데려가 달라고 요청을 하는 경우가 종종 있다. 필자도 시내 순찰 도중에 시민들이 손을 흔들어 차를 세우면서 한국 병원에 데려가 달라고 하는 것을 보았는데, 처음에는 차에 태워서 병원까지 몇 번 데려다 주기도 했지만 몰려드는 인원이 너무 많아 결국은 병원의 위치를 알려주는 선에서 그치곤 하였다.

한번은 우리 단장님이 공사현장에 현장지도차 나가셨다가 급히 엠블런스를 나오라고 하더니 온몸이 화상 투성이가 된 어린아이 둘을 데리고 들어온 적이 있었다. 그들은 대여섯살난 오누이간이었는데, 온몸이 물집과 피고름 등으로 얼룩져 있어서 보는 이로 하여금 불쌍함과 안스러움을 자아내게 했다. 병원측에서는 상처를 소독하고 균이 들어가지 않도록 붕대로 싸매어 주는 기초적인 치료밖에 하지 못했는데, 이러한 기초치료만으로도 그 아이들의 부모는 대단히 고마워했다. 병명은 명확히 규명되지 않았다. 걸프전 당시에 미군이 사용했던 열화우라늄탄에 의한 피해라는 말이 있기는 하였지만 명확하지는 않았다. 이러한 환자가 도처에 널려 있다고 하니, 국제기구의 따뜻한 구호의 손길이 절실히 요구되는 것이 이라크의 현실이다.

한 가지 웃지 못할 이야기는, 나시리아를 다녀간 우리나라의 어느 NGO단체에서 종합병원급 규모의 의사와 의료기구를 보내주겠다고 약속을 하여 서희부대에서 나시리아 시내에 위치한 '바트당사'를 병원으로 개조하고 이름까지 '알바라디 병원'이라고 명명하였었다. 그런데 약속이 이루어지지 않아 이라크인에게 낯을 붉힌 일이 있었는데, NGO관계자들은 해외에 나가 보다 책임 있는 처신을 해줄 것을 이 자리를 빌려 부탁드리는 바이다.

해외에 나가면 말 한 마디, 처신 하나하나가 모두 한국과 한국인에 대한 평가로 이어지기 때문에, 정부기구이든 또는 비정부기구이든 간에, 국가간의 약속은 반드시 준수해야 하고, 지키지 못할 일이라면 애당초 약속을 하지 말아야 한다는 기본적 상식을 시행착오를 겪으면서 배운 것은, 파병활동 기간에 경험한 유쾌하지는 못하나 나 개인적으로는 유익한, 하나의 대표적 사건이다.

서희와 제마부대는 최초에는 다른 지역에서 임무를 수행하는 것으로 판단하여 별도의 독립부대로 창설되었지만 결국은 한 지역에서 함께 주둔하면서 임무수행을 하였는데, 우리의 마음속에는 이라크 나시리아의 무더위 속에서 땀 흘리는 서희와 제마의 오누이 같고 형제 같은 아름다운 모습들이 깊이 남아 있다.

3. 제시카 일병 구출작전의 진실

금번 전쟁 중 여러 사건들 중에서 많은 사람들의 기억 속에 남는 것이 있다면 아마 린치 일병 구출에 관한 것이 아닐까 한다. 이라크군에게 포로가 된 미모의 여군을 특수부대가 구출했다는 등 한편의 영화 같은 이야기가 사람들의 흥미를 유발시켰고, 특히 베일에 가려진 사건의 진실 알기를 좋아하는 우리나라 사람들의 속성을 잘 나타내듯이, SBS 방송국에서는 이 작전을 흥미 위주로 다루기도 했다. 많은 사람들이 그 방송국에서 방영했던 "백만불의 미스터리"란 프로를 기억할 것이다. 그러나 역시 방송은 사건의 진실을 규명하는 데 소극적이었고, 되도록이면 시청자들에게 사건의 당사자인 미군들이 꿍꿍이속을 갖고 있음을 넌지시 비추고자 했다.

우리들은 운이 좋게도(?) 린치 일병 구출작전이 일어났던 사담병원이 있던 도시인 안나시리아에 주둔했기 때문에 사건의 진실을 누구보다도 가까이서 확인할 수가 있었다. SBS방송국의 기자들도 이곳 나시리아에 와서 우리들의 도움을 받으면서 취재를 할 수 있었고, 우리들은 그들이 바른 취재를 할 수 있도록 협조를 아끼지 않았다. 왜냐하면, 방송국에서 전 국민들을 대상으로 린치 일병 구출작전이 미군들의 할리우드식 쇼였다는 식으로 비하시키는 것은 우리나라 국익을 위해서도 전혀 도움이 되지 않기 때문이었다. 우리는 그간 소원해진 한미간의 동맹관계를 회복하고 더욱 발전적인 관계를 위해서 이역만리 이라크에 와서 칠백여 명의 장병들이 온갖 고생을 다하고 있는데, 이에 반하여 국익을 고려하지 않은 흥미 위주의 방송이 국민들의 시각을 왜곡되게 만든다면 파병으로 얻을 득(得)보다 방송으로 잃을 실(失)이 더욱 크기 때문이다. 이에 나시리아 지역에서 사담병원을 방문하여 현장을 답사하고 병원측 관계자들과의 대담을 통해 확인한 작전의 전말을 이 자리에서 밝혀두고자 한다.

작전배경

초전 우세를 점하며 조기에 이라크 전역을 점령할 것처럼 보이던 미군이 시야를 확보할 수 없는 사막의 모래바람과 페다인 민병대의 효과적인 방어에 의하여 전진속도를 보장받지 못하게 되자 전쟁은 장기전으로 갈 수 있을 것이라고 미 대통령 부시와 국방장관 럼스펠드는 발표하였다. 이에 따라 전쟁계획 단계부터 중부사령관이던 토미 프랭크스 장군은 더 많은 수의 병력과 공중폭격을 요구했었는데, 전쟁이 발발하면 그 충격과 공포에 의해서 이라크군이 와해될 것이라고 주장하는 국방장관의 힘에 눌려 충분한 준비 없이 전쟁을 시작했다고 그 책임을 럼스펠드에게서 찾으려 하는 분위기가 한창이었다. TV에서도 한참 자신감에 차 있던 전쟁 초기의 럼스펠드가 신경질적이고 곤혹스러워하는 모습으로 인터뷰하는 모습이 자주 방송되었다.

전쟁의 정당성을 유엔을 비롯한 세계 각국으로부터 인정받지 못하던 미국은 이러한 장기전으로의 발전이 대단히 부담스러웠을 것이다. 일부에서는 미군이 60년대 월남전에서의 악몽을 또다시 재현하는 것이 아니냐는 우려를 하고 있었고 그러한 조짐은 전장에서도 나타나고 있었다. 미군은 실제로 장기전을 준비하는 한편 또한 전쟁의 분위기를 역전시켜 국민적 열기를 고양시키고자 노력하였다. 이때 안나시리아 지역의 사담병원에 미 여군병사가 이라크군에 의하여 포로로 억류되어 있다는 첩보는 이러한 측면에서 대단히 가치있는 정보였다.

당시 정황

3월 20을 디 데이(D-day)로 하여 이라크 전역에 대한 「이라크 자유작전」을 개시한 미군은 조기 전쟁 종결을 목표로 공중폭격과 지상전을 동시에 전개하여 이라크군의 전쟁의지를 박탈하려고 하였다. 남부에서는 해병 3사단이 주공(主攻)으로 바그다드를 향해 공격을 시작했고, 북부에서는 5군단이 이라크군의 주 전투력을 고착, 견제함으로써 주공의 기동속도를 보장하여 최종 지형목표인 바그다드를 포위하여 전쟁을 종결하려는 작전계획이었다.

 남부지역에서 공격을 실시하던 해병 3사단은 계획대로 파죽지세의 공격을 펼쳐 나시리아 외곽에서의 전투를 승리로 이끌고 있었는데, 이미 나시리아의 주요 군사목표인 탈릴 공항도 점령한 상태였기 때문에 그 어느 지역보다도 공격이 순조로왔다. 물론 이라크군의 방어가 없었던 것은 아니었지만 그 정도로 미군의 공격기세를 꺾을 수는 없었다. 이제는 단지 나시리아 시내만을 남겨놓고 있었고, 그것도 주요 군사 거점들은 이미 사전에 항공기 폭격으로 무력화되어 있었다. 또한 바스라 지역으로 공격하던 영국군도 공격속도를 높여 바스라 점령을 눈앞에 두고 있는 시점이었다. 다만 북부지역에서 바그다드로 진격하던 5군단이 예상 외로 이라크 민병대의 선전에 힘입어 속도가 둔화되었다.

 방송에서는 미군이 예정보다 빨리 찾아온 모래바람으로 인해 첨단장비가 제 기능을 발휘하지 못하고, 페다인 민병대의 자살 폭탄 공격을 동반한 효과적인 방어로 계획된 공격속도를 내지 못하고 있으며, 바그다드 시내에서 공화국 수비대가 방어망을 구축하여 시가전을 시작하면 쉽사리 미군이 승리하지 못하고 장기화될 것이라고 연일 보도하였다. 이처럼 당시의 정황은 미군의 절대적인 우세 속에서도 이라크군의 예상 외의 선전이 효과를 발휘여 전쟁의 장기전이 조심스럽게 예상되는 시점이었다.

첩보수집, 작전실시
3월 23일 이라크 남부 안 나시리아 인근 고속도로인 1번 도로상에서 매복 중인 이라크군에 의해 미군 포로가 발생하였다. 포로가 된 미군들은 미 507보급중대 소속 10여 명으로서, 구출작전이 개시될 때 생존해 있어서 구출된 인원은 제시카 린치(19) 일병뿐이었고, 린치를 제외한 나머지 병력들은 포로가 될 때 교전으로 사망했는지 아니면 포로로 잡힌 이후에 고문이나 혹은 즉결처분으로 전사했는지는 명확하지 않다.

린치가 사담병원에 억류되어 있다는 첩보는 사담병원의 "리아트"라는 남자 간호사에 의해 미군에게 보고되었다. 당시 린치 일병은 포로가 된 후 이라크군의 군병원으로 사용되던 사담병원에서 골절된 오른쪽 어깨와 허벅지 수술을 받은 후 여자 간호사 2명의 간호를 받으며 휴식을 취하고 있던 중이었다. 구출작전 종료 후에 미군측에서는 린치 일병이 두 다리와 팔이 부러지고 여러 발의 총상을 입은 상태였고, 성추행 및 고문을 당한 흔적까지 있다고 발표했다. 이 점에 대하여 사담병원측에서는 린치는 교통사고에 의한 부상만 있을 뿐 총상이나 성추행은 없었다고 말하고 있다. 양측의 주장이 상반되지만 전쟁이라는 상황을 고려해 볼 때 미군에 의하여 침략을 당하고 수많은 동료들의 부상과 전사하는 모습을 봤던 이라크군이 사로잡은 미 여군 병사를 가만히 두었다는 말이 오히려 의심스럽다. 확인할 수는 없지만, 이 점에 있어서는 미군들의 주장이 신빙성이 있어 보인다.

사담병원에서는 린치를 미군측에 넘겨주기로 계획했다고 한다. 당시에 전쟁 상황이 나시리아 지역에서는 주요 전투가 이미 끝났고 곧이어 미군에 의하여 점령될 것이기에 오히려 포로를 계속 억류하고 있으면 나중에 미군의 보복을 당할 우려가 있을 것으로 판단했을 것이다. 따라서 병원측에서는 린치를 앰블런스에 태워 미군부대로 싣고 갔는데, 미군이 차를 향해 사격을 해옴으로서 그냥 되돌아갔다고 증언하고 있다. 그러나 이러한 사실은 확인할 수 없고, 당시 상황은 아직 이라크 군이 병원을 점령하고 있던 중이었으므로, 과연 그렇게 했을지는 의심이 간다. 그러나 병원에서 근무하던 "리아트"라는 간호사가 미군부대에 가서 "마크" 부사관에게 린치의 소재에 대해서 이야기했던 것만큼은 사실인 것 같다. 그것이 리아트의 증언대로 린치에게 미군 식사를 제공하기 위해서 접근했던 것인지 아니면 보상을 바라고 린치의 억류사실을 신고했던 것인지는 확인되지 않는다.

작전실시

마크는 즉시 린치에 관한 첩보를 지휘계통을 통하여 보고를 했고, 첩보를 접수한 미군 전쟁 지휘부에서는 신속하게 대응했다. 린치 일병을 구출하는 것이 당시의 상황에서 얼마만큼의 가치가 있는 것인지 감각으로 느꼈던 것 같다. 곧바로 작전을 위한 팀으로서 특수작전을 위하여 활약하고 있던 미 레인저와 실(Seal) 및 그린베레팀이 연합팀으로 구성되었고, 외곽 지원을 위해서 전차부대에게도 임무가 부여되었다. 또한 작전의 효과를 극대화하기 위해서 적외선 카메라를 이용한 촬영과 이를 위성으로 연결하여 동시방송하는 공보작전을 계획하였다.

먼저 작전을 위해서는 병원의 구체적인 내부 시설과 배치도가 요구되었는데, 이러한 측면에서 리아트는 정말 첩보원으로서의 역할을 완벽하게 수행했다. 그는 자신이 병원근무를 통하여 알고 있는 병원의 시설과 이를 방호하기 위한 병력, 무기 배치 등을 포함한 세부적인 내용을 미군측에 약도를 그려 제공했다. 또한 미군 항공기에 탑승하여 사담병원을 공중에서 정찰하면서 자신이 제공한 약도를 실물을 보면서 하나하나 확인해 주었다. 이를 토대로 작전팀은 병원과 유사한 건물에서 실제 작전을 위한 예행연습을 실시하며 작전준비를 완료했을 것이다.

드디어 4월 1일 린치를 구출하기 위한 작전이 개시되었다. 먼저 병원 외곽에 위치한 안나시리아의 바트당 지역 본부와 사담 페다인 거점을 목표로 집중적인 공세를 펴서 병원으로 병력이 집중되는 것을 차단하고 기만하였다. 이후 전차부대로 하여금 사담병원으로 통하는 도로를 완전 봉쇄하여 외부지원을 전부 차단하고 유사시 화력으로서 지원할 수 있도록 하였다. 그리고 헬기 4대에 탑승한 특수부대원이 인근에 착륙하여 병원으로 접근해 가서 린치 일병이 억류된 병실로 향했다.

이러한 모습에 대하여 전쟁에 관한 특별한 지식이 없는 민간인인 병원 관계자들은 다음과 같이 진술했다. "미군들은 마치 영화를 찍는 것 같았어요, 'go, go, go...!!!' 라고 외치면서 총을 쏘며 들이닥쳤습니다. 그들은 마치 영화의 한 장면을 찍는 것 같았어요."
이러한 그들의 일방적 진술을 토대로 영국의 BBC 방송국에서는 미군의 작전을 할리우드식 쇼로 폄하했던 것이다.

그런데 군 생활을 15여년 하면서 수많은 훈련을 하고 또 이라크에 파병되어 미군의 작전하는 모습을 직간접적으로 경험한 필자의 소견으로는, 진짜 훌륭하게 계획되고 실시되는 전투는 마치 한 편의 잘 만들어진 영화와 같다는 것이다. 어쩌면 군인들은 영화처럼 완벽하게 작전하는 모습을 목표로 훈련을 하고 있다고 해도 과언이 아니다.

린치 일병이 억류된 병실에 도착한 미군은 지체 없이 그녀를 들것에 실어 대기하고 있던 헬기에 실었다. 이때 적진에서 구출된 린치의 기쁨은 이루 말할 수 없었을 것이다. 마치 지옥에서 살아온 자의 기쁨이라고 표현할 수 있을 것이다. 린치 일병의 부모는 CNN과의 인터뷰에서, "전화 통화로 딸의 목소리를 확인했다. 기적 같은 일이 일어났다"고 말했다. 보고를 받은 조지 W. 부시 미국 대통령은 정말 잘된 일이라고 언급했다고 방송은 전했다.

사실 미군이 작전을 개시하기 바로 직전에 사담병원에서는 이라크 군인들이 철수하여 병원을 방호하는 무장병력은 없었다. 그러나 병원 의사를 비롯한 관계자들은 전시여서 이라크 군복을 입고 있었기 때문에 미군측에서는 이라크 정규군과 병원 관계자들을 구별하기가 어려웠을 것이다. 따라서 미군들의 눈에는 군복을 입고 있는 모든 이들은 적으로 보였을 것이다. 그럼에도 불구하고 미군들은 이들이 총을 들고 있지 않고 대항하는 모습을 보이지 않자 이들에 대해서는 일체 사격하지 않는 놀라운 절제력을 보였다. 대단한 지휘 집중과 사격 통제 능력이 돋보이는 부분이기도 하다.

린치 일병을 구출한 작전팀은 병원측으로부터 확인한, 미군의 시체가 가매장되어 있다던 장소에 가서 이들을 수거하여 헬기에 실었다. 시체는 전부 10구였는데 그 중에는 린치와 같은 부대에 소속된 인원들도 있었다. 이들은 모두 포로로 잡힌 후 사살된 듯하다. 시체들은 목 부위가 칼로 도려내졌거나 머리 부분에 총을 맞아 사살된 것도 있었는데, 저항하지 못하는 상태에서 일방적인 살해를 당했음을 말해준다.

SBS 방송에서는 미군들이 총 4시간이 소요된 작전에서 1시간 동안 린치 일병을 구출한 후 나머지 3시간 동안 무엇을 했는지 의문스럽다고 물음표를 던지면서, 마치 미군의 또 다른 꿍꿍이가 있다는 듯이 말했는데, 사실은 그 3시간 동안은 가매장된 미군의 시신을 발굴하여 헬기에 적재하고 있었던 것이다. 이 점에 대하여 우리가 그 방송국에서 취재 당시 사실을 이야기 해주었는데도 불구하고 실제 방송에서는 마치 이러한 것을 모르는 양 미군측에 의문점을 제기하는 것을 보고 과연 방송의 진실이 어디까지인가에 의문을 던지지 않을 수 없었다. 방송국의 일개 PD의 의도에 의해서도 진실은 얼마든지 왜곡될 수 있다는 사실을 절감했던 때이기도 하다.

교훈

첫째는, 고도로 훈련된 전천후 특수작전부대 보유의 필요성이다. 미군은 최첨단의 전자정보능력을 보유하고 우주전을 논할 정도로 발전된 현대에 있어서도 세계 유수의 특수부대에 비해 손색이 없는 델타포스, 레인져, 실(Seal)팀 등을 보유하고 있다. 이들은 지난 91년 걸프전에서도 적진 깊숙이 침투하여 이라크 군의 주요 병력 및 무기의 배치에 관한 첩보를 입수하여 그것을 후방에 보고함으로써 미군의 폭격기 및 미사일 공격을 유도하였는데, 이들에 의해 보고된 첩보는 인공위성 등의 첨단장비에 의하여 위치를 확인한 표적보다도 더 정확해서 전쟁의 승리에 크게 기여했다는 데 대해서는 누구나 동감한다.

이번 전쟁에서는 미군의 특수부대들은 주로 사담 후세인의 주요 인사를 수색하여 사살하거나 체포하는 임무를 수행했는데, 이러한 그들의 임무수행은 사실 많은 부분이 베일에 감추어져 있다. 린치 일병을 구출하여 소기의 목적을 달성하려는 전쟁 지도부의 판단을 실질적인 작전능력으로 뒷받침하여 이를 실현한 미 특수부대의 능력은 충분히 찬사를 들을 만하다.

사실 우리 군도 이러한 특전부대를 보유하고 있고 그들의 훈련강도와 작전능력은 미군의 특수부대에 비해 결코 손색이 없지만, 장비면에 있어서 다소 부족하다는 것은 우리가 안고 있는 숙제이다. 고도로 훈련되고 우수한 장비로 보강된 특수 작전부대의 보유가 전쟁에 얼마만큼 기여하는가를 이번 린치 일병 구출작전은 여실히 말해주고 있다.

둘째는, 적진에 아군을 남겨놓지 않는다는 미군들 특유의 자존심과 자국군 및 자국민 보호에 대해서 배울 점이다. 멜깁슨이 주연한 영화 「위 워 솔져스」에서 보면, 주인공은 대대장으로서 월남전에 참전한 부하들에게 절대로 너희들을 남겨놓고 홀로 떠나오지 않겠다는 약속을 하고, 실제로 죽음을 무릅쓰고 그 약속을 지킨다. 그리고 소말리아 내전에 참전하였을 당시의 실제 사건을 다루었던 영화 「블랙호크 다운」에서도 고립된 소수의 병력을 구출하기 위해 다수가 위험한 줄 알면서도 구출작전을 감행하는 어느 미군 장성의 이야기가 우리의 가슴을 뭉클하게 한다. 실제로 이것은 영화에서만 있는 이야기가 아니고 실제로 있었던 사실을 극화한 영화로서, 전투에 참전하는 미군들은 이러한 믿음을 갖고 있다고 한다. 한국전쟁이 끝난 지 50년이 넘은 지금도 미국은 자국군의 시신을 발굴하고 있고, 북한으로부터 전사자 시신을 돌려받기 위해 국가적 노력을 기울이고 있다.

믿음은 말로만 해서 되는 것이 아니라 실제로 그렇게 행동했느냐에 따라 좌우되는 것이다. 미군들이 그러한 믿음을 갖고 있다는 것은 실제로 그렇게 하고 있다는 것을 반증해주는 것이기도 하다. 그럼으로써 미군들은 자신이 전투에서 죽는 한이 있더라도 전우가 외면하지 않는다는 믿음과, 자신의 시신이라도 부모에게 돌아갈 수 있다는 믿음을 가지고 전투에 용감하게 임할 수 있는 것이다. 이번 작전에서도 린치 일병이 이라크군으로부터 구출된 것을 보고 많은 미군들의 사기가 고무되고 자신들이 속한 군과 국가에 대하여 한층 더 신뢰를 갖게 되었을 것이다.

셋째는 공보작전의 중요성이다. 미국은 국민의 여론에 의해 전쟁의 시작과 끝이 결정되는 나라이다. 이 점에 있어서는 다른 많은 나라들도 미국처럼 여론의 힘의 중요성이 한층 더해지는 방향으로 발전하고 있다. 이러한 여론의 중요성을 감안할 때, 린치 일병 구출작전이 얼마나 미국인과 미군들에게 커다란 영향을 미쳤는지는 이루 말로 다할 수 없을 정도이다.

서두에서도 언급했듯이, 전쟁이 장기화되려는 시점에서 실시된 이번 작전으로 인해서 미국민들에게 어느 정도 퍼져 있던 전쟁의 정당성에 관한 문제가 자취를 감춰 부시 대통령에게 힘을 실어 주었고, 군인들도 한층 힘을 내어 공격속도를 높였으며, 반면에 후세인과 이라크 군에게는 커다란 심리적 타격을 주었을 것이다. 또한 구출장면을 TV로 지켜본 세계인들은 미국의 힘을 다시 한번 실감했으며, 무언중에 자신들과의 힘의 격차를 느꼈을 것이다. 이러한 효과는 실제 작전이 이루어지는 모습이 적외선 카메라에 담겨 미국을 비롯한 전 세계에 방송됨으로써 배가되었던 것이다. 적시의 작전 홍보가 얼마만큼 전쟁의 양상을 바꾸어놓을 수 있는가를 여실히 보여준 좋은 예라 하겠다.

지금까지 린치 일병 구출작전의 전말에 대하여 얘기하였다. 다소 미군의 입장을 대변한 것 같은 느낌도 들지만, 우리는 군사적인 측면에서 이것을 이해해 줄 수밖에 없다. 원래 전쟁은 궤도(詭道)라고, 전쟁 수행의 본질을 꿰뚫어본 손자가 이야기하지 않았던가? 전쟁을 이해하지 못하는 사람들은 미군이 과장되게 사실을 부풀려서 보도했다고 이야기할지도 모르나, 전쟁이라는 것은 그 속성이 원래 '악(惡)하다' 는 것이다.

세상에 선한 전쟁이 어디 있겠는가? 물론 악(惡)을 제거하기 위한 전쟁을 선한 전쟁이라고 말할 수도 있겠지만, 사람이 사람을 죽이고 문명을 파괴하는 전쟁을 어찌 선하다고 할 수 있겠는가? 그러나, 악한 전쟁이라 할지라도 일단 시작을 했으면 국가의 사활과 국민의 생명, 재산이 걸린 문제이기 때문에 반드시 승리해야 한다. 이러한 절대절명의 전쟁에서 속임수를 쓴들 그것이 무슨 대수란 말인가?

원래 전쟁의 원칙 중에는 「기만(欺瞞)의 원칙」이 있다. 기만이라는 단어 자체가 속임수를 뜻하지 않는가? 또 다른 전쟁의 원칙 중 「기습(奇襲)의 원칙」도 마찬가지로 기습을 하기 위해서는 적을 속여야만 한다는 것을 역설하고 있다. 손자도 자신의 병법에서 「간계(奸計)」의 중요성에 대하여 언급하면서 첩자를 이용해서라도 전쟁에서 승리해야 한다고 주장하고 있다. 문제는, 우리는 전쟁이 발발하지 않도록 노력해야 한다는 것이고, 만약 전쟁이 발발하면 무슨 수단을 써서라도 반드시 승리해야 한다는 것이다.

이러한 측면에서 볼 때, 미군이 린치 일병을 구하기 위해 다소 과장된 행위를 했다고 하더라도, 그것은 전쟁에서는 병가지상사(兵家之常事)로 치부해야 할 일이고, 하나의 흥미거리도 되지 못한다는 것이다.

4. 우리 함께 갑시다(WE GO TOGETHER!)

On a dark and stormy night in 1953
Two soldiers standing watch
Guarding something that isn't free

One's in his homeland and one who's thousand miles away,
But standing on common ground,
In a familiar yet distant place.

They'd come together
To keep a country free,
Fighting an enemy that didn't know what freedom means.

We Go Together,
Together we'll see this through,
We are indivisible,
No matter what I'll stand by you.
Ya We Go Together,
This bond will stand the test of time,
Preserving freedom, united forever,
We Go Together.

위의 노래는 한미연합사의 제이미 벅클리 하사가 작사 작곡한 것으로서, 한국군과 미군과의 우정을 잘 나타낸 노래이다. 노래보다는 연합사령관이 기회 있을 때마다 공식 석상에서 우리나라 말로 "같이 갑시다!"라고 하는 말로 유명하다.

나는 우리 경비대원들에게 정신교육을 할 때면, "국가가 필요로 하는 시기에 생명을 걸고 파병을 지원하여 행동으로서 충성한 그대들은 능히 칭송받아 마땅하다. 누가 알아주지 않는다 하더라도 하늘이 알아주고 우리가 서로를 알아주면 그것으로 족하지 않겠는가!" 라는 요지의 교육을 하곤 했다. 반미주의의 기치가 높던 시대에 국익에 필요한 성숙한 행동으로 "우리 같이 갑시다!"라는 뜻을 몸소 실천했다고 자신하기 때문이다.

한국군과 미군은 혈맹으로 맺어진 전우임에 틀림없다. 지금은 그 의미가 어느 정도 퇴색되어버린 느낌이지만 부인할 수 없는 사실은 6. 25

미군을 부대에 초청하여 축구시합을 하고 있는 모습

전쟁 때 미군이 우리를 도와주었고, 우리는 한 팀으로 북한군과 중공군을 상대로 싸웠기에 혈맹의 관계임이 틀림없다. 그래서 요즘도 대원들에게 "우리가 목적하는 진정한 용미(用美)는 친미(親美)로부터 나온다. 반미(反美)로부터 어떻게 용미(用美)가 나올 것인가?"라는 요지의 정신교육을 하기도 한다.

탈릴 기지에 6개월 간 머물면서 우리는 미군들과 많은 교류를 하였다. 공병 지원임무라는 공식 업무를 포함하여 비공식적 친선활동을 많이 나누며 우정을 쌓았는데, 너무나 관계가 좋아서 차후에라도 이러한 관계는 다시 맺기 어려우리란 생각이 들 정도였다. 우리가 미군을 도와주러 동맹군의 일원으로 왔다는 사실이 우리와 그들의 마음이 열리게 했을 것이다. 축구나 배구 농구 등 운동경기를 함께 하고, 같이 어울려 회식도 하며, 또 서로 초청하여 행사를 하기도 하면서 친교를 나누었다. 축구를 하면 항상 우리가 이겨서 나중에는 일부러 한 게임 져 주었더니 너무나 좋아하는 모습이어서 오히려 우리가 보기 민망할 정도였다.

미군들은 우리의 전투식량을 좋아해서, 어느 미군은 자기들의 전투식량 한 박스를 가지고 와서 소고기 비빔밥이라는 우리의 전투식량과 바꾸어 먹자고 했다. 미군 전투식량 한 박스에는 스무 개가 들어 있으니 20대 1의 교환이었다. 내 텐트에도 아예 한 박스 갖다 놓고 먹기도 했는데, 참으로 전투효율을 고려해서 만든 식량이라는 생각이 들었다. 스무 종류의 식단으로 구성되어 있어 골고루 영양섭취가 가능하며, 별도로 불을 피우지 않아도 물을 넣기만 하면 따뜻하게 데워지는 비닐 용기가 있었는데, 이것은 우리가 배워야 할 것으로 생각되었다.

이렇게 친하게 지내다 보니 웃지 못할 해프닝도 일어났다. 우리와 울타리 하나 너머에 있는 미군 세탁소대의 한 여군이 우리 권 모(某)중사를 좋아해서 매일 밤 그의 텐트로 찾아오는 바람에, 나는 혹여 무슨 일이 생길까봐 이들을 감시하기도 할 정도였다. 권중사는 영화배우 아놀드 슈왈츠제너거를 닮은 이국적인 얼굴의 얼짱에다 몸짱으로 인기가 아주 좋아서 그녀가 목매어 했다는 소문은 모든 부대원들이 다 알 정도였다.

이러한 많은 교류 가운데서도 가장 생각나는 것은 미군 초청 영어교육이었다. 이것은 우리의 통역장교였던 이정훈 대위가 생각해 낸 것으로, 일주일에 세 번씩 저녁에 한 두시간씩 미군을 교관으로 하여 한국군 희망자 3~4명씩 짝을 이루어 반을 편성하여 교육을 받는 것이었다. 나도 영어를 배우면서 또 미군과 사귀어 보려고 지원했는데, 그 효과가 기대 이상이었다. 우리 반 교관은 두 명이었는데, 한 명은 예비역 대위로서 본래의 직업이 고등학교 교사였고, 또 한 명은 여군 예비역 소령으로서 미 공병대의 군 변호사였다. 이들은 번갈아 가면서 우리의 영어 수업을 진행했는데, 이들과의 많은 대화를 통해 이라크전쟁에 임하는 미군들의 마음가짐과 또한 예비역으로서의 자세, 자부심 등을 알 수 있었다.

그런데 여러 대화를 통해 우리는 대부분의 사안에 대해서는 의견의 일치를 보았지만 유독 이라크인에 대해서만큼은 정 반대의 입장을 보였다.

우리의 입장은, 이라크인 중에서 사담 후세인과 그를 추종하는 세력 및 테러분자들과 일반 국민들과는 별개로 봐야 하며, 우리의 적은 사담을 추종하는 무리와 테러분자로 국한하고 일반 이라크인들에게는 친선 우호적으로 대해야 한다고 주장하였는데, 미군들은 그 차이를 인정하지 않으려 했다. 이라크인은 음험하고 더럽고 야비하다는 것이 그들의 기본 입장이었다. 하기야 주요 전쟁 종료 선언 이후에도 미군에 대한 이라크인들의 테러행위가 계속되었으니까 그럴만도 하겠지만, 보다 근원적인 해결을 위해서는 우리의 이야기에 귀를 기울이어야 할 것이라고 충고해주곤 했다.

우리는 두 마리 토끼를 잡기 위해 이라크에 파병되었다. 겉으로는 미군이라는 토끼를 잡기 위해서지만, 속으로는 이라크라는 토끼 또한 놓칠 수 없는 소중한 목표다. 결론적으로 이야기하자면, 우리는 이 두 마리 토끼를 다 잡았다고 자부한다. 여러 가지 이념과 가치관이 혼재한 작금의 현실에서 이라크 파병을 통해 다시 한번 미국에 대하여 느낀 것은, '진정한 용미(用美)를 위해서도 우리는 친미(親美)의 모습을 할 필요가 있다. 무조건 반미(反美)는 국익에 반하는 무지의 소치이다' 라는 것이 우리가 내린 결론이다. 미군과 혈맹임을 자랑하는 우리 군(軍)은 반드시 '같이 갑시다(We go together)!' 를 실천해야 한다고 생각한다.

5. 로마군의 후예, 이탈리아군을 보고

안나시리아의 계엄사령관은 이탈리아군 파병 사령관인 로페즈 여단장이었는데, 그는 한국인 평균 정도의 적당한 체구로 흰머리가 잘 어울리는 소탈한 모습의 군인이었다. 영어를 잘 하지는 못했지만 통역관을 이용하지 않고 직접 말을 하려는 모습에서 상대방으로 하여금 진지함과

성의를 느끼게 하는 장군이었다. 그가 지휘하는 이탈리아 군은 약 3천 5백여 명으로서 여기에는 루마니아 군이 1개 대대 규모로 배속되어 있었다.

나시리아에서의 공사 임무는 이탈리아군이 주도적으로 운영하고 있는 민사작전 본부인 CMIC(Civil Military Cooperation Center)에서 이루어졌는데, 여기서 공사 수요를 판단하고 어느 부대에게 할당할 것인지를 협의를 통해 결정한다. 그러나 우리는 별도로 우리에게 요청해 오는 공사 수요를 확인하여 CMIC를 통해 이탈리아 군과 협조하는 방법으로 우리의 공사임무에 있어서는 주도적인 역할을 하고 있었다.

그런데 이러한 점이 이탈리아 군에게는 못마땅하게 여겨진 것 같다. 나시리아를 군정통치 하도록 미국과 영국으로부터 위임된 권한을 갖고 있는 이탈리아 군으로서는 한국군의 독립적인 행보가 마음에 들지 않았으리라 생각한다. 그래서 최초에 로페즈 여단장이 한국군 캠프를 방문하였을 때 이탈리아군과의 지휘 문제에 관해 물어왔던 것이다.

그는 당연하다는 듯이 한국군이 이탈리아 군의 지휘하에 들어오기를 원했고, 우리들은 또한 당연하다는 듯이 우리는 이탈리아군과 지휘관계가 아닌 수평적인 협조관계에 있음을 분명히 말했다. 분위기가 약간 어색해지자 이러한 문제는 나중에 미군과 함께 협의하자고 하면서 화제를 다른 데로 돌렸다. 이탈리아 여단장은 알 힐라에서 여러 나라의 부대들이 폴란드 사단장의 지휘를 받는 것처럼, 한국군도 나시리아에서 자신의 지휘를 받기를 원했던 것이다. 그러나 우리들은 이탈리아와 직접적인 지휘관계를 맺어 그들의 지휘권하에 놓이게 된다면 그만큼 미군과의 관계가 줄어들 것이고, 그러므로 우리의 파병 목적인 한미 우호관계 증진에 기여하지 못한다는 판단에서 미군과 직접적인 관계를

미군초청 동맹군 만찬에서 CARABINIERY 요원들과 함께

계속하고자 동등한 협력관계를 원했던 것이다.

아마 우리 한국군이 이탈리아 군보다 늦게 이라크에 파병되었더라면 우리의 입지는 당연히 줄어들었을 것이고, 따라서 이탈리아군이 원하는 것을 거부하기 힘들었을 것이다. 그만큼 조기 파병의 결정은 이러한 국익과 국가 체면에 있어서도 커다란 영향을 미쳤던 것이다.
이탈리아군도 한국군의 나시리아 지역 선점을 어찌할 수 없었기에 수직적인 지휘관계를 포기하고 수평적 관계에서 우리 군과 좋은 관계를 유지했다. 우리도 나시리아의 작전권이 미군에서 이탈리아 군에게 인계되자 그들이 운영하는 CMIC과 이탈리아 지휘통제실에 우리의 연락장교를 파견하여 지속적인 협조관계를 유지했음은 물론이다.

이탈리아군에 연락장교로 파견된 김 대봉 대위는 이러한 면에서 대단히 유능한 능력을 발휘하였다. 그는 육사 생도 시절에는 럭비를 한 커다란 덩치의 소유자로서 미군들과 이탈리아군들이 그에게 볼 일이 있어 찾아와 한국군에게 '캡틴 킴'을 물을 때 한국 군인들이 '캡틴 킴

이 어디 한둘이냐' 고 잘 모르는 표정을 하면, 그들은 언제나 두 팔을 벌려 커다란 몸짓을 나타내는 제스쳐를 취하며 'big guy'라고 말하였다. 그러면 서희부대의 모든 사람들은 김 대봉 대위를 찾는구나 하고 바로 알고 가르쳐주었다. 그는 특유의 전라도 사투리가 영어에 베여 영어의 전라도화를 몸소 실천하는 유쾌한 친구였다. 나도 이탈리아군에게 확인할 내용이 있으면 언제나 그를 찾았고, 그는 어김없이 내가 요구하는 사항을 백퍼센트 충족시켜 가져오곤 했다. 이러한 후배들을 보면서 오히려 선배로서 부족한 것을 배우고 세계화에 걸맞는 능력을 구비할 필요성을 한층 더 절실히 느끼게 되었다.

이탈리아군은 원정을 위한 전투 및 종전 후의 활동에 효율적인 편성을 하고 있었고, 이러한 점은 우리에게 오히려 미군보다도 병력과 장비 면에서 더욱 체계적이고 조직화되었다는 느낌을 갖게 하였다. 미군은 주요 전투가 끝난 나시리아 지역에서의 활동도 보병과 헌병들이 전투차량인 험비를 타고 위력 순찰을 하면서 전투적으로 실시하였지만, 이탈리아군은 전투와 치안유지를 동시에 수행하는 CARABINIERY라는 특수목적 부대로 하여금 디카르주의 전반적인 치안을 담당케 하였다.

CARABINIERY는 우리나라의 기무부대와 헌병대 그리고 전투경찰의 기능을 조합한 임무를 수행하는 것처럼 보였는데, 이들이 활동하는 모습을 지켜본 결과 미군보다도 오히려 더욱 조직적이고 치밀하다는 느낌이 들었다. 그들은 시내에 별도의 주둔지를 두고 대령 지휘관의 지휘 하에 활동하였는데, 그 장비와 복색이 검은색에 가까운 청색 빛깔의 색깔로서 상대방에게 위압감을 주기에 충분하였다. 이라크 경찰을 직접 통제하면서 전반적인 치안업무를 담당했는데, 확실히 그 수를 확인할 수는 없었지만, 현지 이라크인을 높은 임금을 주고 고용하여 첩보원 및 그들을 대신하는 경찰력으로 활용하고 있었다.

보병부대가 전차와 장갑차 등의 장비를 이용하여 시내의 주요 목표 지점에 배치되어 하드웨어적인 임무를 수행하고 카라비니어리(CARABINIERY)가 그 내부에서 순찰활동과 테러위협 세력 색출 및 현지인을 고용한 첩보활동 등 소프트웨어적인 임무를 수행하였다. 디카르 주(州)의 군정권이 미군으로부터 이탈리아 군에게 7월 중순경 인계되었으므로, 우리는 미군의 군정활동과 이탈리아군의 활동을 상호 비교하면서 지켜볼 기회를 가질 수 있었는데, 그 활동하는 모습이 오히려 이탈리아군이 전쟁을 치른 군대이고 미군이 동맹군의 자격으로 이탈리아군을 도우러 파병나온 군대 같다는 느낌이 들었다고 하면 너무 과장된 것일까?

이탈리아군은 수천 년 전부터 다른 나라를 침략하여 식민지로 통치해본 경험이 많은 군대이다. 기독교의 역사에 나오는 예수님도 바로 이탈리아의 옛 나라인 로마가 이스라엘을 점령하여 통치하는 책임자로서 임명한 본디오 빌라도라는 총독에 의해서 죽임을 당하지 않았던가? 물론 유태인 제사장과 서기관들이 예수를 붙잡아 로마 총독에게 넘겨주면서 죽여 달라고 요구했기 때문에, 유대인 유지들의 협력을 얻어야만 효과적으로 식민지를 통치할 수 있는 총독으로서는 그들의 요구를 거절할 수 없어서 죽이기는 했지만, 어쨌든 당시에 이스라엘은 로마의 식민지였음은 확실하다. 또한 이집트의 유명한 클레오파트라 시대에도 이집트가 로마의 시저에 의해 점령당해 식민통치를 당한 것을 보면, 그리고 그 로마군의 후예가 바로 이탈리아군인 것을 생각하면, 그들은 수천 년에 이르는 식민통치의 경험을 보유하고 있다 할 것이다. 이러한 경험의 유산이 오늘날 이라크에서 유감없이 발휘되어 보는 이로 하여금 준비된 군정을 실시하는 체계적인 모습에 감탄을 자아내게 하는 데 조금도 모자람이 없었다.

앞에서, 나시리아에서 9월 중순에 있었던 대규모 폭력시위에서 진압 도중 일부 이라크인의 사상자가 있었음을 얘기한 바 있다. 정식적으로 보고된 미군과 이탈리아군의 보고서에는 이라크 경찰이 시위대를 향해서 발포하여 한 명이 사살되고 두 명이 총상을 입었다고 하였는데, 내가 목격한 바에 의하면, 순수한 이라크 경찰이 아니라 이탈리아 군에게 고용된 이라크인에 의하여 사살되었음을 확인할 수 있었다. 이라크 경찰은 경찰 유니폼을 착용하고 그 복색이 심히 남루하였으며 차량도 20년이 지난 폐차 같은 고물승용차를 타고 다녔는데, 이탈리아군에 고용된 이라크인들은 깔끔한 옷차림에 지프차형의 고급 승용차를 타고

모여든 환자들을 치료하고 있는 군의관 홍명표 대위와 통역하는 함멧

다녔기 때문에 그 복장이나 모습이 확연히 구별되었다. 바로 그들이 내가 보는 앞에서 시위대의 주동자 격으로 보이는 이라크인을 AK소총으로 머리를 겨누면서 체포하여 자신들의 차량에 거칠게 밀어 넣었는데, 이들은 어느 이라크 경찰 및 이탈리아 군보다도 매우 과격해 보였다. 나시리아 경찰서에서는, 이라크 경찰은 옥상에서 하늘을 향해 위협사격을 가하고 이라크 군과 카라비니어리 인원들이 시위대와 대치하여 최루탄을 발사하고 일부는 시위대를 향하여 발포하며 이들을 해산시키는 모습을 보았는데, 그 광경이 우리나라에서 보던 화염병과 돌맹이를 이용한 격렬한 시위보다도 한층 더 위협적이고 위험해 보였다.

이라크인의 폭력적인 시위가 각 부대에 전파되자 미군 및 이탈리아 군 전차가 출동하여 경찰서를 중심으로 사주방어 개념으로 주요 목표지점에 배치되어 도로를 통제하고 통행인을 검색하고 통과시켰다. 그리고 카라비니어리 병력들이 과격한 시위대원을 체포하기 위해 상호 엄호 하에 사격자세를 취하며 구간 전진을 취하는 모습들이 실제 전투를 실시하는 것처럼 보였다.

이탈리아 보고서에서, 이라크 현지 경찰의 발포에 의해서 시위대 인원이 사망했다고 보고된 것은 다분히 자신들에게 돌아올 책임과 위험을 이라크 경찰에게 돌리고자 하는 술수 같았다. 점령지의 현지인을 고용하여 치안을 유지하는 데 활용하는 것은 자신들의 피해를 최소화하고 목표한 바를 이루는 데 대단히 효과적이었다.

현재 이라크의 정세는 마치 우리나라의 해방 이후의 정치상황처럼 각 정치 및 종교단체에서 너도나도 정권획득 과정에서 유리한 고지를 점령하려고, 그리고 부족한 생필품과 일자리를 찾으려고 성난 눈을 부라리는 시민들의 들끓는 용광로 같았다. 이러한 무질서와 어지러움 속에서 임무 수행시 현지인을 고용하여 일부 거친 일을 맡기는 것은 하나의 좋은 예로 보였다.

이라크에서 활동하는 이탈리아군의 모습을 보면서, 수천 년의 식민지 경영 경험으로 터득한 노하우에 근거하여 군정활동을 펼치는 것에 감탄하지 않을 수 없었다. 그 장비나 편성 그리고 현지인을 고용하여 실시하는 일단의 활동 등이 하나의 야전교범처럼 느껴졌다. 다만 한 가지 우려되었던 것은, 이라크인에 대하여 그 민족적 속성을 깊이 이해하려 하지 않고 단지 하나의 피점령지 국민으로서만 대하는 태도였다. 그것은 그들 장비와 편성의 우수성에 비해 뒤떨어진 모습이었다.

필자는 바스라 지역에서 이라크 군정통치를 책임지고 있는 영국군의 활동모습은 지켜볼 기회가 없었다. 아마 영국군도 이탈리아군에 비해 결코 뒤지지 않을 것이다. 영국도 한때는 영원히 해가 지지 않는 나라라는 별명을 가졌을 정도로, 해외 식민지 경영 경험에 있어서는 세계 그 어느 나라보다 뛰어날 것이다.

아직도 바그다드 북쪽의 미군 담당 지역에서는 하루가 멀다 하고 후세인 추종세력의 공격에 의해 미군의 피해가 속출하고 있다. 필자는 바그다드를 방문했을 때 시내에서 미군의 활동모습을 지켜볼 수 있는 기회가 있었는데, 그곳 미군들의 모습은 전투를 하는 모습이었지 종전 후의 치안을 유지하고 테러세력을 색출하기 위해 활동하는 모습은 결코 아니었다. 다시 말해, 미군들이 전차와 장갑차를 배치시켜 놓고 시내를 순찰하며 치안을 유지하는 모습은, 이곳 나시리아 지역에서의 이탈리아군의 활동 모습과 비교해 볼 때, 그 느껴지는 위압적인 무게감이 덜했다는 것이다. 전투와 치안유지는 그 활동에 있어서 유사한 점도 많지만 엄연히 구분되어야 한다고 필자는 생각한다. 전투에 있어서는 조직적인 세력의 위력이 중요하지만, 치안유지 목적의 부대활동에 있어서는 보다 세밀한 날카로움이 필요한 것이다. 비유를 들자면, 전투는 무거운 해머를 들고 철판을 때려부수는 것과 같다고 한다면, 치안유지 활동은 날이 선 쇠가위로 부서진 철판을 예리하게 절단하는 것과 같다고나 할까? 미군이 바그다드와 나시리아에서 활동하는 모습을 본 소감은 무거운 해머의 느낌이었지 결코 날카로운 쇠가위의 모습이 아니었다. 이탈리아군은 그 반대로 그들에게 접근하면 시퍼런 날에 손이 벨 것 같은 분위기여서 다가가고 싶지 않다고나 할까? 만약 바그다드에 미군이 아닌 영국군이나 이탈리아군이 주둔하여 군정통치를 했다면 지금의 미군처럼 피해가 많이 나지는 않았을 것 같은 생각이 들었다.

　현재에도 우리 군은 세계의 분쟁지역에 많은 병력을 내보내 활동하고 있다. 그러나 지금까지는 경험이 부족했기 때문에 시행착오를 많이 겪은 것으로 알고 있다. 1991년 걸프전 파병에서부터 본격적으로 시작된 우리나라의 해외파병의 역사도 이제 10여 년이 되었다. 따라서 현재 시점에서 지난 활동들을 종합적으로 검토, 분석하여 새로운 이정표를 세울 필요가 있을 것이다. 이러한 점에서 타국의 파병활동을 연구하는 것은 대단히 중요하고, 그 점에서 이탈리아군은 우리에게 좋은 연구대상이 될 것이라 생각한다.

6. 인정이 넘치는 루마니아군

　앞 장에서도 언급했지만, 이탈리아군에게는 루마니아군 보병 1개 대대가 배속되어 있었다. 그들은 최초에 파병 나올 당시부터 이탈리아군에

속해 있었는데 파병지로의 이동수단이나 파병 이후의 숙식 등 제반 전투지원 및 전투근무 지원분야에 있어서 자체 능력이 부족하기 때문에 처음부터 이탈리아군에 배속을 자청했던 것 같았다.

그들과의 최초의 만남은 7월 말경 이탈리아 부사령관으로부터 저녁식사 초대를 받아 그들이 주둔하고 있는 화이트 캠프를 방문해서였다. 화이트 캠프는 우리 주둔지에서 15km 정도 떨어져 있었는데, 나시리아로 들어가는 길목의 넓은 사막에 자리잡고 있어서 시내에서 활동하거나 주둔지를 방호하기에 대단히 유리한 지리적 이점을 갖춘 캠프였다. 최초에 미군이 자리잡고 있다가 이탈리아군에게 인계한 곳인데, 한국군이 4월 말에 쿠웨이트에 도착하여 주둔지 설치를 위한 정찰시 유력한 후보지로 거론되었던 곳이다. 만약 한국군이 파병시에 미군의 경계 제공을 받는 지역에 주둔지를 설치한다는 상급부대의 지침이 없었다면, 우리는 이곳 화이트 캠프에 주둔하여 자체 방호 하에 활동했을 것이다.

우리는 단장님 이하 영관급 이상 지휘관 참모 10여 명이 초대에 응하여 출발하였는데, 캠프에 도착하니 부사령관 이하 참모들이 우리를 반갑게 맞이해 주었다. 서로 인사를 하고 부사령관의 안내로 식당으로 이동하였는데, 식당에 도착하여 우리는 서로 쳐다보며 놀랍다는 눈짓을 했다. 초대형 텐트에 마련된 식당은 넓은 공간이 무더운 날씨에도 불구하고 에어콘에 의해 시원하게 냉방처리 되어 있었고, 위성 텔레비전이 곳곳에 설치되어 이를 시청하면서 식사를 즐기는 모습을 볼 수 있었다. 그러나 무엇보다도 메뉴 편성에 있어서 그 종류의 다양함과 요리의 수준을 볼 때 이탈리아 고급식당에 온 것 같은 착각을 갖게 해주기에 충분했다. 여러 종류의 메뉴와 과일이 풍성했고, 특히 한국군에게 깊은 인상을 남겼던 것은 식사시 음료수 대용으로 종이팩으로 된 와인이 준비되었다는 것이다. 술문화가 발달되고 그 성격의 급함이나 다소 과격해 보이는 행동들이 우리와 상당히 닮았다는 인상을 풍기는 이탈리아인들이다.

당시에는 우리 한국군도 미군에 비하면 작지만 자체 식당을 운영하여 고국에서와 같이 일식 사찬으로 김치 등을 곁들여 먹고 있어서 내심으로 뿌듯한 마음들을 갖고 있었다. 특히 간부 식당과 병사 식당을 별로도 만들어 양쪽 모두 에어콘을 설치하여 비록 크게 시원하지는 않았지만 그래도 어느 정도의 더위는 피하면서 식사를 할 수 있었다. 따라서 이탈리아군을 방문했을 때도 "녀석들, 어디 한번 어떻게 먹고 있나 보자"?하고 내심 비교의 눈으로 바라보았던 것이 사실이다. 그러한 우리의 속마음을 들여다보기라도 한 것처럼 이탈리아군들은 매우 쾌적한 장소에서 갖가지 요리들을, 그것도 와인을 한 잔씩 곁들이면서 즐기고 있었던 것이다. 우리는 서로 말을 하지는 않았지만 내심으로는 모두 부러운 마음이 들었음을, 나중에 식사를 마치고 복귀하면서 한 마디들 하는 것을 통해 알 수 있었다.

 식당의 메인석에는 우리 한국에서의 모습처럼 이탈리아 부사령관을 가운데 두고 양옆으로 참모들이 나란히 앉아 있었다. 그 앞에 우리 단장님을 가운데로 하여 한국군들이 앉았는데, 분위기가 국내에서의 모습과 별반 다름이 없었다. 부사령관의 인사말을 필두로 맛있게 식사를 하고 있는데 앞자리에 앉아 있는 인원들의 복색이 이탈리아군과 약간 다르다는 사실을 알 수 있었다. 이탈리아군들은 연한 노란색에 녹색 반점이 있는 전투복인데 반해, 그들은 회색 계통에 검은색 반점의 얼룩무

늬 전투복을 입고 있었다. 한국인의 눈에는 유럽인들이 인종적으로 잘 구별이 가지 않기에 얼굴을 보아서는 알 수 없었지만, 복색이 약간 달라서 물어보니 루마니아 군이라고 대답했다. 필자의 바로 앞에는 지휘관인 듯한 자가 앉아 있었는데, 옆자리에 앉아 있던 그의 참모가 자신들의 대대장이라고 소개해 주었다. 이것이 루마니아군과의 첫 만남이었던 것이다. 대대장은 30대 후반 정도로 보였는데 회갈색 머리칼에 다소 수줍어하는 인상을 풍기고 있었다.

그날의 회식은 반주를 곁들여 화기애애하게 진행되어 각 지휘관들이 건배를 하면서 팔을 엇갈려 끼고 마치 연인끼리의 러브샷 자세를 취하며 술을 마셨는데, 일면식이 없던 타국군과 이렇게 급속도로 가까워진 것은 전쟁터에 나온 같은 편이라는 일종의 동류의식이 발동해서였을 것이다. 필자는 루마니아 대대장과 차후에 한국군 캠프에서의 축구시합을 제안했고, 약간 술에 취했던 그의 한 참모가 "We will beat you!" 하면서 자신들이 이길 것이라고 호언장담하였다. 회식을 마치고 우리 단장님은 루마니아 대대장을 공식적으로 초대했고, 축구시합은 영관급 이상의 장교들로 하고 바로 그 주의 토요일로 약속 날짜를 잡았다.

드디어 토요일이 되어 루마니아군이 우리의 초대에 응해 부대를 방문했고, 영관급 이상 인원으로 축구시합을 했는데, 결과는 미군들과 축구를 할 때와 마찬가지로 우리의 일방적인 승리로 끝이 났다. 친선 경기였기에 너무 점수 차이가 많이 나면 안 되므로 스코어를 조정하면서 경기를 했는데, 모두 열심히 하여 재미있게 즐기는 분위기였다.

이어서 풍류마당이라고 이름진 휴게실에서 약간의 음주를 곁들인 회식을 했는데, 루마니아군들은 정말 맛있게 저녁식사를 하는 것이었다. 특별히 우리가 그들을 위해서 준비한 것은 과일 몇 개 정도이고 평상시와 동일하게 식사를 준비했는데도 한국 식사를 정말로 좋아하는 것 같았다. 특히 필자의 앞자리에 앉았던 정보참모인 줄루 소령은, 자기들도 고국에서는 매 식사 때마다 따뜻한 스프를 먹는데 이탈리아 식단에는 스프가 없고 입맛에 맞지 않아 고생을 많이 하고 있다, 그런데 한국 식사를 해보니 자기네 입맛에 너무 잘 맞는다, 고 하면서 매우 흡족해 했다.
그는 유난히 나에게 친근하게 굴면서 잘하지 못하는 영어로 열심히 이것저것을 물어왔고, 나도 성심껏 대답해 주었다. 회식시간 내내 이야기를 나누다보니 그와 매우 친해지는 느낌이 들었고, 그들의 정서가 우리나라 사람들과 비슷하다는 느낌이 들었다. 우리나라 사람이 정(情)이 많은 민족이라고 한다면, 루마니아인들도 비슷한 정서를 가진 민족이라고 느껴졌다. 그는 내게 서로 친구하자며 제의해 왔고, 나도 흔쾌히 승낙했다.
며칠 후 공병 대대장이 루마니아군 캠프지역에 자갈을 깔아 주겠다고 한 약속에 따라 루마니아 군을 방문한 적이 있었다. 이곳은 바닥이 진흙 모래로 되어 있어서 조금만 바람이 불면 온통 먼지가 휘날려 몹시 곤란을 겪는 곳이다. 그래서 자체 공병능력이 없는 루마니아군은 이탈리아군에게 모든 것을 협조받고 있으나 원활하게 지원받기가 어렵고 또 국가적인 자존심이 있기 때문에 아쉬운 소리 하기를 꺼리는 모습이었다. 그래서 우리는 이러한 루마니아의 사정을 알고서 지난 번 회식 때 기꺼이 자갈을 깔아 주겠다고 약속했고, 그들은 몹시 고마워했던 것이다.
　　대대장이 정확한 공사 소요를 판단하기 위해 루마니아군을 방문했는데, 줄루 소령이 필자도 같이 왔는지 보려고 찾아왔으나 만나지 못하자 매우 아쉬워하면서 다음은 꼭 같이 방문해 달라고 부탁하더라는 것이었다. 그 다음날 대대장이 작업 때문에 또 방문할 일이 생기자, 그는 나에게 이러한 사정 이야기를 해주면서 꼭 같이 가자고 했다.

다음날 대대장과 함께 루마니아군을 방문하여 나는 줄루소령을 찾아갔는데, 그는 기다렸다는 듯이 매우 반갑게 맞이해 주었다. 그가 너무 지나칠 정도로 반갑게 맞아주어 남들 보기에 약간은 민망하기도 했으나 이내 고마운 마음이 들어 지난번처럼 친근하게 대할 수 있었다. 루마니아군은 이탈리아 캠프 내에 일정 지역을 할당받아 텐트 수십 동을 설치하고 차량 및 장갑차, 전차 등의 장비를 주차해 놓았는데, 특히 텐트에는 에어컨 시설이 되어 있지 않아서 병사들이 모두 상황실로 운용하는 건물의 처마밑에 서 있거나 쪼그리고 앉아서 잡담을 하고 있었다. 오직 지휘관인 대대장실과 상황실, 그리고 의무실에만 에어컨 시설이 되어 있어서 병사들은 50℃가 넘는 고온을 그냥 맨몸으로 겪어내고 있었다. 그 모습을 보니, 우리가 처음 쿠웨이트를 거쳐 이라크에 전개한 후 처음 한 달 동안 에어컨 없이 지낼 때의 생각이 나서, 측은한 생각이 들었다. 나중에 줄루 소령이 나에게, 루마니아 정부는 예산 때문에 에어컨 시설까지 지원해 줄 수는 없으므로 병사들은 이 더위를 그냥 참고 견뎌내는 수밖에 별 도리 없다고, 한 숨 섞인 소리로 말해주었다.

상황실은 이전에 이라크인들이 사용하던 건물을 개조해서 사용하고 있었는데, 좁다란 공간에 참모부가 모두 들어가 있어서 매우 비좁았다. 줄루 소령은 나의 손을 잡고 이곳 저곳 다니면서 자기 동료들에게 나를 소개했고, 그들도 필자를 반갑게 맞아주며 일부는 사진을 같이 찍자고 하면서 카메라를 들이댔다. 줄루 소령은 상황실의 중간에 있는 책상 하나를 사용하고 있었는데, 자기 자리로 나를 데리고 가더니 자신이 쓰던 루마니아에서 만든 이라크어 CD 2장과 부대마크를 선물로 주었고, 가족 앨범을 보여주면서 자신의 가족을 열심히 소개했다. 아내와 아이들 모두가 하나같이 부드러운 눈매를 가진 정이 많아 보이는 다정한 가족이었다. 이어서 그는 상황실 밖으로 필자를 데리고 나가 텐트를 한 동 한 동 돌면서 소개해 주었다. 특히 크리스챤이냐고 물으면서 교회로 데리고 가서는 자신의 신부에게 나를 소개시켜 주면서 이곳 저곳을 설명해 주었다. 나는 간략히 고개숙여 하나님께 루마니아와 줄루소령의 앞길을 축복하는 기도를 하고 교회를 나왔다.

헤어질 시간이 되어 대대장실에 들러 인사를 하고 나오는데 저 멀리서 줄루 소령이 뛰어오더니 작은 병 하나를 건네주었다. 나중에 돌아와서 확인해보니 루마니아 전통주였다. 그의 친절은 여기서 끝나지 않고 며칠 후에는 연락장교를 통해 내 사진과 그의 가족 사진이 곁들어 있는 작은 앨범을 컴퓨터로 제작해서 보내왔다. 나는 그의 정성에 감동하지 않을 수 없었다. 사진을 스캐너로 읽어 그것을 인화지로 인쇄한 후 코팅하여 다시 제본하였는데, 하나하나에 세심한 배려와 정성이 담겨 있어서 내게는 소중한 선물이 되었다. 이것을 보는 주변의 동료들도 매우 부러워했으며, 나도 그 보답으로 고국에서 보내온 고급 인삼 사탕을 한 통 보내주었다.

그는 내게 명함을 건네주며 나중에 귀국하여 행여 유럽쪽으로 여행할 기회가 생기면 반드시 루마니아에 들러 자기를 찾아달라고 당부했다. 루마니아의 아름다운 자연과 자기가 살고있는 도시를 소개해 주면서, 자신의 가족과 함께 맛있는 식사를 같이 하자고 진심으로 초대 하였다. 나도 유럽에 가게 되면 꼭 루마니아에 들르겠다고 약속하고, 줄루 소령도 한국에 올 기회가 있으면 꼭 나를 찾아와야 한다고 했더니,

자신들은 가난한 군인 봉급으로 해외여행을 할 기회가 아마 없을 것이라며 아쉬워했는데, 그렇게 대답하는 그 마음이 지금도 약간의 안쓰러움으로 남아 있다. 한 나라의 국력의 정도가 이처럼 단순한 해외여행이란 것에까지 영향을 미치고, 또 그것이 미묘하게 자존심을 자극한다는 사실이 순간적으로 마음에 자국을 남기고 지나갔다.

이렇게 시작된 한 루마니아 장교와의 우정은 그 후에도 계속되었고, 지금도 필자의 머리속에는 루마니아, 하면 친절하고 예의바른 줄루 소령과 같은 사람들 이미지가 떠오르면서 아름다운 나라로 기억되어 있다. 그만큼 줄루 소령은 나에게 호의를 베풀었고 나 또한 그와의 만남에 정성을 다했는데, 국력이 약하거나 작은 나라 사람들일수록 작은 정성과 친절에도 몹시 고마워하고, 또 그들도 무엇인가를 주고 싶어하고 베풀고 싶어하는 심성고운 사람들임을 알 수 있었다.

황량한 전장터에서 이국 군인과의 만남이 나의 파병생활 동안 자그만 하나의 활력소가 되어 나의 마음을 루마니아 캠프로 향하게 했던 기억이 지금도 새롭다.

7. 슈크 알 슈알 마을 공사 경호작전

이것은 루마니아 군과 가진 처음이자 마지막 연합 경계작전이다. 슈크 알 슈알시는 나시리아에서 남쪽으로 약 60km 정도 떨어진 거리에 위치한 작은 도시였다. 이곳은 루마니아군의 작전 책임구역이었는데 우리 공병대가 이곳에서 시가지 정비 임무를 부여받고 임무를 수행하였다. 원래는 루마니아군을 작전통제하는 이탈리아군으로부터 우리에게 임무수행을 요청해 왔는데, 우리는 나시리아 시내에서 동원가능한 병력이 모두 출동하여 임무를 수행 중이어서 추가적인 지원을 해줄 여력이 없었지만, 모처럼의 이탈리아군의 지원요청을 거절하기보다는 나시리아에서의 임무를 조정하여 슈크 알슈알 시에서의 공사를 먼저 해주고 나중에 나시리아지역 공사를 하는 쪽으로 방향을 바꾸었다. 그것은 디카르주를 군정통치하는 이탈리아군에 대한 하나의 배려였고, 동맹군의 협조관계를 중시한 우리 한국군의 임무수행 방침이었다.

그러나 이곳은 주둔지로부터 한 시간 이상 이동하여 작전을 수행해야 하기 때문에 상당히 부담스러운 거리였고, 또 이동하는 동안이나 작전을 수행하는 동안 주둔지로부터 너무 멀리 떨어져 있기 때문에 경계상의 상황이 발생하였을 때 즉각적인 예비대 투입이 제한되는 곳이기도 하였다. 따라서 우리는 이러한 작전상의 제한점을 이곳의 작전책임을 맡고 있는 루마니아군과의 연합 경계작전을 펼침으로서 해결하고자 했다. 이러한 사항이 주요 지휘관 참모회의를 거쳐 토의된 후에 나는 대대장과 함께 공사지역을 정찰하였다.

공사지역에서 주민들을 만나서 요구사항을 들어보니, 주거지역의 저지대에 하수도 시설이 파괴되어 오폐수가 방치되어 있어 위생상 좋지 않으므로 이를 제거하고 저지대를 흙으로 매워 도로를 내어 달라는 것이었다. 그러나 실질적으로 파괴된 하수도 시설을 복구하는 것은 우리의 능력 밖의 일이고 또 그것은 대규모 조직적인 작업이 요구되는 것이므로, 차후에 이라크 정부가 설립되면 정부조직을 통해서 이를 해결해야 할 것이라고 말해주고, 도로를 만들어 통행을 보장해 주는 일은 가능하므로 공사해 주겠다고 약속했다. 그러나 공사지역이 주택가에 둘러 쌓여 있고 접근로로 사용될 도로가 8개나 되어 우리의 병력으로 모든 곳을 통제하기에는 많은 제약이 따랐다. 그래서 이라크 경찰의 협조를 받기 위해 그곳 경찰서를 방문하여 경찰력을 지원받기로 했다.

경찰서는 공사지역으로부터 약 10여분 떨어진 거리에 있었는데, 전쟁 당시 미군의 폭격을 맞아 주 건물이 완파된 상태여서 보조건물을 사용하고 있었다. 경찰서 안으로 들어서니 입구에 보초 2명이 근무를 서고 있는데 AK 소총을 들고 서 있는 모습이 매우 어색해 보였다. 경찰 역시 남루한 복색에 소매와 목 주위에는 때가 반질반질하고 영양상태가 좋지 않은지 마른 체구에 마치 군에 갓 들어온 이등병에게 군복을 입혀 근무를 서게 한 것처럼 보였다. 우리 일행이 입구에 들어서자 주변에 경찰들이 몰려들기 시작했다. 그들은 무표정한 얼굴에 약간의 웃음을 띤, 말 그대로 어색하기 짝이 없는 모습들이었다. 어찌 어색하지 않으랴! 이들은 과거 사담 후세인의 정권 유지를 위한 전위대 역할을 했던 세력인데, 전쟁이 나서 하루 아침에 입장이 바뀌어 이제는 적이었던 동맹군과 협조하여 일을 해야만 하는 우스운 꼴이 되지 않았는가! 그들의 이러한 내면의 처지가 묘한 표정과 자세로 나타났던 것이다. 잠시 후 그들 중 선임자인 듯한 사람 하나가 우리를 데리고 건물로 들어가 경찰서장실로 인도했다. 복도를 걸으며 열어놓은 문으로 보이는 사무실의 모습은 책상 하나만 덩그라니 놓여 있을 뿐 정상적인 업무를 수행하고 있는 것으로 보이지는 않았다. 복도에는 경찰들이 모여 서서 밖에 있는 사람들과 마찬가지로 어색한 표정으로 걸어가는 우리를 물끄러미 쳐다볼 뿐이었다.

경찰서장은 Brigade Commander 로서, 군대로 말하자면 여단장 정도의 위치에 있는 사람이었는데, 마찬가지로 낯선 이방 군인의 출입을 멋쩍은 듯 맞이하며 자리를 권했다. 우리는 경찰서장에게 지역 내에서의 공사내용을 설명하고 공사 동안 경계를 위해 협조를 요청했다. 서장은 기꺼이 경계병력으로 5명을 지원해주고 또 주기적으로 차량으로 순찰하여 안전을 보장해주기로 약속했다. 우리는 기념촬영을 하고 경찰서를 나왔는데 그들의 몸짓과 표정이 내내 머릿속에 잔영으로 남아 있었다. 절대로 그런 일은 없겠지만, 만약 입장을 바꾸어놓고 생각하더라도 내가 저들의 위치에 있다면 저런 표정을 지을 수밖에 없을 것이라는 생각이 들었다.

경찰과의 협조를 마쳤으므로 루마니아군과의 원활한 협조를 위해서 1중대장인 조익호 대위와 연락장교인 김대봉 대위를 루마니아 캠프에 보내어 협의하게 했다. 조익호 대위는 파병 전에 1공수여단에서 작전장교로 근무했던 장교로 우리 경비대와 특전단의 작전분야에 기여한 공로가 많은 우수한 장교였다. 루마니아군은 흔쾌히 연합작전 제안에 동의하면서 오히려 감사하다는 표시를 했다. 예전부터 그들은 이라크를 도와줄 수 있는 공병이나 의료지원 부대가 전혀 없이 단지 전투부대만 온 것을 내심 아쉬워하는 내색을 한 적이 있어서, 우리가 그들의 작전지역에 공병부대를 파견하여 이라크 주민을 도와주는 활동을 하겠다는 것에 대해 기뻐하면서 기꺼이 경계를 제공하겠다고 한 것이다. 1중대장은 이들에게 공사지역의 요도(要圖)를 통해 경계작전에 대한 설명을 하면서 상호간의 지휘 및 통신대책에 대해 협의했다.

공사 기간 동안의 내부 경계는 한국군이 이라크 경찰과 함께 고가 및 지상 초소를 점령하여 실시하고, 차량화된 루마니아군은 공사차량이 이동하는 동안의 경계를 전담하도록 했다. 지휘는 한국군 경계책임자인 1중대장이 통합지휘관이 되어 루마니아에서 지원되는 1개 소대 병력에 대해서 작전통제를 했다. 통신은 우리가 보유하고 있는 핸드토

키를 두 대 빌려주어 그것으로 하되, 언어 소통상의 문제는 최대한 단순하게 정해진 간단한 영문을 사전에 준비하여 주로 거기에 있는 것을 사용하는 방식으로 소통의 원활을 도모했다.

　실제로 그 다음 주부터 작전이 실시되었는데, 첫날 내가 현장 지도를 나가보니 우리가 계획한 대로 무리 없이 공사와 경계작전이 진행되고 있었다. 다만 처음 계획한 대로 공사지역을 감시통제할 수 있는 양호한 2층 건물이 있어서 그곳 옥상에 고가초소를 설치하기로 했지만, 그 건물에 사는 남자가 낮에는 외부로 출타하고 집에는 여자 혼자 있었기 때문에, 그 여자가 문을 열어주지 않는 바람에 옥상을 이용할 수가 없었다. 경계만의 목적을 위해서면 강제로라도 문을 열고 들어가 옥상을 점령할 수도 있겠지만, 이라크의 문화 및 관습상 여자는 외부 남자와 접촉을 할 수 없기 때문에 이들의 입장을 존중하여, 비록 그 건물만큼 감시통제가 양호하지 못하더라도 다른 곳으로 옮겨서 고가초소를 점령하도록 했다.

　루마니아 군에서는 중위를 제대장으로 하여 12명이 차량 4대에 탑승하여 나왔는데, 특히 중위가 뛰어난 영어 실력으로 한국군과 협조하고 자신의 부하들을 통제하는 모습이 대단히 인상적이었다. 그는 절도 있는 자세와 바른 예의로 우리 한국군의 중위급 소대장을 연상케 했는데, 미군과 이탈리아 군의 자유분방한 듯한 모습만 보아왔던 나로서는 신선하게 느껴졌으며, 우리와 루마니아 군의 정서가 유사한 점이 있음을 다시 한번 느낄 수가 있었다. 이탈리아군도 관심을 기울여 민사참모가 나와서 현장을 확인하고 추가적인 협조를 해주었다. 그들은 이탈리아군의 관할지역에서 한국군 및 루마니아 군과 연합하여 작전을 실시하는 것에 대해 고무적인 반응을 보였으며, 지역 방송국 기자를 대동하고 나와서 현장을 촬영하고 차후에 TV에 방영하여 활동모습을 선전하기도 했다. 또한 이탈리아 여단장도 현장지도를 위하여 공사지역을 방문하였는데, 좀처럼 외부활동을 하지 않기로 소문난 그로서는 대단한 관심 표명이었다.

이렇게 하여 슈크 알 슈알 지역에서 최초의 한국, 이탈리아, 루마니아 3개국 군대의 연합 경계작전은 성공적으로 이루어져서 공사 기간 동안 아무런 사고 없이 임무를 완수할 수 있었다. 다만 이라크 경찰이 중간에 몇 번 임무지역에 나오지 않아 다시 경찰서를 찾아가 확인하고 다시 협조를 요청하는 해프닝이 있었던 것이 흠이라면 흠이었다. 그러나 그들의 입장을 충분히 이해하고 있었기 때문에 굳이 강압적으로 통제하지는 않았다.

작전 기간에 경계작전을 같이 실시한 한국군과 루마니아 군은 매우 친해져서 작전이 종료된 후에 우리 캠프로 루마니아 군을 초대하여 저녁식사를 대접하고 같이 사진촬영도 하면서 즐거운 뒤풀이(?)를 하며 시간을 보냈다. 그때 나는 친구인 줄루소령을 같이 초대하여 나의 가족사진을 보여주며 우리나라와 부대를 소개해 주었는데, 이때 그는 루마니아 전통주를 한 병 선물로 가지고 와서 주변 전우들의 부러움을 사게 했다. 이 역시 남의 집이나 부대를 방문할 때 빈손으로 가지 않고 자그마한 선물이라도 들고 오는 것이 우리 한국 사람들과 비슷했는데, 그 선물에서 그의 따뜻한 마음이 느껴져 진심으로 고맙다는 생각이 들었다. 후에 루마니아군도 답례로 우리를 초대했는데, 부대 사정이 바빠서 초대에 응하지 못한 것이 약간 아쉬웠다. 그렇게 루마니아 군과의 좋은 추억이 남게 되었다.

8. 부카(Booka) 포로수용소 방문기

이라크와 쿠웨이트 국경선 근처에 「움 카슬」이라는 지명의 도시가 있다. 이곳에 미군이 포로수용소를 세웠는데 그 이름이 '부카 포로수용소'이다. 미군들은 지역별로 임시 포로수용소를 설치하여 운용하였는데, 바로 이곳은 임시수용소에 수용된 포로를 집결시켜 수용하는 반(半) 영구시설이다. 나시리아의 탈릴공항 입구에도 미군의 임시 포로수용소가 있는데, 우리가 이라크에 도착했을 때는 그곳이 전쟁포로들로 만원이었으나 7월을 넘어 8월경에는 간혹 체포되는 테러분자 몇 명만 있을 뿐 거의 빈 공간으로 있었다.

부카 수용소는 완전히 사막 위에 건설되어 설령 포로들이 탈출을 시도하더라도 금방 발견되거나, 사막길을 도저히 걸어서는 헤쳐나가지 못할 지역이므로 그 자체가 천연의 수용소 지역임을 알 수 있다.

포로수용소는 헌병대장이 미군의 포로수용소 운용체계를 견학하기 위하여 미측과 직접 접촉하여 방문하게 되었는데, 나도 경비대를 대표하여 참석하였다. 그런데 포로수용소를 다녀온 결과가 자못 흥미로와 간략히 소개하기로 하겠다.

사람은 자신의 직업을 속이지 못하는가 보다. 참관자들은 자신들의 병과에 맞춰서 느낀 바를 이야기했는데, 그것이 병과(兵科)라는 군 내에서의 하나의 소 직업을 너무나도 적나라하게 대변하는 것이어서 매우 흥미롭다.

헌병대장 : 한국군과 미군의 포로수용소 운용체계는 굉장히 흡사하다. 포로수용소를 방문해서 기존의 지식과 별도로 새롭게 얻은 것이라곤 없다. 철조망을 치고 방을 나누고 몇 개의 방을 합하여 구간화하며, 고가 초소를 운용하여 내 외곽 경계를 제공하는 등등이 바로 그것이다. 다만 계획상으로만 알고 있던 사실을 현장에서 시각적으로 경험한 것이 금일 방문에서 얻은 유익함이다.

법무장교 : 일반적으로 군내에 근무하는 법무장교들은 포로 운용에 관한 국제법에 관해서는 거의 접해볼 수 없기 때문에 그 지식이 부족한 것이 현실이다. 그러나 이번에 파병 나와서 미군의 포로 운용에 관한 것을 견학하면서 나름대로 국제법에 대해서 연구할 수 있는 좋은 계기가 되었다. 특히 금번 이라크 전에서도 미군의 포로 처리에 관해서 국제기구에서 파견한 인원들이 전쟁지역에 상주하면서 그 운용실태를 감시하는 것을 보면서 결코 소홀히 할 수 없는 부분이라 생각했다. 차후로도 더욱 관심을 갖고 연구를 해서 전쟁에 관해 국제법이 어떻게 적용되고 있는지 연구하겠다.

공병장교 : 우리 공병대대는 전시에 포로수용소를 설치하는 계획을 갖고 있다. 그런데 계획상으로만 되어 있고 실제로는 설치해본 경험이 없었는데, 이렇게 견학을 통해서 실제로 운용되고 있는 것을 보니 확실히 감을 잡겠다. 우리도 미군의 수용소와 비슷하게 설치하도록 되어 있는 바, 이를 기초로 그 장점을 잘 활용해서 임무수행에 이상이 없도록 계획을 보완하고 훈련하겠다.

이렇게 각자 자신의 병과별로 특색있게 느낀 소감을 피력하였다. 나도 역시 특전요원으로서 우리의 주 임무인 특수작전 중 타격 임무에 대해 생각해 보지 않을 수 없었다. 처음에 포로수용소를 견학하는 인원 선발을 하면서 단순 경계병력으로 팀원을 보내는 것보다 내가 직접 가서 그 설치 및 운용상태를 보면서 만약 전시에 우리에게 포로수용소를 타격하는 임무가 주어진다면 어떻게 할 것인가에 대해 연구해보겠다고 생각했었다. 따라서 경비대장으로서 내가 자원을 하였고 견학하는 동안 온통 타격에 관한 생각뿐이었다.

우선 METT+T 요소를 고려해서 작전을 계획하고 유사표적을 활용하여 예행연습을 실시, 이를 통하여 계획을 완성한 다음에 작전에 임하면 될 것이다. 미군의 포로수용소가 북한의 그것과 유사하다고 가정한다면 2천~3천 명 규모의 수용소를 타격하기에는 1개 지역대 정도면 족하리라 판단된다. 야간 감시장비 및 무성무기를 이용하여 고가초소의 감시병을 제거하고, 주 병력이 숙영하고 있는 막사에는 로켓을 발사하고, 건물 밖으로 나오는 적은 야간 조준사격으로 사살하며, 구출하고자 하는 포로가 억류된 곳으로 가서 철조망을 절단한 후 구출하면 될 것이다. 기타 포로에 대해서는 출입구를 개방해준 후 탈출하여 자대로 복귀토록 종용하면 될 것이다. 이를 위해서 절대적으로 필요한 것은 야간 감시장비와 사격기재이다. 북한군은 이라크 군과 마찬가지로 경제사정이 어려워서 야간 감시장비가 대단히 부족한 것으로 알고 있다. 따라서 우리가 야간의 감시가 제한되는 요소를 극복할 수 있는 대책만 마련된다면 작전을 하기에 대단히 유리한 이점을 가지고 임무에 임할 수 있겠다.

이것이 개략적인 나의 타격계획이다. 이를 기초로 캠프에 복귀한 나는 중대장들을 모아놓고 방문 결과를 이야기해주고 타격작전에 대한 워게임(war game)과 전술토의를 실시하며 경험을 공유하고자 했다.

포로수용소장은 예비역 여군 중령으로서 자신의 임무에 대해 대단한 자긍심과 자신감을 갖고 있었다. 우리에게 제네바 협약을 이유로 포로 및 시설물에 대해 사진촬영을 금하면서도 각각의 구조물에 대한 촬영은 협조를 아끼지 않았다. 특히 동행한 공병대대장인 김중령이 우리도 전시작전계획에 포로수용소를 설치하는 임무를 부여받고 있다고 하고, 헌병대장인 정소령이 자신도 미군과 동일한 임무를 전시에 수행한다고 하니까 동료의식을 발휘하여 적극적으로 협조해 주었다. 계획되어 있지도 않았던 점심식사를 같이 하자고 하면서 식당으로 데리고 가서 식사를 하면서 많은 이야기를 나누었다.

전장터란 곳은 같은 편인 동맹군과의 관계에 있어서는 급속도로 친밀해질 수 있는 장점이 있는 곳이다. 평소에 국내에서 연합사라든가 미 2사단 등의 캠프에 임무수행차 방문해서도 느낄 수 없었던 친밀감을 이곳에서는 금새 느끼게 된다. 이렇게 해서 혈맹관계가 중요한 것인가 보다라는 생각이 들었다. 다소 소홀했던 한미관계가 우리의 이라크 파병을 통해서 얼마나 회복되었는지, 또한 이곳에서 만난 미군들과의 군사외교가 얼마나 성과가 있었는지는 말로 표현하기 어려우리라. 이러한 면에서 본다면, 미국과 영국은 그 역사를 많은 부분 공유하고 있다는 점에서 전통적인 유대관계가 공고하지만, 이번 이라크전쟁을 통해서 얼마나 더 긴밀해졌는지는 두 말할 필요조차 없다 하겠다. 차후에라도 전장터에서의 인간 심리에 대한 깊이 있는 연구결과를 군사외교에 활용하는 것도 유익할 것이다.

소장은 식사 후에도 자신의 사무실로 우리를 데려가서 참모들을 소개시켜 주고, 작전장교로 하여금 포로 운용에 관한 작전계획을 우리에게 설명해주도록 하는 배려를 해주었다. 특히 미군들의 텐트와 상황실 운용시설물을 보면서 참으로 전투 위주로 만들어졌구나 하는 느낌을 지울 수 없었다. 예를 들어 책상 하나만 보더라도, 서류함을 철재로 만들어 이를 쌓아서 서류함 및 야전 책상으로 활용함으로써 불필요한 전투물자를 경량화하고 최소화하고 있었는데, 이것 한 가지만 보더라도 그들이 얼마나 전투에 효율성을 기하고 있는지 충분히 짐작이 가고도 남았다. 불필요한 것이라곤 하나도 눈에 띄지 않는 것이 전투 위주적 사고와 행동으로 정착되어 있는 모습이 부러울 뿐이었다.

잠시 동안의 만남이었지만 오랜 친구를 만난 듯한 친밀감을 간직한 채 헤어졌다. 우리는 준비해간 하회탈과 부채를 기념품으로 주었고, 그들은 MP(Military Police)라고 씌어진 헌병 완장을 하나씩 선물했다. 식사 시간에 우리가 먼저 선물을 주자 아마도 대대장이 그 대가로서 브리핑을 실시하고 선물을 준비하라고 지시를 한 듯 싶었다. 이곳에서도 느꼈지만, 미군들은 결코 공짜로 무엇을 받기를 꺼린다는 것이다. 무엇이든지 주고받기(give and take)가 몸에 배인 듯했다. 아마 외교관계에서도 마찬가지일 것이라는 생각이 이때 얼핏 스쳐갔다. 이들의 문화를 잘 알고서 군사외교이건 아니면 민간외교이건 잘 대처했으면, 하는 바램이 저절로 들었다. 마지막에는 대대의 표식이 세워진 상징물 아래에서 기념촬영을 하고 헤어졌다. 단순한 포로수용소 견학을 넘어서 특수작전의 예행연습과 미군들의 상황실 운용 시의 전투적인 모습들, 그리고 그들의 심리까지 다소 엿볼 수 있는 대단히 유익한 시간이었다.

9. 바그다드를 다녀와서

바그다드를 다녀오라

이라크에 왔는데 우리들은 벌써 석달 째 안 나시리아를 벗어나지 못하고 있었다. 원래가 나시리아가 가장 안정된 지역이라 파병의 진통을 겪은 정부에서는 장병들의 안전이 국민의 여론에 지대한 영향을 미치기 때문에 이를 최우선적으로 고려하여 파병되는 지역을 가장 안전이 확보된 곳으로 선정하였다. 이러한 조건에서 결정된 지역이 안 나시리아였기 때문에, 다른 지역에 비해 동맹군에 대한 반대세력은 거의 찾아보기 힘들 정도로 안전한 곳으로 평가되었다. 이러한 지역이기 때문에 나시리아에서 기본적인 공사임무를 수행하거나 이를 지원하는 공병 및 일반 참모들 의 소원은, 그리고 경호 경비역할을 맡은 우리 경비대 요원들의 소원은, 아직까지 전투가 벌어지고 있다는 이라크의 수도 바그다드에 한번 가보는 것이었다. 파병 6개월의 기간 동안 바그다드에 한번도 가보지 못하고서 어떻게 이라크 파병을 다녀왔다고 이야기할 수 있을까 하는 일종의 부끄러운 생각마저 들 정도였다. 특히 전투경험을 희망했던 우리 경비대 요원들은 그 바램이 한층 더 컸음은 말할 필요조차 없다.

　이러한 소망은 어느 날 뜻하지 않게 다가왔다. 파병된 지 3개월을 마치고 4개월로 접어드는 시점의 어느 날 아침, 상황보고 시간에 단장께서는 나를 보고 바그다드에 한번 다녀오라는 명을 내리셨다. 이유인 즉슨, 쿠웨이트에 있던 한국군 협조단이 바그다드에 있는 CJTF-7 사령부로 이동하고, 또한 국내에서 이곳 사령부의 참모요원으로 선발된 7

명의 요원들이 새로이 파견되어 옴에 따라, 그들이 거주할 숙영지를 설치하는 임무를 수행할 지원단을 인솔하여 다녀오라는 것이었다. 원래 참모의 판단 과정에서 나에게 들어온 요청사항은 금번에 이동하는 동안은 미군의 캄보이가 지원되니 우리 경비대에서는 기본적인 경비임무를 수행할 최소한의 요원으로 편성해 달라는 것이어서, 나는 4명의 요원을 경비대 본부에서 선발하여 이를 지원토록 했다. 그런데 그 날 아침 단장께서 재검토하는 과정에서 바그다드의 정세가 위험하므로 미군들이 지원해주는 캄보이는 그대로 지원받되 우리의 경비병력을 보강하여 경험이 많은 경비대장이 직접 다녀오라고 명하신 것이었다. 이를 그대로 합참의 작전본부장님께 보고하셨고, 합참에서 경계를 철저히 하라는 지시를 내리자 단장께서는 기다리셨다는 듯이 경비대장 책임 하에 다녀오도록 했으니 염려 없다고 답변하셨다. 그리고는 내게 다시 하신 말씀이, "만약 상황이 발생하면 너는 죽어도 괜찮으나 다른 요원들은 털끝 하나 다쳐서는 안 된다" 라는 명이셨다. 물론 나에게 책임을 지고 안전하게 임무를 수행하라는 강조의 말씀이셨으나, 나는 내심으로 임무의 무거움을 생각하지 않을 수 없었다.

상황보고를 마치고 텐트로 복귀한 나는 곧바로 작전에 투입될 요원을 추가적으로 선발하여 본부의 선임담당관인 이규석 상사를 주축으로 7명을 최종 선발하였다. 그리고 이 상사에게 임무를 주어 차량 편성과 장비 및 물자를 준비토록 하고, 지원대 전원을 18:00에 군장검사를 위해 집결하도록 지시했다. 바그다드 지원대는 우리 경비대 7명을 포함 총 26명으로 구성되었는데, 공병대대에서는 지난 번 미군 텐트 설치를 지원하여 호평을 받은 바 있는 베테랑 박중위의 소대가 선정되어 임무를 수행하게 되었다.

군장검사를 할 때는 기본적인 장비와 물자를 확인하고 원활한 통신을 위하여 핸드토키 예비배터리와 충전기를 휴대토록 지시하였다. 특히 야간 임무수행을 고려하여 후레쉬는 지급된 군용 외에도 제대별로 대형 랜턴을 준비토록 하는 것을 잊지 않았다. 그러나 무엇보다도 이번 작전은 가장 위험도가 높은 작전이었기 때문에, 상황 발생시 조치요령에 대하여 설명하고 훈련하는 것을 가장 우선시하였다. 이동간에 적의 사격을 받았을 때나 부상자가 발생했을 경우 등을 상정하여 세부적인 사항을 교육하고 예행연습을 통해 이를 숙달하였다.

　그리고 점검사항을 단장께 보고하였더니, 단장은 지켜보고만 있을 테니 내일 아침도 경비대장인 네가 직접 주관하고 이상 없으면 출발하라는 것이었다. 부지런한 단장님은 장거리 이동 시에는 항상 직접 신고를 받고 군장검사를 실시하는 분이셨으나, 이번만은 경비대장이 직접 가니 너를 믿는다는 것이었다. 그리고 나 또한 단장님의 믿음을 저버리지 않고 세부적인 사항을 확인하고 꼼꼼히 챙겼다.

　이튿 날 4시에 조기 기상을 실시하여 4시 반에 집결, 군장검사를 다시 실시하고 정신교육을 한 후 단장께 출동신고를 대신한 인사를 드리고 우리 캠프 밖 20km 지점에 위치한 미군 지원캠프로 이동하였다. 그곳에 도착해서는 사전에 약속된 미군과 만나서 그들의 호송차량 행렬에 편성되어 이동하였다. 총 운행 차량이 30여 대나 되고, 미군의 주 보급로인 1번 고속도로가 일부 구간 아직 포장이 되지 않았기 때문에 먼지를 뒤집어 쓴 차량의 속도가 나지 않아 평소 같으면 5시간이면 족할 행군이 10시간도 넘게 계속되었다.

　나시리아 일대는 시내 일부를 제외하고는 숲이라곤 거의 없는 사막으로 이루어져 있는데 반해, 바그다드로 올라갈수록 점차 숲이 보이기 시작하면서, 바그다드에는 우리나라 어느 도시 못지 않게 숲이 잘 조성되어 있었다. 그리고 미군의 전차 및 장갑차 등 전투장비 운행이 빈번한 모습이 아직까지 전투지역임을 실감케 하였다.

우리의 목적지인 CJTF-7사령부는 바그다드 공항 내에 위치해 있었는데, 바그다드 공항은 도시 어귀에 자리잡고 있었으며, 그 입구에는 미군이 전차를 배치하고 삼엄하게 경비를 서고 있었다. 전차가 배치되어 있는 곳에서 우측 멀리로 미군 C-130 항공기가 선회하고 있는 모습과 인공적으로 쌓아올린 듯한 둔덕 같은 고지 위에 커다란 고급 건물이 자리잡고 있는 것으로 보아 저기가 바그다드 공항이고, 저 고지 위의 건물이 사담 후세인 궁전이라고 직감적으로 느껴졌다. 선두에서 인도하는 미군 캄보이는 우리의 직감을 외면하지 않고 방향을 우측으로 돌려 야자수 나무가 보기 좋게 심어진 2차선 도로를 따라 CJTF-7사령부로 향했다. 그런데 조금 전에 보았던 고지 위의 건물은 사담 후세인의 궁전이 맞기는 했으나 우리의 목적지는 그곳이 아니라 바로 옆에 있는 또 다른 후세인 궁전이었다.

후세인 궁전은 앞에서도 밝힌 바 있지만 전국에 걸쳐 72개나 되었으며, 각 궁전에서는 후세인이 머무르고 있다는 것처럼 보이기 위해 식사준비도 전부 똑같이 하는데, 정작 사담 자신은 어느 곳에 머물고 있는지 철저한 보안으로 가려져 있었다고 한다. CJTF-7 사령부가 위치한 궁전은 72개 궁전 중에서도 으뜸으로 칠 정도로 규모가 크고 전경도 뛰어나서 사담 후세인은 주로 이곳에서 동물들을 방목해 놓고 방문객들과 사냥을 즐기는 곳으로 사용하였다고 한다.

우리들은 18:00 어간에 도착하여 장시간의 차량 행군으로 피곤하였지만 잠시만의 휴식을 끝으로 곧바로 텐트 설치 작업에 들어갔다. 공병

소대장인 박중위는 작업에 이력이 나서 병력을 조별로 편성하여 신속하게 설치했는데, 옆에 주둔하고 있던 미군들이 신기한 눈으로 쳐다볼 정도로 작업은 조직적이고 체계적으로 진행되었다. 미군들은 카메라까지 가지고 와서 우리의 작업하는 모습을 담아가기도 했다. 그들이 놀란 것은, 우리가 텐트 바닥에 먼지가 나는 것을 방지하기 위해 합판을 까는 것을 보고서였는데, 자기들은 그런 것이 없다고 하면서 부러워하였다. 이를 보고 함께 동행했던 한국군 협조단의 박중령은, 우리나라도 국군이 외국으로 파병 나가 텐트에 합판을 깔 정도로 국력이 강해졌다는 사실을 피부로 느끼니, 비록 단순한 것이지만, 자랑스럽고 국가에 감사하기까지 하다고 말했다.

신속하게 텐트를 쳐놓고 교대로 식사를 하고 나니 22:00시가 넘어가고 있었다. 명일은 오전 일찌감치 작업을 완료해 놓고 사담 후세인의 궁전을 구경하고 미국과 협조하여 바그다드 시내를 정찰하자는 이야기를 끝으로 취침에 들어갔다. 간부들과 공병대 병사들은 텐트 내에 들어가 취침하라고 해 놓고, 우리 경비대는 타고 간 트럭 뒷자리에 자리를 깔고 하늘을 이불 삼고 별빛을 자장가 삼아 잠을 청했다. 텐트에 들어가서 자고 싶은 생각도 있었지만, 또 언제 다시 와볼지도 모르는 바그다드의 밤을 텐트 안에서만 보낼 수는 없는 노릇이었다. 바그다드의 별은 나시리아의 하늘보다 유난히 반짝였고, 구름 한 점 없는 하늘은 더욱 맑아 보였다. 별을 헤아리며 이국의 수도에서 밤하늘을 유심히 쳐다보고 있으라니 고향생각보다는 새삼 이라크 국민의 처지가 안스러워 가슴이 저며왔다. 잘못된 지도자를 둔 탓으로 외국의 군인들에 의해 수도가 짓밟히는 모습은 여러 차례 피침략의 역사를 가진 우리 한민족으로서는 그 처지의 불쌍함이 더욱 절실히 느껴졌는데, 동병상련(同病相憐)

이란 바로 이런 것이구나 하는 생각이 들기도 했다.

그러나 우리는 분명히 동맹군의 일원이었고, 미국도 이라크 국민이 전쟁의 대상이 아니라 다만 사담 후세인 정권이 적이라는 사실을 명확히 하였으므로, 우리의 기본 임무인 미군의 전쟁 지원과 전후 이라크 복구 지원이라는 두 가지 목표 수행을 게을리 한 적은 없었다.

임무수행과 사담 후세인 궁전 정찰

다음날 새벽 다섯 시에 기상하여 일찍 작업을 마무리 지으려 했으나, 나시리아 보다 북쪽에 있는 관계로 아직 밖이 너무 어두워 6시가 되어서야 기상을 실시했다. 나는 4시에 일어나 샤워를 하고 새벽기도를 하면서, 나를 나시리아에 보내주신 데 대하여 하나님께 감사드리고 오늘의 할 일을 구상하였다. 그러는데 일찍 일어났던 동료 중 한 명이 산책을 하자고 해서 우리는 아직 해가 뜨지 않아 어둠이 채 가시지 않은 이른 새벽의 사담 궁전을 조용히, 주변을 둘러보며 산책하였다.

궁전의 부속건물들은 미군과 동맹군인 폴랜드, 오스트레일리아 등

황금으로 만들어진 후세인 의자와 어린아이에게 짓밟히는 그의 초상화가 대조를 이룬다

의 군인들이 점령하여 사무실로 사용하고 있었는데, 그 건물들은 아랍의 건축양식을 따라 지은 것들이어서 매우 아름다웠고, 부조물이나 정원도 매우 고급스럽게 꾸며져 있었다.

궁전을 중심으로 인공호수를 조성하여 배까지 띄워 유람할 수 있는 시설을 만들어 놓았는데, 그 규모의 방대함에 저절로 입이 벌어졌다. 궁전은 3층으로 되어 있었는데, 가운데는 중앙홀로서, 여기에는 커다란 샹들리에가 한층 고급스러움을 더하고 있었으며, 기둥은 아름드리 대리석 기둥으로 되어 있었다. 나중에 들은 바로는, 그것은 이탈리아 등지에서 수입해온 비싼 대리석으로 만들어졌다고 한다.

궁전 출입구는 총 4곳이었는데, 중앙 출입구 벽면에는 금박으로 씌어진 아랍어 문양이 한층 귀티를 내고 있었고, 흔히 알려진 대로 화장실은 수도꼭지가 금으로 되어 있어 이미 누군가에 의해 잘려나간 상태였다. 옥상과 일부 방에는 미군 병사들이 야전 침상을 펼쳐놓고 잠을 자고 있는 모습이 보였는데, 이라크 대통령 궁전에서 잠을 자고 있는 미군 병사들을 보자 이라크가 미군에 의해 완전히 점령되었고, 이라크라는 나라의 실체는 완전히 사라져 버렸다는 느낌이 들었다.

미군은 친절하게도(?) 방문객들을 위하여 1층 홀에 사담 후세인이 앉아서 집무를 보았다는 황금의자를 꺼내 놓아 구경을 하게 하고 사진촬영을 도와주기도 했다. 우리도 거기에서 기념 삼아 사진을 한 컷 촬영했는데, 사담 후세인이 이 자리에 앉아 무슨 생각을 하였을까 하는 상념이 머리에 떠올랐다. 아마 이런 일이 있을 줄 알았다면 기절초풍하거나, 아니면 전혀 다른 방식의 정치를 하려고 했을 것이다.

궁전의 한 쪽은 폭격을 맞아 주저앉았는데, 파괴된 대리석 조각은 이라크 자유화 작전이라는 전쟁의 기념물로서 많은 군인들에 의해 뜯겨져 나가 있었고, 미군들은 우리를 보고 하나씩 기념으로 가져 가라고 친절히 말해 주기도 했다. 이렇게 방대한 규모의 궁전이 전국적으로 70여 개가 넘는다니, 과연 독재자가 아니고서는 상상조차 할 수 없는 일임을 다시 한 번 실감하였다. 나시리아에서 보았던 것처럼, 신발도 신지 못하고 제대로 옷도 입지 못한 피폐한 이라크 국민들의 처지를 생각할 때면 언제나 북한의 동포들이 생각나서 저절로 주먹이 움켜지어지곤 하였다.

텐트로 돌아와 오전에 작업 마무리를 하고 오후에는 병력들을 데리고 궁전 구경을 시켜 주었는데, 모두들 이구동성으로 탄성을 연발하면서 사담 후세인의 절대권력에 놀라는 한편, 이라크 국민들만 불쌍하다고 한 마디씩 하였다. 오후에는 미군의 안내를 받아 바그다드 시내에 있는 군정기구를 견학하기로 했다. 바로 그곳에서 미국이 군정사령관으로 임명한 브레머가 전후 이라크 재건 및 통치 임무를 수행 중에 있었는데, 사담 후세인의 궁전을 그대로 사용하고 있었다.

이곳은 우리나라로 치면 청와대와 정부종합청사가 하나로 결합되어 있는 것에 해당하는데, 후세인의 주(主)궁전이라고 한다. 캠프를 출발하여 차량으로 20여분 소요되었는데, 이동하는 도중에 도로에 수많은 미군 전차와 트럭, 험비 등의 행렬이 줄을 이었고, 중무장한 병력들을 실은 차량행렬이 줄을 지어 가는 것을 볼 수 있어서, 아직 이곳은 전쟁 중이라는 느낌을 강하게 받았다. 이러한 모습을 보고 느낀 긴장감은 전투지역에서만 경험할 수 있는 묘한 전율을 수반했는데, 지금까지 나시리아 지역에서는 물론이고 교육훈련을 통해서도 경험해보지 못한 새로운 경험이었다.

바그다드 시내에 위치한 사담 후세인의 주 궁전 앞뜰에서, 지붕에는 사진에서 보이는 사담의 흉상이 네 개나 있다

궁전으로 들어가는 입구에는 프랑스의 개선문을 본딴 형태의 건축물이 있었는데, 이곳을 통과하니 저 멀리 후세인의 동상이 하나 둘 보이기 시작했다. 동상은 궁전 건물의 꼭대기에 4개나 세워져 있었는데, 옛 이슬람 제국의 투구를 착용한 장군 차림의 흉상이었다. 동상의 무게는 하나당 40톤 이상이나 된다고 하며, 크기는 가로 세로가 약 5m 이상이나 되어 보였다. 마치 건물 전체가 사담의 머리가 넷 달린 거대한 괴물로 보였다. 사담 후세인은 독재자의 전형으로서 이라크인들에게 크나큰 고통을 주었던 원흉이라고 생각한다면, 그러한 상상도 이상하지 않은 것처럼 보였다.

우리는 건물 주변을 둘러보고 안으로 들어가서 엄청나게 호화롭게 장식된 내부 모습을 구경한 다음 식당으로 가서 식사를 했다. 그곳은 사담 후세인이 연회장으로 사용했던 곳으로 그 어느 건물보다도 화려하게 장식되어 있었는데, 메뉴로 나온 랍스터 요리는 오랜 기간의 피로에 지친 우리들의 수고를 위로해 주기 위해 마련된 것처럼 생각되었다.

연회장에는 마치 진짜 연회를 하는 것처럼 잔잔한 음악이 흐르고 있었고, 미국을 비롯한 각국에서 온 기자들과 군정 기구에서 근무하는 군인 및 민간인들이 자연스럽게 어울려 화기애애한 모습들이었다. 지금도 이라크를 생각하면 나시리아 지역에서 모래바람을 마시며 50도가 넘는 폭염 속에서 경계를 서던 모습과 사담 후세인의 궁전에서 음악을 들으며 맛있게 저녁식사를 하던 전혀 상반된 모습이 교차하여 떠오른다.

나시리아로의 복귀
다음날 아침 일찍 일어나 마지막으로 텐트 주변 배수로를 파는 마무리

작업을 하고 부대 복귀를 위해 짐을 꾸렸다. 협조단의 박중령은 몇 번이나 고맙다는 말을 하면서 우리에게 고마움을 표시했다. 나시리아에서 바그다드는 거의 서울서 부산까지의 거리인데, 이라크 무장 세력의 위협이 완전히 없어지지 않은 상황에서 위험을 무릅쓰고 12시간씩이나 이동해 와서 그 어느 동맹군보다 훌륭하게 숙영지 편성을 지원한 것에 대해 몹시 고마워하는 것이었다. 우리들은 공병지원단이나 협조단이나 할 것 없이 같은 한국군 파병 전우란 사실 하나만으로도 마음속 깊이 뜨거운 전우애가 솟아올랐으며, 마지막으로, 설치된 숙영시설 앞에서 기념촬영을 하고 서로 작별하였다.

이제 마지막 남은 것은 복귀 작전이었다. 이동해 올 때는 미군의 캄보이를 지원받아서 안전하게 올 수 있었지만, 복귀하는 길은 우리 자체 경계하에 돌아가야 했다. 그만큼 위험부담이 따르는 작전이었다. 그렇잖아도 며칠 전 미군이 후세인의 두 아들 우다이와 쿠사이를 죽여서 이라크 곳곳에서 미군에 대한 공격이 시작되어 위험하다고 판단되는 상황인지라, 내 책임 하에 복귀해야 하는 것이 심적 부담으로 다가왔다. 복귀하는 길은 올라올 때와는 달리 8번 국도를 이용하기로 했는데, 이 도로는 편도 1차선이기는 하지만 전부 포장되어 있어서 속도를 보장받을 수 있었다.

문제가 되는 것은 이동로 상에 시가지를 통과하는 지역이 많아서 혹시 이곳에서 적의 공격을 받게 되지 않을까 염려되기도 했지만, 주요 도시마다 동맹군이 시내의 치안을 맡고 있기 때문에 큰 걱정은 되지 않았다. 다만 혹시 이동로 상에서 적의 매복이 있을까봐 그 점이 우려되었다. 지금까지 사담 후세인의 잔당들이 동맹군을 공격하는 양상을 보면 주로 이동로 상에서 선두 또는 후미 차량에 대해 습격을 하고는 재빨리

도주하는 식이었다. 따라서 미군이나 기타 동맹군처럼 장갑으로 보호되는 차량이 없는 우리의 실정으로는 다소간 위험부담을 감수하는 수밖에 없었다. 왜 우리 한국군은 사전에 이러한 위험까지 고려하여 그에 맞는 장비를 지원해 주지 않았던 것일까 하는 원망도 저절로 들었다.

경계에 대한 모든 것은 미군으로부터 지원받을 수 있다는 안이한 생각, 그리고 전쟁이 종결되었기 때문에 안전할 것이란 착각이 우리로 하여금 위험을 몸으로 감수하게 하는 상황으로 내몬 것이다. 이 점에 있어서는 물론 나도 그 책임에서 자유로울 수는 없다. 파병 전 육군본부에서 정작참모부장 주관 하에 실시되었던 협조회의에서 좀 더 강력하게 무장차량의 지원을 요구하지 못했던 것이 바로 그것이다.

그러나 당시의 상황에서 장갑차량을 요구한다는 것은 상황을 지극히 오도하는 것처럼 느껴졌다. 우리 한국군의 임무 자체가 미군의 경계가 제공되는 후방지역에서 도로나 교량복구 또는 이라크 전후복구 등의 전투지원 임무였기 때문에, 그런 상황에서 적의 공격 가능성을 강력히 주장한다는 것은 당시의 분위기에서는 상식 밖의 일로 간주되었다. 결론적으로 말하면, 우리를 파병보냈던 사람들이나 또 직접 파병을 나와 임무를 수행해야 하는 우리들이나 똑같이 전장 상황에 대한 마인드가 부족했던 것이었다. 수많은 교육훈련과 전쟁연습도 이러한 전장의 마인드를 형성해 주지는 못하는 모양이었다. 어찌되었건, 그 모든 부족함의 부담은 결국 파병부대가 지지 않으면 안 되었다.

바그다드를 벗어나 알 힐라를 거쳐 디와니, 사마와를 지나 나시리아로 오는 길은 우리가 파병이 아닌 관광차 이라크를 방문한 것이었다면 괜찮은 관광코스였으리라. 우리가 복귀하는 길은 이라크를 남북으로 종단하는 가장 볼 거리가 많은 경로였다. 그 중에서 알 힐라라고 불리는 바빌로니아는 고대 바빌론 제국의 수도로서 구약성경에 나오는 다니엘이 이스라엘에서 이곳에 잡혀가 하나님께 드리는 예배를 끝까지 포기하지 않다가 급기야 사자 밥으로 던져져 사형에 처해졌던 곳이기도 하다. 그때 하나님께서 천사를 보내시어 사자의 입을 다물게 하는 기적을 일으키심으로써 오히려 다니엘을 죽이려고 했던 바빌론의 사제들을 대신 사자의 먹이가 되게 했던 유명한 성서상의 고장인 것이다. 여기서 느꼈던 감동에 대해서는 다음 장에서 이야기하기로 한다.

나는 우선 지프의 카바를 벗겨 대원들로 하여금 즉각적인 사격이 가능하도록 준비하고, 감시구역을 나누어 항시 사주(四周) 경계를 하도록 했다. 50여도를 넘는 뜨거운 바람과 내리쬐는 태양볕을 그대로 몸으로 맞아야 하는 것은 전혀 고려 요소가 되지 않았다. 다만 시내를 통과할 때, 특히 차량이 정체되어서 속도가 나지 않고 정지하는 경우가 많은 상황에서, 이라크인들이 주변까지 몰려들고 또 나시리아처럼 과히 우호적이지 않은 분위기 속에서 계속해서 이동한다는 것은 큰 심적 부담이 되었다. 상당수의 젊은이들이 엄지손가락을 위로 치켜세웠다가 다시 아래로 향하게 하는 일종의 불만을 나타내는 제스처를 했고, 또 일부는 맨손으로 마치 사격을 하는 것처럼 우리들을 향해 방아쇠를 당기는 자세를 취하기도 했다. 그럴 경우 내려서 그들을 쫓아갈 수도 없는 처지여서 매우 곤혹스러웠고 불안하기도 했다.

특히 바빌론 시내로 들어가는 입구에서는 멀리서 젊은이 한 명이 우리를 향해 사격자세를 취했는데, 혹시 진짜 저격을 하는 것은 아닐까 해서 긴장한 마음으로 권총을 뽑아들고 전방을 유심히 지켜보았던 일도 있었는데, 다행히 그는 총을 들고 있었던 것이 아니라 빈손으로 자세만 취했던 것이다. 그러나 달리는 차 안에서, 그것도 제일 선두 차량의 선임탑승자 자리에 앉아서 그것을 지켜보는 나로서는 정말로 피가 마를 정도로 애가 타는 심정이었다. 역사적인 바빌론의 고대 풍경이 남아 있는 모습이나 주변의 수려한 야자나무 숲은 눈에 들어오지도 않았고 오로지 누가 우리를 공격하지는 않을까 하는 생각에 잔뜩 긴장해야만 했다. 이럴 때 장갑차량 한 대만 있었어도 이런 고생은 하지 않아도 될 텐데, 하는 푸념만 잔뜩 하게 되었다. 이렇게 우리를 향해서 빈총을 쏘는 경우가 4~5건 있었다.

손자 병법에 "적이 공격해 오지 않을 것을 믿지 말고 나의 준비가 완벽한 것을 믿으라(無恃其不攻 恃吾有所不可攻也)"는 구절이 있다. 그 뜻인즉, 적이 공격하지 않기를 바라지 말고 적이 공격해 오더라도 나의 준비가 완벽하면 하등 문제가 없으니 그 대비를 철저히 하라는 것이다. 그런데 우리는 단지 적이 공격해 오지 않기를 바라는 마음뿐이었지 우리의 대비태세가 완벽한 것이 아니었다. 마음이야 물론 준비가 되어 있었지만 장비면에서 부족한 점이 많아, 여기에서처럼 먼 곳에서 소총이나 RPG-7(이라크의 대전차 로켓포)을 이용해서 우리를 저격한다면 속수무책으로 당할 수밖에 없었던 것이다. 물론 미군이나 이탈리아군 등의 동맹군들도 이러한 도로 이동시에 로켓포를 방호할 만한 장갑차는 가지고 다니지 않는다. 그러나 그들의 반(半) 장갑차량에 무장한 모습을 보면, 웬만큼 준비해 갖고는 공격할 엄두가 나지 않을 것이다.

무릇 적을 공격하려면 아군의 생존을 보장받을 수 있는 최소한의 대책이 있은 연후에 공격해야 무리가 없는 법인데, 동맹군의 무장 정도를 보면, 이들을 공격한다는 것은 거의 살기를 포기하고, 죽기를 각오하지 않으면 안 될 정도였던 것이다. 이러한 측면에서 본다면, 우리 한국군은 손자병법의 교훈을 어긴 셈이었다.

이러한 위험을 제외한다면, 이번 복귀로는 대단히 의미 있는 코스였다. 이라크 전국의 도시를 경유하면서 남북으로 횡단하며 각 도시의 건축물과 시내풍경, 자연, 그리고 지나치는 사람들의 살아가는 모습을 보는 것은 대단히 흥미로왔다. 바그다드에서는 도시 정경이 대단히 아름다웠으나 사람들의 옷차림이나 차량 등에서 빈부의 격차가 크게 드러나 보였다. 부자로 보이는 사람들은 고급 외제차에, 흔히 TV에서 보던 중동의 대단한 부호처럼 커다란 덩치에 흰 전통의상을 입고 부티가 철철 넘쳐 보였지만, 그렇지 못한 사람들은 여기 나시리아처럼 20년도 더 되어 보이는, 굴러다니는 것 자체가 신기해 보일 정도인 고물차를 타고 다니는 사람들도 꽤 있었다. 그러나 남쪽으로 내려오면서 고급차는 거의 눈에 띄지 않고 점점 고물차량만 많아져서, 모든 부(富)가 바그다드에 집중되어 있다는 느낌을 받았다.

유프라테스강은 이러한 도시를 둘러싸고 흐르면서 사람들의 모든 정기를 흡수하고, 거기다가 태양의 뜨거운 열기를 품고 사막의 모래바람에 씻기어 가면서 남으로 흐르는데, 그 모습은 가히 장관이었다. 세계 역사상에서 유프라테스강과 티그리스강만큼 자주 등장하는 강도 없을 정도로, 이 강은 이 땅을 거쳐간 모든 나라, 모든 민족의 애환이 서려 있는 강이었다.

사막을 따라 강을 건너 도로를 타고 내려와서 드디어 나시리아에 접어들기 시작했다. 지도상에서 나시리아가 약 10여km 남짓 남은 것을 보고난 다음부터 모래바람이 일기 시작하더니, 나시리아 근처에 도착하고부터는 아예 앞이 보이지 않을 정도로 자욱한 먼지가 온 천지를 뒤덮었다. 나시리아 사람들이, 바그다드 쪽은 바람이 많지 않고 아주 아름답다더니, 꼭 맞는 말이었다. 유독 나시리아에만 이렇게 먼지 바람이 많이 불어댔다. 후세인이 자기 맘에 들지 않는 사람들에게, "야! 저놈 나시리아로 보내!" 하고 유배지로 생각했다는 풍설처럼, 나시리아는 사담 후세인에게 천대받고 또 기후로도 차별받는 곳이었다. 마치 북한의 김일성이 자신의 마음에 들지 않는 자들을 아오지 탄광으로 보낸 것처럼 이용했다는 것이다. 그리고 우리 한국군 파병단은 이곳에서 6개월을 태양과 먼지와 그리고 언제일지 모르는 적의 공격과 싸워야 했다.

10. 바빌론 방문과 이스라엘의 슬픔 1

군종감(軍宗監) 일행이 부대를 방문한다는 소식이 몇 개월 전부터 부대에 알려졌다. 그분은 예정대로 국내의 여러 기독교 지도자들을 대동하고 방문했는데, 방문의 목적이 파병온 서희와 제마부대 장병들을 격려하는 것이었으므로, 우리 부대원들로부터 많은 환영을 받았다. 그 전까지 부대를 찾아온 방문단들은 많았지만, 그들은 대부분 취재 목적이거나 아니면 이라크인 구호를 위한 NGO 계통의 사람들이었다.

부대원의 환영 속에 시내에서 공사 활동을 하는 병사들과 제마병원에서 이라크인을 치료해주는 의료 요원들을 위문한 군종감 일행은 힐라시에 있는 바빌론 신전을 방문하기로 계획되어 있었고, 나는 그 경호 책임을 맡았다.

힐라시는 나시리아에서 북쪽으로 약 320km 지점에 위치한 도시로서 고대 중동지역의 패권(覇權) 국가였던 바빌론 제국의 수도가 있는 곳으로 유명하다. 그래서 많은 관광객들이 이곳을 방문하여 바빌론 제국의 옛 유적을 살펴보고, 기독교인들은 이곳에 포로로 끌려와 하나님에 대한 절대적인 신앙으로 성경의 한 페이지를 장식한 이스라엘의 선지자 다니엘을 그리기 위해 찾아온다.

알 힐라는 고대 바빌론의 현대식 도시명이다. 시내에 들어가면 이정표에 영어로 '바빌로니아'라고 표기한 글씨가 바빌론 왕궁터를 가르킨다. 그러나 초행길의 여행자에겐 이정표만을 보고 찾아가는 것은 크게 무리인 듯싶다. 바빌론 왕궁터를 찾기 위해서는 차라리 시내 주변에서 가장 높은 지형을 찾는 것이 현명할 것이다. 왜냐하면, 왕궁터는 바로 힐라시에서 가장 높은 지형의 바로 남쪽 아래 지점에 위치하고 있기 때문이다. 이라크에서 바그다드 이남 지역은 산을 거의 찾아볼 수가 없다. 설령 있다고 하더라도 우리나라로 치면 언덕배기 정도의 밋밋한 동산 정도밖에 되지 않으니 굳이 산이라고 할 수도 없다.

알 힐라에서 가장 높은 지형을 찾기 위해서는 바그다드에서 알 힐라 시내로 들어가기 전 두 갈래 길이 나오는데, 좌회전을 하지 말고 곧바로 직진하여 1분여 정도만 차로 달리면 바로 우측으로 1km 남짓한 거리에 인공으로 산을 만들어 그 위에 커다란 건물을 하나 지어놓은 것이 눈에 띈다. 그렇다고 이 건물이 바빌론 왕궁이라고 생각하면 안 된다. 그것은 바로 사담 후세인의 또 하나의 궁전으로서, 후세인이 자신의 권위가 고대 바빌론 제국의 왕들보다 우월함을 보여주기 위해 왕궁이 내려다보일 수 있도록 흙을 높이 쌓아 산처럼 만들고 그 위에 자신의 궁전을 지은 것이다. 얼마나 유치하면서도 재미있는 발상인가? 사담 후세인의 어린아이 같은 정신세계를 보는 것 같아 웃음이 저절로 배어 나왔다.

바빌론 왕궁은 원래 수천 년의 역사가 흐르는 동안 폐허가 되어 사라졌었는데, 19세기 무렵에 독일의 한 역사학자가 이곳을 고증하여 발굴하고 다시 무너진 성을 복원, 오늘에 이르렀다고 한다.

 힐라로 올라가는 길은 지난 번 바그다드에 다녀올 때 이용했던 8번 국도를 택했는데, 예정시간보다 1시간 더 소요된 5시간 만에 도착했다. 힐라시는 나시리아보다 두 배쯤 더 커 보이고 건물도 빌딩들이 몇 개 보이기는 했으나 기본적으로 도시 구조는 비슷했다. 다만 도시 외곽으로 울창한 야자수가 보기 좋게 늘어서 있는 것이 차이라면 차이였다.

바빌론 왕궁의 무너진 성벽 사이로 사담 후세인의 궁전이 보인다. 후세인은 저 궁전에서 바빌론 왕궁을 바라보며 무슨 생각을 했을까?

시내를 우회하여 바빌론 왕궁 쪽으로 향하니 그 입구에 함무라비 대제의 동상이 우뚝 서 있었다. 마치 지나가는 사람들에게 '이라크에는 이미 오래 전에 고도의 문명과 세계적 법체계를 건설했던 위대한 민족이 살고 있었음을 알아야 할 것이다' 라고 강변하는 듯한 모습이었다.

동상부터 왕궁까지는 사담 후세인이 만든 수로가 길게 뻗어 있었고, 그 옆 도로를 따라 1~2km쯤 달리니까 한 무리의 군인들이 보였는데, 그들은 바로 힐라시를 군정통치하는 폴란드 군이었다. 그들과 반갑게 인사를 나누고 위병소를 따라 400m 정도 올라가니 파란색의 커다란 문이 보였는데, 이 문이 바로 바빌론 왕궁으로 통하는 성벽의 정문이었다.

그곳에서 현지 가이드의 안내를 받아 왕궁을 돌아봤는데, 왕궁은 사방을 모래색의 성벽으로 쌓아 구간 구간마다 일정 공간의 광장을 서너 개 만들어 놓았고, 성벽 왼쪽 아래쪽으로는 작은 방들이 있어서 이 중 일부가 다니엘이 갇혀 있었다던 사자굴이라고 했다. 그러나 방이 너무 작아서 실제로 그렇게 보이지는 않았다.

왕궁 후문으로 나와 보니 오른쪽에 오래된 흙벽돌의 무너진 성곽이 보였는데, 이곳이 바로 원래의 왕궁터로서 그 흔적을 보건대 현재 복원된 성곽보다 훨씬 컸을 것이라는 생각이 들었다. 한 쪽에는 사자가 여자를 덮치는 형상의 석상이 있길래 그 옆에서 기념촬영을 했는데, 사자는 용맹한 바빌론의 왕을, 여자는 사악한 적군을 나타낸다고 한다.

무너진 왕궁터를 걷고 있노라니 그 옛날 이곳에 포로로 끌려온 이스라엘 사람들의 애달픈 목소리가 바람결에 들려오는 듯했다.

바빌론 강변에서 (시편 137 : 1-6)

"우리가
바빌론의 강변에 앉아서
시온을 기억하며 울었도다
그 중의 버드나무에
우리가 수금(竪琴)을 걸었더니
이는 우리를 사로잡은 자가
거기에서 우리에게
노래를 청하여
우리를 황폐케 한 자가 기쁨을 청하고
자기들을 위하여 시온 노래 중 하나를 노래하라 함이로다
우리가 이방에 있어서 어찌 여호와의 노래를 부를까
예루살렘이여 만일 내가 그대를 잊을진대
내 오른쪽 손이 쇠잔하리라

필자가 그 뜻을 쉽게 풀어 설명해 보면 이렇다.
"고된 노역에서 잠시 짬을 내어, 바빌론 강가에 앉아 시름을 달래고 있으니, 나라를 빼앗기고 포로가 된 나의 처지가 너무나 한스러워 눈물이 흐른다.
슬픔을 달래기 위해 가지고 다니던 수금(竪琴: 하프)을, 슬픔이 극에 달하여 노래할 마음이 나지 않아, 나뭇가지에 걸어 놓았더니, 그것을 보고 나라를 빼앗은 자들이 우리를 조롱하면서, 너희의 신 여호와를 찬양하는 노래를 부르라고 한다.

후세인 궁전에서 내려다본 바빌론 왕궁터, 저 멀리 유프라테스 강이 보인다. 저 강가에서 고대 이스라엘인들은 나라 잃은 설움을 시온의 노래에 담아 불렀으리라

노래를 부르자니 하나님을 욕되게 하는 일이고, 그렇다고 저들의 지시를 거부하자니 목숨이 위험한지라, 결국 눈물을 흘리며 노래를 불렀지만, 마음속으로는 하나님께 사죄하고 회개하면서, 이 원한을 갚아달라고 기도한다. 만약 지금 겪고 있는 이 치욕을 우리가 잊어버린다면, 우리의 손이 말라 비틀어져버리게 해달라고 하면서, 여호와를 욕되게 하는 저들에게 복수를 다짐한다."

노예로 전락하여 강제노역에 동원된 이스라엘인들의 비참한 처지와 처절한 심정이 노래에 실려 귓가에 울리는 듯하다.

바빌론 왕궁터를 둘러보며 이 땅에 서려있는 바빌론인의 대제국 건설의 야망과 이스라엘인들의 나라 잃은 슬픔, 그리고 저 멀리 고지 위에서 이를 바라보고 있는 사담 후세인, 사담 후세인을 쫓아내 버리고 그 궁전을 빼앗아 차지한 미군들, 미군을 지원하는 폴란드군. 그리고 한국군…

 이 모든 것이 하나의 파노라마처럼 머리 속을 스쳐 지나가면서, 그렇게 바빌론의 왕궁 견학을 마치고 부대로 복귀하였다. 돌아오는 길에도 계속 그 생각이 머리를 떠나지 않고 빙빙 맴돌았다.

 '도대체 나는 무엇을 보러 여기에 왔으며, 여기서 어떤 교훈을 얻어낼 수 있는가?'

11. 바빌론 방문과 이스라엘의 슬픔 2

 우리는 전쟁의 와중에 파병되어 이라크라는 한 국가가 미국이라는 강대국에 의하여 무력으로 점령당하는 비참한 모습을 직접 눈으로 목격하였다. 전쟁은 냉엄한 국제정치의 속성을 가장 극명하게 드러낸다. 경제전쟁이 살벌하다고 하지만 그것은 피를 흘리지 않는 평시의 국가간 경쟁에 불과한 것이고, 다만 그 속성이 전쟁과 유사한 점이 있기 때문에 전쟁이라는 용어를 사용하고 있는 것뿐이다. 이에 반해 무력의 사용을 동반한 진짜 전쟁은 상대방으로 하여금 피를 흘리게 함으로써 힘으로 국토와 주권을 빼앗는 것이기 때문에 경제 전쟁과는 아예 비교조차 되지 않는다.

 알 힐라는 나에게 많은 교훈을 준 도시다. 나는 한 명의 군인이자 기독교인으로서 이 도시를 밟았다. 과거 이스라엘이 바빌론 제국에 의해 침략을 당한 후 많은 사람들이 포로가 되어 이곳으로 끌려와서 그 얼마나 치욕의 삶을 살았을까, 하고 그들의 입장이 되어 생각해 보기도 하고, 우리나라가 일제에게 나라를 강탈당했던 일제 치하 36년의 역사와 또한 작금의 이라크의 현실을 비교해보고 생각해 보는 귀한 시간을 가질 수 있었다.

이것은 성서와 매우 밀접한 관계에 있기 때문에 여기서 간단히 그 내용을 소개하기로 하겠다. 옛날 이스라엘의 왕들이 유일신(唯一神)인 하나님을 섬기지 않고 이방 족속의 바알이나 아세라 목상신(木像神) 등을 숭배하고, 또한 하나님을 믿지 않는 이방의 처녀들과 결혼하여 혼인과 풍습이 문란해지자 하나님께서는 여러 선지자들을 보내어 이를 경고하신다. 그러나 결국 이스라엘을 수없이 용서해주고 회개의 기회를 주었음에도 불구하고 그들이 계속해서 죄악을 범하자 마침내 B.C.600년경 강대국인 바빌론 제국을 이용하여 이스라엘을 전쟁으로 심판하시고야 만다. 그 과정에서 이스라엘은 수많은 인명이 유린당하고, 재물을 약탈당하고, 수많은 사람들이 포로가 되어 바빌론으로 끌려간다. 이것을 역사책에서는 바빌론 유수(Babylonian Captivity)라고 표현하고 있다.

포로로 끌려간 이스라엘 사람들 중 다니엘이라는 사람과 그의 세 친구가 용모가 수려하고 지혜가 출중하자, 바빌론왕은 그들에게 주요 직책을 주어 임무를 수행하게 했다. 나중에는 다니엘이 왕의 꿈풀이를 잘 해 주자 그 지혜로움을 인정하여 국가를 다스리는 총리에 임명하기도 한다. 그런데 이를 시기한 바빌론의 무리들이 다니엘과 세 친구를 모함하여 불에 태워 죽이려 하고, 그것이 실패하자 이번에는 굶주린 사자의 밥으로 주어 물려 죽게 하려 했으나, 그때마다 천사의 도움으로 기적적으로 살아났고, 그 대신 이들을 모함한 자들이 왕에 의해 죽임을 당하였다. 이러한 과정에서 다니엘은 하나님으로부터 이스라엘을 회복시켜 주겠다는 계시를 받아 그것을 성서에 기록해 놓기도 하는데, 이러한 그의 뛰어난 영적 능력으로 인해 그는 기도의 사람으로서 기독교의 역사에 기록되어 있다.

이러한 성서의 기록을 훑어 보다가 과거의 이스라엘과 오늘날의 이라크 사이에서 하나의 공통점을 발견하게 되었는데, 그것은 바로 양국 모두 잘못된 지도자를 만나서 그렇게 국민 전체가 값비싼 대가를 치르게 되었다는 사실이다. 이스라엘은 왕이 하나님을 잘 믿지 않고 그 율법과 규례를 지키지 않음으로써 국민 전체가 이러한 풍습에 물들게 되었고, 죄악이 만연되어 심판을 받게 되었다는 것이다. 한편, 이라크는 사담 후세인이라는 폭력을 애호하는 지도자가 권좌에 올라서 많은 피를 흘리고 전쟁을 일삼음으로써 테러 지원국가로 국제사회에 위협이 되자 미국에 의하여 침공을 당하게 되었다는 것이다. 결국, 지도자가 올바르게 서 있었다면 하나님의 심판을 받거나 미국의 침공을 받는 일은 없었을 것이다. 따라서 공통적인 교훈은, 지도자의 역할이 지대하므로 올바른 지도자를 세워야 한다는 것이다.

재미있는 사실은, 성서는 역대 이스라엘의 왕들의 기록인 「열왕기(列王記)」편에서 일반 백성들의 믿음의 배신에 대해서는 거의 기록하지 않고 나라의 주권자인 왕들의 배반에 대해서는 특히 집요하게 기술하고 있는데, 하나님을 잘 믿는 왕이 치세를 하면 나라는 태평성대를 이루고 백성들은 편안했으나, 이방신을 섬기는 왕이 집권하면 전쟁이 나고 또 대부분 전쟁에서 패배하여 나라를 빼앗기거나 포로로 잡혀가는 등 온갖 시련을 겪게 되는 사건들이 즐비했다는 것이다. 따라서 그만큼 지도자가 중요하다는 것을 역설적으로 강조하고 있는 것이다.

이상으로 과거 이스라엘 전쟁과 현재의 이라크 전쟁에 대하여 종교적인 측면과 정치 군사적인 관점에서 나름의 생각과 주장을 정리해 보았다. 바빌론에 의한 이스라엘의 패망은 이스라엘 왕이 하나님의 법을 제대로 지키지 않는 것에 대한 신의 심판이고, 사담 후세인의 몰락은 그가 인명을 경시하여 많은 사람을 살상하고 또 세계의 평화를 위협하였기 때문에 미국이라는 하나의 수단을 들어 심판한 것이라 하겠다(이것은 실제로 미군 교회에서 설교되고 있는 내용이기도 하다). 국민들의 행위에 대한 심판보다는 지도자의 죄악에 대한 심판의 성격이 대단히 강하다.

그러나 이를 정치·군사적인 측면에서 보면 문제는 오히려 간단하다. 이스라엘이 왕을 중심으로 국론을 모으지 못하고(종교를 중시하는 이스라엘에서 유대교를 믿는 세력과 이방신을 섬기는 세력이 자주 충돌했다는 사실은 국론이 분열되었던 것으로 해석할 수 있다), 신흥제국으로 부상했던 바빌론과 외교적인 관계를 소홀히 했을 뿐 아니라 궁극적으로 국가를 방위할 수 있는 군사력을 보유하지 못했기 때문에 빚어진 결과라고 볼 수 있다.

지금처럼 이라크가 미국의 군사 공격에 속수무책으로 패배한 것도 사담 후세인을 포함한 이라크 위정자들이 급변하는 국제사회의 정세를 바로 알지 못하고, 또한 사담 후세인이 반 서방주의를 표방하면서 중동 이슬람 세력의 지도자를 꿈꾸는, 세계사의 흐름에 역행하는 잘못된 이상과 정책의 실패 때문이라고 할 수 있을 것이다. 무릇 국가의 지도자는 국민들의 동의와 지지 하에 자신의 이상과 꿈을 실현하기 위해 지속적인 노력을 해야 하겠지만, 그것을 국가와 국민의 안전을 담보로 잡고 위험을 무릅쓰고 도박하듯이 추구해서는 안 될 것이다.
결국 이스라엘은 종교 및 군사적으로 패배한 결과 그 대가로 국가는 망하고 국민은 바빌론에 포로로 끌려가는 신세를 면치 못했던 것이다.

전쟁은 여호와께 속해 있다는 성서상의 말에 굳이 과학적 의문을 던지고 싶지는 않다. 다만 나는 한 명의 기독교인으로서 이 말씀을 받아들여 이번 전쟁을 영적으로 살펴보고, 그리고 또 한 명의 군인으로서 군사적으로 느껴보고 싶었다. 또한 이스라엘과 비슷했던 아픈 과거를 가진 한(韓)민족의 일원으로서 이스라엘의 슬픈 역사가 배어 있는 이곳 바빌론에서 그 역사의 유적들을 바라보며 무언가 교훈을 도출해내지 않으면 안 된다는 생각이 나를 긴장하게 했다. 단지 하나의 임무로서만 이번 여행을 경험하고 싶지는 않았던 것이다. 우리는 과거를 통해서, 그리고 현재의 이라크 전쟁을 통해서, 우리와 우리의 후손을 가르칠만한 교훈을 찾아내야만 한다. 그것은 국가가 우리에게 부여한 또 하나의 보이지 않는 숭고한 임무이기 때문이다.

12. 일본군을 해외에서 만나보고

9월 말에 일본의 이라크 현지 방문단이 우리 부대를 방문했다. 그들은 이탈리아군 캠프를 방문한 후 우리 부대를 방문했는데, 방문 이유는 올해 말에 이라크에 파병할 자위대의 편성과 규모 등을 결정하기 위해 현지에서의 참고자료 획득차 방문한 것이었다. 일본은 지난 동티모르에서의 PKF(평화유지군) 활동을 위해 자위대를 파병한 이래 두 번째로 파병을 결정했는데, 올 해 말에 이라크 남부지역에 우리와 같이 공병 및 의료지원 부대를 파견할 예정이었다. 이라크에서 6개월 근무하는 동안 많은 군인 및 민간인들이 부대를 방문했는데, 이때만큼 기분이 묘한 적은 없었다. 일본과의 은원(恩怨)의 역사도 이제는 세월이 많이 흘러 잊혀질 때도 되었건만, 아니 다른 사람들은 모두 잊었는지도 모르지만, 나는 잊을 수도 없고 잊고 싶지도 않아서였는지 모른다. 그것은 바로 내가 육사 생도 시절에 일본어를 전공하면서 우리 과(科) 동기들과 "우리가 일본어를 배우는 목적은 일본을 이기기 위해서다" 라는 결의 하에 과(科) 티 셔츠에 '극일(克日)' 이라고 가슴팍에 새기고 그 옷을 즐겨 입던 시절부터 나의 마음에 자리 잡았던 생각이기 때문이다. 그리고 대학원을 다니면서 졸업논문으로 「일본군의 해외 전투력 투사 가능성에 관한 연구」란 제목으로 글을 쓰면서 일본의 침략전쟁의 원인과 앞으로의 전쟁 가능성을 연구했던 기억이 얼마 지나지 않아서였기 때문이다.

외국군의 주요 인사가 부대를 방문하면 주요 간부들이 연병장에 나가 도열하여 그들을 맞이하는 것이 군대의 예절인데, 그런데 상대가 일본군인 것이 나의 마음을 갈등하게 만들었다. 단에서는 여느 때와 같이 단장 이하 대대장, 일반 및 특별참모 그리고 경비대장인 내가 도열하도록 예정되어 있었고, 시간이 되면 모두가 나가서 도열하여 경례를 하고 맞아야 했다. 나는 이번이 해외에서 일본군과의 첫 대면이므로 다른 사람들이 모두 나가도 나만큼은 나가지 않기로 하고, 다음에 기회가 있으면 그때는 자연스럽게 군대 예절에 따라 행동하겠다고 생각했다. 나의 작은 자존심인지는 모르나 그렇게라도 하지 않으면 안 될 것 같은 마음이었다.

 그러나 모든 것은 일본군이 예정 시간보다 먼저 도착하는 바람에 미처 도열할 여유가 없어 그냥 그들을 맞아 단장실에서 부대 소개를 하는 순서로 진행되었다. 그들은 육군 준장을 단장으로 현역 3명을 포함하여 민간 전문가 3명 등 총 7명으로 구성되었다. 한 가지 의외였던 것은, 이들을 인솔하는 미군이 미 국방성 펜타곤에서 파견된 소령이었다는 것이다. 다른 나라에서 온 방문단이라면 과연 미국이 본토에서 소령급 장교를 파견하여 그들의 현지 정찰을 도왔을 것인가? 하는 자문에, 일본의 위상이 느껴지는 순간이었다.

 일본인들은 시종 여유가 있었고, 행동이나 말하는 것에서 대국과 부국의 자신감이 묻어 나왔다. 한국군의 이라크인과의 관계 및 전투근무지원 등 상세한 부분들까지 질문하였고, 또 이를 열심히 메모하였다. 그 중에 특히 우리의 자체 방호능력에 대하여 많은 질문을 하였는데, 한국군의 무장이 너무 빈약하지 않느냐, 하는 뜻을 내포하고 있는 질문 같았다.

 한 시간 가량의 토의를 마치고 단장실을 나와 도보로 제마병원으로 이동했는데, 필자는 도중에 한 일본군 대령과 동행하며 생도시절에 배운 일본어를 동원하여 친근감을 보이면서 이야기를 나누었는데, 그의 말이 재미가 있었다. 내가 공병과 의무요원들을 경계하기 위해 한국 특수부대 100여 명이 그 임무를 담당하고 있다고 설명해주고, 마침 체력단련을 하고 있던 경비대 옆을 지나가면서 그들을 소개하자, 한국군은 저렇게 믿음직한 특전사를 데리고 왔으니 경계상 문제가 없을 것이라며 부러움을 표시했다. 또 보초 근무를 서는 병사들이 우렁찬 경례구호를 부치자, "한국군은 도대체 어떻게 저렇게 높은 수준의 군기(軍紀)를 유지할 수 있습니까?" 하면서 특별히 이곳에서 훈련하는 방법이 있으면 이야기해달라고 요청했다.

"이라크에서의 임무 수행을 위해서는, 더운 날씨 때문에 체력소모가 많으므로, 체력단련을 우선시하고, 만일을 위한 상황조치 훈련을 하고 있다"고 대답해 주었다. 그는 연신 한국군의 사기 충만한 모습이 부럽다며 다소 소란스럽게 이야기를 했다.

그와는 오랜 시간을 이야기하지 않았지만 금새 친해졌는데, 자기들도 한국의 임무수행 모습을 통해서 많이 배울 수 있었으며, 이를 참고로 하여 공병과 의무부대를 데리고 올 것이라고 했다. 또 마지막으로 헤어지는 인사말과 함께, "우리와 한국군은 서로 적이 아니라 친구입니다. 서로 도와서 임무를 수행했으면 좋겠습니다"라는 의미심장한 말 한마디를 던졌다. 나도 기꺼이, "예, 당연히 한국군과 일본군은 친구이죠"라고 대답하고 헤어졌다.

일본은 이번 이라크 파병을 계기로 그동안 자신들을 짓눌러 왔던 전후 헌법(그들은 '패전헌법'이라 부른다)의 굴레를 상당부분 걷어냈다. 그들은 이라크전쟁과 같은 호기를 놓치지 않고 자신들의 미래를 위한 하나의 발판으로 삼았다. 아마도 언젠가는 이 모든 것을 벗어나 보통 국가로서 자신들의 경제력에 걸맞는 군사력을 보유하게 될 것이다. 이 점은 우리나라의 안보 환경에 지대한 영향을 미치게 될 것이다. 따라서 우리도 그에 대비한 정치·군사적 대응책을 마련해 두어야 한다는 강한 책임감과 의무감을 이라크에서 일본군을 보고서 다시 한번 강하게 느끼게 되었다.

13. 태권도 교육

우리 한국인이 세계에 내놓을 수 있는 보물이 여러 가지 있겠지만, 그 중의 하나가 바로 태권도라고 생각한다. 외국인이 우리를 보고 가장 매력을 느끼는 것 중의 하나가 바로 태권도를 할 줄 안다는 것이다. 태권도 교육을 실시하거나 시범을 보이면 그 관심과 열광이 정말 대단하다는 것은 앞 장에서 소개한 바 있다.

7월 들어 주둔지가 완전히 정리되고 공사 체제나 이에 따른 경호경비 문제도 자리를 잡게 되자 나는 본격적으로 태권도 교육을 실시하려고 단장께 보고하여 허락을 받았다. 과거 월남 파병시에도 최초에 공병

유프라테스강가의 한 공원에서 태권도 교육을 하고 있다. 처음에는 모두가 맨발이었는데 서희부대 목사님이 운동화를 사 주어 이 신발을 신고서 힘차게 운동을 하고 있다

부대와 태권도 교관단을 파견하여 국위를 선양하고 월남군에게도 큰 도움을 주었던 경험을 살려서 이라크에서도 이를 실천하고자 했던 것이다.

경비대 요원은 전원 유단자이고 교관 능력을 갖춘 고단자도 충분히 있었기 때문에, 교육을 할 수 있는 여건은 항시 구비되어 있었다. 먼저 태권도 4단으로 국방부 장관기 태권도 대회에 특전사 대표로 참가하여 우수한 성적을 거둔 경력이 있는 강무희 중사를 포함하여 2명을 교관요원으로 선정, 준비를 갖추도록 지시한 후, 시범요원 여러 명을 편성하여 이들과 통역관을 데리고 이미 물색해 놓은 나시리아 시내의 한 동네로 나갔다. 그곳에서 모여든 어린아이들을 대상으로 시범을 보이고 물과 먹을 것을 주면서 내일부터 태권도를 가르쳐줄 테니 나오라고 통역관을 통하여 선전을 했다.

이렇게 모여든 어린아이들 대여섯 명을 데리고 이튿날부터 태권도를 가르쳐주기 시작했다. 처음에는 물을 받아먹는 재미로 태권도를 따라 했던 아이들이지만, 차츰 태권도에 맛을 들여가면서 그 인원이 20여 명으로 불어났다. 더 많은 인원을 모아서 교육할 수도 있겠지만 교관과 지원 여건이 제한되었기 때문에 그 정도 선에서 진행을 했다. 이렇게 해서 약 한달 쯤 지난 8월 말경에 일단의 젊은이들이 우리를 찾아왔는데, 그들은 나시리아에서 태권도를 배우고 있는 수련생이라고 자신들을 소개하면서, 한국군이 태권도를 가르쳐주고 있다는 소문을 듣고 찾아왔다면서 자신들에게도 가르쳐 달라고 요청했다.

원래 이라크에는 우리나라에서 태권도가 전파되어 도시마다 도장이 수 개씩 운영되었는데, 걸프전 때문에 이라크 내에서 도장을 운영하던 한국 사범들이 이라크를 빠져나가는 바람에 현재는 이라크인 자체적으로 소규모로 운영되고 있다고 한다. 쿠웨이트에서 태권도장을 운영하고 있던 우리나라 사람의 말을 빌리자면, 자신도 걸프전 이전에는 바그다드에 도장을 몇 개 갖고 있었다고 하는 것을 보면, 이라크에도 태권도가 꽤 널리 알려졌었던 것 같다.

디까르 주(州)에는 태권도 인구가 약 백여 명 된다고 하면서 자신들을 소개한, 태권도 관장이자 사범인 바하씨는 우리에게 자신들의 수련장소를 보수해 달라고 하면서, 더불어 태권도도 가르쳐 달라고 청했다. 그들은 과거 나시리아시 연극 공연장으로 사용되던 한 강당 건물에서 태권도를 배우고 있었는데, 전선이 끊어져 전기불도 들어오지 않고 샤워 시설도 고장이 난 열악한 환경에서 수련을 하고 있었다. 우리는 최대한 지원을 하여 이를 보수해 주고, 교관으로 하여금 기존의 어린이들은 오전에, 그리고 이들은 오후에 가르쳐주도록 했다. 그러나 나중에는 경계상의 이유로 바트 당사에 있는 강당으로 교육장소를 바꾸었는데, 이로부터 이 강당은 오전에는 공병 병사들이 어린아이들을 대상으로 한국어 교실을 운영했고, 오후에는 경비대가 태권도 교육을 시키는 장소가 되었다.

이라크 사범은 우리나라 실력으로 1단 정도 수준이었는데 강 중사에게 무척이나 배우고 싶어하는 눈치였고, 개인적으로 다른 사람들보다 더 수준 높은 기술을 가르쳐 달라고 부탁하기도 했다고 한다. 이라크인들은 신체적 특성상 하체가 길고 투지가 좋아 그들의 실력은 눈에 띄게 향상되었고, 바트당사는 이들의 기합소리와 함성소리로 매일매일 들썩거렸다. 우리는 9월과 10월에 각각 승급 심사와 겨루기 시합을 개최했다. 승급된 아이들에게는 목사님께서 운동화를 한 켤레씩 사주었는데, 매일 맨발로 연습하다가 운동화를 신게 되니 너무나 좋아하는 모습들이 보기에 좋았다.

태권도 시합은 디까르 주(州) 태권도 연습생들이 모두 모여 실시되었는데, 시 별로 편을 나누어 겨루게 하였더니 그 열기가 대단히 뜨거웠다. 시합 도중에 열 두어 살 쯤 되어 보이는 한 녀석은 자신이 지자 다시 한번 붙게 해달라고 졸라대어, 재 시합을 실시하게 했더니 또 다시 투지를 앞세워 공격을 했지만, 상대방이 한 수 위인지라 또 지고 말았다. 심판을 봤던 강 중사의 손이 상대방의 팔을 들어 올리자 녀석은 닭똥 같은 눈물을 뚝뚝 흘리며 꺼이꺼이 하고 울음을 터뜨리는 것이었다. 사범과 몇몇이 달려들어 달래자 겨우 울음을 멈추었는데, 마치 우리가 어렸을 때의 모습을 보는 것 같아서 가슴이 뭉클해졌다. 태권도 교육을 하는 중에도 느꼈던 일이지만, 이라크인들은 우리 한국인과 그

마지막 태권도 교육을 마치고 기념촬영을 했다. 필자 좌측이 디카르 주 태권도 총 책임자인 함마드씨, 우측은 사범이자 관장인 바하씨

심정상 닮은 부분이 아주 많은 것 같았다.

 태권도 시합을 할 때는 일본의 가라데 도장을 운영하는 사람 두 세 명이 와서 유심히 지켜보곤 했는데, 나시리아에는 가라데 도장도 일부 운영되고 있다고 한다. 그러나 태권도만큼 대중화되어 있는 것 같지는 않아 보였다.

 태권도를 배우는 젊은이들은 낮에는 학교에 다니거나 직장에서 일을 하다가 오후 시간에는 모여서 운동을 하고 있었다. 그 중 서너 명은 태권도복을 착용하고 있었지만, 나머지는 체육복이거나 아니면 일상복을 입고서 맨발에 그대로 연습을 했다. 우리는 가끔 먹을 것을 사주거나 생수를 가져다주곤 했는데, 그들은 매우 예의발라서 언제나 고맙다며 "슈크란(thank you)!"이라고 인사를 했다. 우리에게 배워서 거수경례를 하기도 했는데, 나중에는 이라크 식으로 양팔로 끌어안고 인사를 나누려고 했다.

 이라크 인사법은 일반적인 사이에서는 한 손을 들면서 가볍게 "아쌀라무 알라이꿈!"하며 인사를 하지만, 친한 사람끼리는 끌어안고 볼을 비비며 입술로 "쪽!"하고 뽀뽀 하는 소리를 낸다. 우리와 조금 안면이 있던 사람들은 모두 이러한 친근한 사람끼리의 인사를 하려고 했는데, 인사를 하고 나면 한층 더 가까워짐을 느낄 수 있었다.

 직장을 다니면서 시간을 내어 태권도 수련을 하는, 열심히 살아가는 젊은이들이 사회 저변에서 한국군에 대한 좋은 인식을 불러일으키는 데 선도적 역할을 하고 있음은 두 말할 필요가 없을 것이다.

 사범과 디까르 주(州) 태권도 총 책임자 함마드 씨가 우리에게 자신들을 한국으로 초청하여 우수한 기술도 전수받고 또한 지원도 받고 싶다고 말해왔다. 나는 지원 약속은 할 수 없으나 우리가 곧 임무를 마치고 이라크를 떠나므로 다음에 교대하는 부대에게 계속 태권도를 교육할 수 있도록 인계해 주겠다고 말하고, 국내에서의 지원 여부는 돌아가서 알아보겠다고 답할 수밖에 없었다. 마음이야 당장이라도 도와주고 싶지만 여건상 제한이 많은 것 같다. 그러나 이라크가 안정되면 지난 걸프전 이전처럼 많은 태권도 전문가가 들어가서 태권도 교육을 활성화하리라고 생각한다.

우리가 나시리아에서 임무를 마치고 떠나올 때 그 어떤 사람들보다도 태권도 교육생들과 정이 들어 이별의 아쉬움을 느껴야 했다. 우리는 경비대에서 시범용으로 사용했던 태권도복 20여벌을 깨끗이 세탁하여 선물했는데, 도복을 서로 받으려고 불꽃 티는(?) 경쟁을 벌였다. 그래서 태권도를 열심히 수련한 인원들을 골라서 순서대로 나눠주었는데 대단히 기뻐하는 모습이었다.

어느 한국인이 뿌린 태권도의 씨앗이 전쟁 중에 한국군 서희부대에 의해 다시 불이 지펴져 언젠가 시간이 흐르면 큰 결실을 이룰 것으로 기대해 본다.

14. 마지막 순찰

이제 떠날 시간이 다가왔다. 우리와 교대하기 위한 2진 병력이 10월 15일 쿠웨이트에 도착한다는 계획이 하달되고, 우리도 23일부로 귀국일이 정해졌다. 교대와 귀국 준비를 하기 위해 나시리아에서의 모든 공사 임무는 9일부로 종료가 되었다. 왜냐하면, 2진 병력이 올 때 탑승했던 항공기로 우리의 1진 선발대가 귀국해야 하기 때문이다.

　복귀 제대는 2개 제대로 나뉘어 선발대는 공병대대와 먼저 귀국할 의사가 있는 인원을 자원받아 편성했는데, 우리 경비대에서는 10명이 지원했다. 그 중에 1중대 선임부사관인 조영진 상사는 내게 찾아와 자신이 선임부사관으로서 나중에 중대원과 함께 복귀를 해야 되겠지만 집안 사정이 있으니 조기 복귀를 건의한다는 것이었다. 그 사정이란 다름 아니라 가족이 몸이 좋지 못해서 병원에 자주 다니기 때문에 하루라도 빨리 가서 이를 돌봐야 한다는 것이었다.

　조상사 이야기는 전 경비대 병력이 다 알고 있는 사실로서, 출발할 때부터 가족이 몸이 아파서 여기서도 집에 전화통화를 할 때는 눈시울을 붉히면서 가족과 이야기를 나누던 모습을 나도 목격한 적이 있다. 겉보기에는 우락스러워 보였는데 속마음은 여린 사람이었다.

　부대에 설치되어 있는 전화기는 미군측으로부터 협조를 받아 사용하고 있는 군용(軍用)으로서, 이를 이용해서 국방부나 연합사를 경유하여 집으로 전화를 걸면 열 번 시도에 한 번 걸릴까 말까한 전화기였다. 어떤 날은 오기로 한 시간이나 시도했지만 걸리지 않은 적도 있었다. 국내와는 6시간이나 시차가 났기 때문에, 이를 고려하여 밤늦게 드르럭드르럭 손잡이를 돌려 한참을 시도하여 전화를 하고 나면 진이 빠졌지만, 그래도 한 통화 하고 나면 그만큼 집안걱정을 덜어주는 고마운 전화기였다. 이제 이 전화기와도 이별을 할 때가 왔나 보다.

부대의 복귀 준비는 계획에 따라 차분히 진행되었으며, 전반적으로 병사들의 분위기는 복귀 날짜가 하루하루 다가올수록 활기가 넘쳐 오르는 것 같았다. 이곳에 정이 들기도 했지만 그보다는 귀국해서 사랑하는 사람들을 만난다는 기대감이 병사들을 들뜨게 만든 것이다.

　나도 귀국 준비를 해야겠다는 생각이 들었다. 나시리아에서 뭔가 빠진 게 있는 것 같은데 이를 채우지 않고 그냥 떠나려니 마음이 너무 허전했기 때문이다. 눈에 밟히는 아이들도 있었고, 마지막으로 유프라테스강도 보고 싶었고, 시내도 한 바퀴 둘러보아야겠다는 생각이 들었다. 또한 줄루 소령과도 작별인사를 해야 했다. 그래서 시내로 나가 순찰을 하면서 마음에 먹은 바를 행하기로 했다.

먼저 마지막 공사가 있었던 슈아알 마을로 가서 경계 병력을 둘러보고, 모여든 어린아이들을 위해 가게에 들러 초콜릿을 있는 대로 다 사서 나누어 주었다. 항시 시내에 나가면 아이들이 몰려들어도 경계상의 이유로 이들에게 가까이 접촉하지 않았는데, 이날만큼은 마지막인지라 평소에 하고 싶었던 일을 하기로 결심했던 것이다. 가게는 서너 평 남짓한 작은 구멍가게였는데, 그 집에 있는 초콜릿을 다 달라고 하니까 5달러를 내라고 한다. 주인은 어디 가고 열 댓 살로 보이는 배가 불뚝하게 나온 아이가 가게를 보고 있었는데, 원래는 1~2달러도 되지 않겠지만 마지막이라 생각하고 달라는 대로 5달러를 집어 주었다. 녀석은 오늘 운수대통한 날이다.

　아이들을 한 줄로 세워서 초콜릿을 하나씩 나누어 주니까 얼른 받아들고서는 뒷줄로 가서 또 받으려고 하는 아이가 있는가 하면, 몇몇은 집으로 달려가 누이며 동생이며 있는 대로 데리고 나오는 아이도 있었다. 재미있는 녀석들이다.

순찰을 마치고 나시리아 시내를 한 바퀴 돌아보며 기억에 남을만한 모습들을 사진에 담았다. 우르 왕조의 유물을 형상화시킨 조각과 이라크의 자유와 독립을 위해 싸웠다는 어느 여인의 상도 있었고, 시아파의 시조인 알리(Ali)의 동상, 아라비아의 상징인 램프 모양의 버스 정류소, 등 평소에 머물러 감상하고 싶었던 것들을 보고 맘껏 셔터를 눌러댔다. 또한 지금까지는 임무 수행만을 위해 공사 경계지역 외에는 가보지 않았기에 잘 몰랐었는데, 시내 곳곳을 돌아보며 그동안 보지 못했던 사람들의 생활상을 보다 자세하게 볼 수가 있었다.

사담 운하가 흐르는 강물 뚝방 길로 차를 달리는데 사람들이 집을 짓고 있는 모습이 눈에 들어왔다. 차를 정지하고 내려서 가만히 살펴보니 흙으로 벽돌을 찍어서 그것으로 집을 짓고 있는 중이었다.

"어쩌면 저렇게 우리 어릴 적과 똑같은가…"

필자가 어릴 적에 충청도 옥천의 시골마을에서는 흙을 마치 시멘트를 이기듯 물을 넣고 비벼서 그것을 네모 모양의 나무틀에 넣어 찍어내면 흙벽돌이 만들어지는데, 그것을 '흙장'이라고 하였다. 그런데 이들도 우리 어릴 적과 똑같은 모양으로 흙벽돌을 찍어서 그것으로 집을 짓고 있는 것이었다.

'참 신기하고 놀랍구나!'

잠시 구경을 하고 있는데 동네 어린아이들이 너무 많이 몰려들어 급히 차에 올라 자리를 피했다.

시내 쪽으로 가보니 누군가 결혼식을 했나 보다. 차에 신랑과 신부를 태우고 뒷차에는 친구들이 탄 것 같은데 온통 경적을 울리고 빵빵거리며 시끌벅적하게 시내를 질주하는 것이었다. 지나가는 차들도 이 행렬은 먼저 통과하도록 피해 준다. 아마 결혼식 후 친구들이 신랑 신부를 축하해주기 위해 저렇게 몰려다니나 보다. 이것도 우리나라 사람들의 결혼 때의 정서와 닮았다는 생각이 들었다.

이어서 시내 중앙을 관통하는 유프라테스 강변도로를 따라 달리다가 잠시 멈추어 강을 배경으로 사진을 한 장 찍고, 마침 그 옆으로 손수레를 끌고 가는 여자아이 둘이 있기에 사진을 찍어준다고 하니까 부끄러운 표정을 지으며 끝내 거부한다. 대신에 사내 녀석들이 달려들더니 서로 찍어 달라며 성화였다. 이라크 남자들은 누구나 할 것 없이 사진 찍기를 정말 좋아한다. 카메라로 사진을 찍고 있는 것만 보면 너도나도 찍어 달랜다. 이렇게 사진 찍기를 좋아하는 사람들이 또 있을까, 하는 생각이 들 정도이다.

아이들 사진을 찍어주니까 도로 옆 3층 건물의 창문이 열리더니 아주머니 하나가 아이를 옆에 데리고 나와 손을 흔든다. 그래서 그 모습도 한 컷 찍어주었더니 함박 미소를 짓는다. 우리가 이라크 여자들은 쳐다보지도 말라고 교육을 받았지만, 이렇게 창문을 열고 손짓하는 아이 딸린 여자까지 외면할 필요는 없다는 생각이 들었다. 이 정도는 남자의 눈으로 쳐다보는 것이 아니라 인간적인 정(情)의 눈으로 보는 것이니까 괜찮을 듯싶다.

언젠가 교회 인사들이 인도주의 차원에서 지원을 나와서 이들을 경호하여 초등학교에 선풍기를 전달해 주러 갔었는데, 인접해 있는 여자중학교 건물에서 복도의 창문에 온통 여학생들이 몰려나와 우리를 향해 손을 흔들며 소리를 지르고 난리를 친 적이 있었다. 아니! 여기가 이라크 맞어? 하고 놀랐을 정도로, 우리나라 여중학생들의 모습과 구별이 안 되는 것을 보았는데, 그래서 내린 결론이, 초등학교 정도의 아이들한테는 우리나라 어린이처럼 대해주고, 그 이상의 여자들에겐 관심 갖지 말되 가끔씩 창문을 열고 내다보는 아이 딸린 엄마들한테는 손 정도는 흔들어주자는 것이었다.

유프라테스 강가에 앉아서 잠시 휴식을 취하며 흐르는 강물을 물끄러미 바라보았다. 저 강물은 이국의 군인이 자기를 아련한 눈빛으로 쳐다보고 있음을 아는지 모르는지 아무 말 없이 유유히 흐르고 있다. 아! 인류 역사의 젖줄이자 생명줄이었던 이 강을 내가 다시 볼 수 있을까? 이라크인들의 핏줄과도 같은 이 강을 저 티그리스강과 함께 정녕 내 생전에 다시 볼 수 있을까? 내가 알고 있는 것보다 무수히 많은 사연과 의미를 지니고 흐르는 강이기에, 나중에 기회가 주어진다면 꼭 다시 와서 보고 싶다. 그리고 그 때도 저 강물은 지금처럼 저렇게 뿌옇게 흐르고 있을 것인지 확인해 보고 싶다. 뿌연 강물이 다시 맑아질 무렵에 가서야 이라크 땅에 진정한 평화가 올 것인가, 아니면 평화가 와야만 강물이 맑아질 것인가?

그렇게 한참을 도도히 흐르는 유프라테스 강물을 바라보면서 혼자 마음속으로 기도를 하였다. "하나님, 하루 속히 이라크 땅에 평화를 주십시오. 아! 쌀람, 이라크!"

이어서 린치 일병이 포로로 억류되었다가 구출되었던 사담 병원을 둘러보고 오후 네 시쯤 되어 지난 번에 통역관 알리에게 한국군 체육복 두 벌을 주겠다고 약속한 것을 지키기 위해 바트 당사로 갔다. 전에 알리는 자기 아들에게 선물로 주겠다고 내게 체육복을 부탁했었다. 그러나 체육복은 테러분자들이 그것을 입고 부대로 잠입할 수도 있기 때문에, 이라크인에게 체육복은 주지 말았으면 좋겠다는 미군측의 의견에 따라 대신 티셔츠 두 벌을 주기로 하고 그것을 차에 싣고 다녔는데, 이제야 약속을 지키게 되었다. 알리는 매우 고마워했고, 마지막으로 이라크식 인사로 포옹을 하면서 "쪽!" 하는 소리와 함께 서로 서운한 이별의 정을 나누었다.

복귀하는 길에 루마니아군 캠프에 들러 줄루 소령을 찾아가 작별인사를 했다. 지난 번 봤을 때보다 머리를 위로 높게 기르고 있기에 꼭 수탉 같다고 놀리니까 계면쩍어 했다. 자기 딴에는 멋있게 보이려고 기른 머리인데 수탉이라니…

그간 가장 정들었던 줄루 소령이기에 헤어지기가 무척 서운했다. 꼭 한 번 한국으로 초청해서 따뜻한 밥이라도 한 끼 대접하고 싶은데, 그럴 수 있는 날이 과연 올까? 줄루는 나를 보고 지난 번처럼 자기는 여유가 없으니까 내가 유럽 쪽에 오면 꼭 루마니아에 들러 자기를 찾아 달라고 했다. 그러면 자기 나라의 아름다운 산과 자기 집을 구경시켜 주겠다고 했다. 나는 기회가 되면 꼭 그렇게 하겠다고 약속했다.

헤어지기 아쉬웠지만 마지막으로 기념촬영을 하고 잘 지내라고 악수를 하고 나오는데 굳이 위병소 밖까지 배웅하겠다며 따라 나왔다. 참 정이 많은 사람이다. 다시 위병소에서 기념촬영을 한 번 더 하고 악수를 하고 헤어졌다.

"줄루 소령님! 당신의 진실한 우정에 감사드립니다. 안녕히 계십시오. 당신과 루마니아 군에 하나님의 가호가 함께하시길 바라겠습니다"

지프에 올라 떠나오면서 진심으로 그의 안녕과 루마니아의 발전을 기원했다. 그리고 다음에는 타국군에 배속되어 활동의 제약을 받는 루마니아 군이 아니라 홀로서기를 할 수 있는 역량을 갖춰 세계 속에 어깨를 나란히 하는 루마니아군이 되어 다시 만날 수 있기를 빌었다.

주둔지로 돌아오는 길에는 유목민 아이들이 물을 달라고 몰려들어서 가지고 있던 생수를 그들에게 전부 주고 잠시 유목민의 집에 들러 사진을 한 장 찍었다. 남자들은 전부 출타를 했는지 없었고 아이들과 아이들 엄마만 있었다. 원래 남자들이 있었다면 여자는 외부인에게 근접도 못했을 텐데, 이날은 남자들이 없었으므로 자연스럽게 다가와 사진촬영에 임했다. 우리의 시각으로는 문명에 뒤처진 불쌍한 모습들이었지만, 모든 것은 상대적이고 보는 관점에 따라 다른 법인데, 그들 나름대로는 행복해 보였다.

어느 유목민 텐트에 들러 아이들과 아이들 엄마와 함께 한 컷트 찍었다. 아마 남자들이 집안에 있었더라면 이런 모습은 어림도 없었을 것이다

부대 인근에 도착해서는 자연스럽게 마음이 이끄는 대로 아브라함 생가로 발길이 옮겨졌다. 그동안 수없이 와봤던 곳이지만 마지막이라고 생각하니 아브라함에게 인사라도 하고 떠나야겠다는 생각이 들었다. 사실 아브라함은 이곳을 떠나 이스라엘로 갔기 때문에, 엄밀히 따진다면 아브라함은 여기에 없다고 해야겠지만, 그가 남긴 자손들이 이곳에도 그득하기에 그가 여기에 있는 것으로 생각해도 되지 않겠는가, 하고 그냥 공상 반 상상 반 편한 대로 생각했다.

이번 전쟁은 기독교와 이슬람교 두 세계의 '문명의 충돌'이라고 인류학자 사무엘 헌팅톤의 저서를 빌어 누군가 말했지만, 내 생각에도 사람들의 마음 속 깊은 곳에서는 알게 모르게 종교적 믿음에 따라 전쟁을 치르고 있다는 생각이 들었다. 이곳에 오기 전에는 그러한 것이 다만 사유(思惟)의 차원에 그쳤지만, 여기에 와서 많은 미군들과 이라크인들을 지켜보고 또 과거의 역사를 꺼내어 살펴보니, 사람들이 느끼지 못하고 있을 뿐 의식의 한편 구석에서는 이번 전쟁의 성격을 그렇게 정의하고 있다는 느낌이 강하게 들었다.

이것이 사실이라면 두 문명의 시조(始祖)인 아브라함에게 책임을 묻지 않을 수 없다. 그로 말미암아 두 세계가 생겨났으니, 최초의 원인제공자는 바로 그가 아닌가?

그러나 이러한 생각도 잠시, 결국은 그 후손들이 조상의 참뜻을 제대로 살피지 못하고, 또 그 가운데 역사하시는 신의 뜻을 바로 알지 못하고 서로 적대적으로 대해온 것이 오늘날에 와서 아브라함의 두 팔을 붙잡고 서로 자기네가 옳다고 자기네 편으로 끌어가려는 형국이 된 것 같다는 생각이 들었다. 그리고 후손들의 이러한 잘못된 행동 때문에 심각하게 고민하고 있을 아브라함을 위로해드리고 싶은 마음도 들었다.
 우리는 그에게 책임을 묻기 전에 모든 것이 후손들 자신의 문제임을 자각하고 우리 세대에 이 문제를 풀어야 할 것이다. 그러나 누가 이 문제를 풀 수 있을 것인가? 오늘은 다만 그간 많은 교훈을 주고 깨우침을 주신 3,600년 전의 위대한 선지자 아브라함에게 고맙다는 말만 전하고, 그리고 안녕히 계시라는 인사만 하고 가련다. 어차피 그는 나의 종교적 조상이니, 옛 할아버지에게 새카만 손자가 절을 올리는 것이 마땅하지 않겠는가?
 "아브라함이여! 안녕히 계십시오. 그동안 고마웠습니다. 생가를 방문하게 해 주셔서 고맙고, 당신을 보고 많은 신앙적 도전과 또한 역사에 대한 깊은 인식을 갖게 되었음을 감사드립니다. 한 가지 바라는 것은, 당신을 찾는 사람들이 그 옛날 당신이 이루고자 했던 참뜻을 깊이 깨닫고, 현재의 모습이 당신이 바라던 그 모습이 아님을 알아차릴 수 있는 계기가 되기를 바랍니다. 그리하여 좀 더 나은 세상이 되었으면, 하는 마음 간절합니다. 뜨거운 사막의 모래바람 속에서 당신을 만나 감격했던, 그리고 행복했던 이 때 이 시절을 영원히 잊지 않겠습니다. 안녕히…"

 이렇게 하여 유프라테스강과 티그리스강, 사담 병원, 바트당사, 미군, 이탈리아군, 루마니아군, 줄루 소령, 사담 후세인, 바그다드, 바빌론, 그리고 아브라함 등 여러 추억이 담긴 나시리아와 이라크와 이별했다. 이것이 나의 마지막 나시리아 방문이었다.

제 5 장

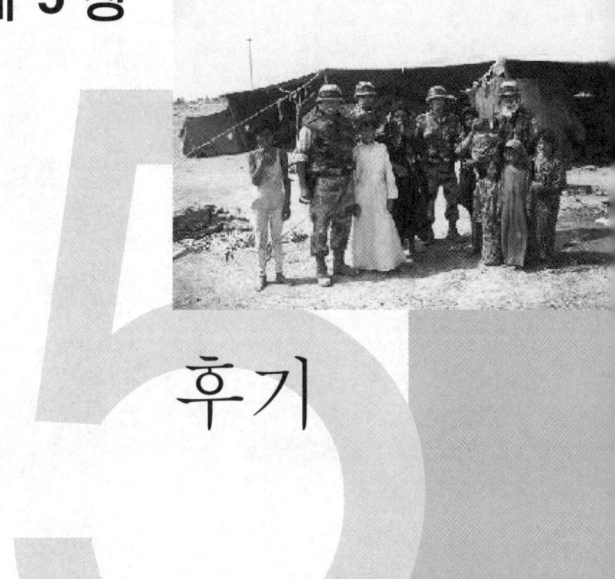

후기

1. 해외 파병을 나가는 부대에게

1960년대 월남전 파병 이후 91년 걸프전 파병을 거치면서 우리 군의 해외 파병활동은 꾸준히 계속되고 있다. 당장은 2003년 서희와 제마부대의 이라크 파병에 이어 미군의 추가파병 요청으로 자이툰 부대의 파병을 앞두고 있다. 이는 우리 군이 그만큼 국가의 이익에 절대적으로 영향을 미치고 있음이고, 따라서 그 성공의 중요성을 거듭 설파하더라도 지나침이 없다 하겠다.

앞으로도 이와 같은 해외에서의 파병활동은 계속될 것이고, 그에 따라 세계 속에서 우리나라의 위상은 더욱 높아갈 것이다. 이것은 우리나라의 국력이 향상되었다는 것이고 또한 국운이 상승하고 있다는 단적인 증거라 생각한다.

그러나 과거 우리 군은 동티모르와 아프카니스탄에 파병된 부대에서 준비의 미비와 위험예측 불능으로 아까운 동료를 3명씩이나 잃었던 뼈아픈 경험이 있다. 필자는 파병을 가기 전에는 이 사고가 단순히 사고발생자의 잘못 때문이었다고 생각했으나, 지금은 생각이 많이 바뀌었음을 인정한다. 해외에서의 활동은 국내에서 느끼지 못하는 상당한 제약요소가 분명히 있기 때문이다.

이라크에서의 6개월간 필자가 백여 명의 경비병력을 지휘하는 지휘관으로서, 또한 상급 지휘관을 모시는 예하 지휘관이자 경계참모로서 느낀 바를 토대로 해외 파병을 나가는 부대에게 그 유의사항을 몇 마디 전하고자 한다.

타국군의 경험을 타산지석으로 삼아야

미군은 아직도 이라크에서 고전을 면치 못하고 있다. 종전(終戰) 선언 이후에도 그 전보다 더 많은 사상자를 내고 있음이 그 단적인 증거이다. 그러나 필자가 보기에는, 사상자의 많고 적음도 중요하겠지만 더 큰 문제점은 미군들이 이라크인의 마음을 얻지 못하고 있다는 데 있다. 이 전쟁의 근본 원인이 미국에 있다는 이라크인의 인식, 그리고 미군은 이라크에 평화군으로서 온 게 아니라 점령군으로 왔다는 인식이 그것이다. 이러한 인식을 불식시키지 못하고서는 당장은 이라크에서 미국이 원하는 목적을 이룬다고 하더라도 장기적으로는 더욱 커다란 해를 당할 우려가 있다.

이 점에 대하여 이라크인의 인식은 아주 확고하다. 미군을 적대적으로 대하고 반드시 몰아내야 할 대상으로 생각한다. 적어도 필자가 접해 본 이라크인은 그러한 생각을 가진 사람들이 대부분이었다. 그것도 사담 후세인에게 많은 불이익을 당했던 남부의 사람들이 그런 생각을 갖고 있을진대 상대적으로 이익을 보았던 북부의 사람들은 오죽하겠는가? 미군은 미군대로 이라크인에 대하여 대단히 비판적인 생각을 갖고 있다. 대단히 폭력적이고 반문명적인 민족, 심하게 표현하면 야만인 같은 족속으로 본다. 이렇게 생각하고 있는데다 하루가 멀다 하고 테러를 당하고 있으니, 그 인식의 긍정적 변화를 기대하기는 어렵다.

따라서 이러한 미국의 시각에 기초하여 이라크인을 대한다면 큰 오해를 살 수 있다. 오해 정도가 아니라 대단히 위험할 수 있다. 이라크인에 대해서는 그들의 잣대로 봐주어야 한다. 그들은 자신들의 역사에 대하여 대단히 높은 자부심을 갖고 있다. 문화적 자부심, 종교적 자부심이 그것이다. 지금 당장은 힘의 열세에 놓여 있지만 자신들의 자존심이 짓밟혔을 때는 그것을 회복하기 위해 대단히 폭력적으로 나온다. 현재 일어나고 있는 자살폭탄 테러가 바로 그것이다.

자살폭탄 테러 희망자는 이라크 도처에 얼마든지 널려 있다. 필자가 나시리아에 있을 당시 테러책 모집광고를 벽보에 붙여놓은 것을 본 적이 있다. 보상으로 6,000달러를 준다는 것이다. 이 정도면 보통사람들의 10년 수입이다. 이라크처럼 경제적으로 어려운 상황에서 가족에 대한 끈끈한 유대감과 책임감을 갖고 있는 젊은이들이 가족을 위해 자신을 기꺼이 희생하려고 한다. 또한 이들은 테러 공격을 감행하고 죽었을 경우 천국에 이르는 구원을 얻게 된다는 강한 종교적 믿음을 가지고 있다. 이러한 상황이니 누구든지 자살폭탄 테러를 생각해보지 않을 수 없을 것이다.

해결책은 테러리스트들이 한국군을 목표로 삼지 않도록 해야 한다는 것이다. 이 점에 대하여 이탈리아군은 우리에게 좋은 교훈을 주고 있다. 필자가 나시리아에 있을 때 미군이 2개월 정도 나시리아를 군정 통치하다가 이후에 이탈리아군에게 인계했다는 이야기는 앞서 밝힌 바 있다. 한국군 서희부대가 이라크를 떠나오고 1개월 정도가 지난 후에 이탈리아 헌병대 건물에 이라크 자살폭탄 테러자가 차량을 몰고 돌진하여 30여 명의 사상자가 발생했었다.

이에 대한 필자의 소견은, 이탈리아군들이 점령군의 모습으로 그리고 자기 방어적으로만 소극적으로 임무에 임했다는 것이다. 이들은 시내에 순찰이나 주행시 소총을 차량 밖으로 내밀고 사격자세를 취하고 대단히 위협적으로 이동했다. 외국 군인인 필자가 보기에도 너무하다 싶을 정도로 지나친 모습이었는데, 이라크인들이 보기에는 얼마나 기분이 나빴을까? 전쟁이 끝난 지 한참이나 지났는데 아직도 이라크인들을 전부 적으로 보는지 총구를 들이대고 순찰을 하는 모습은 바로 그들의 자존심을 짓밟는 그런 모습이었다. 결코 평화를 주기 위해서 온 군대가 아니라 점령을 위해 들어온 군대의 모습이었다.

또한 그들은 이라크 시민들이 요구하는 시내 순찰은 등한시했다. 전쟁이 끝난 직후라 경제적 사정이 어려워 도둑이 들끓고 항시 이들을 쫓아내기 위한 총성이 민가 지역에 울려 퍼졌는데, 이들을 색출하거나 민간인을 도와달라는 순찰 요구는 위험할 수 있다는 이유로 거부하고 그 빈도를 대단히 적게 하여 임무를 수행했다. 따라서 이들은 이탈리아군이 왜 이라크에 왔는가 하고 묻는 경우가 많았다.

한국군이 나시리아에서 많은 공병, 의료지원을 했다고는 하지만 그렇다고 미군이나 이탈리아군이 이와 같은 지원을 전혀 하지 않은 것은 아니다. 오히려 그들은 우리보다 더욱 큰 규모로 지원을 해주었다. 그럼에도 불구하고 이들에 대한 이라크인들의 시선은 싸늘하여, 이러한 불만의 토대 위에서 테러분자들이 기생하고 결국 테러를 감행하게 되는 것이다.

이 점은 파병을 나가는 우리 군에게 많은 점을 시사한다. 아무리 물량공세를 퍼부어 지원해준다고 하더라도, 마음을 얻지 못하고서는 민심을 잡을 수 없다. 또한 민심을 잡지 못한다면 테러의 위협은 상존한다. 어떻게 민심을 잡을 수 있을 것인가, 이것이 바로 관건이다.

아무리 우리가 강력한 무장력을 준비해 가더라도 비정규전의 특성상 우리는 항상 위험에 노출되어 있다. 우리는 이와 같은 테러와의 전쟁에 대하여 준비는 날카롭게 해 가되 그 발톱은 숨기고 그들을 존중하는 모습으로 대해야 할 것이다. 그리고 그들의 마음을 얻기 위한 다각도의 노력을 강구해야 할 것이다.

마음과 마음으로 전해지는 존중심

이 제목은 새삼 쓰지 않아도 될 정도로 한국군은 잘하고 있는 분야이지만, 다시 한번 강조해두는 차원에서 그 핵심만을 전한다. 우리는 지난 일제 식민지 지배와 6. 25사변을 통하여 약자와 피해자의 입장에 처해본 경험이 있기 때문에 이들의 슬픔을 잘 안다. 이것이 우리들의 큰 장점이 되어 아무리 가난하고 배운 것이 없는 현지인이라 하더라도 그들을 존중해 주고 긍휼히 여기는 마음은 다른 나라 군인에 비할 바가 아니다.

파병활동의 성공 여부는 현지인들과 어느 정도 관계를 유지하느냐에 달려 있다. 이 말을, 전쟁으로 폐허가 되고 독재로 인해 낙후된 그들에게 의료지원과 공병지원 등을 실시하여 그들의 생활에 얼마만큼 도움을 주고 희망을 주느냐에 달려 있다고 하는 말로 이해할지도 모르겠다. 물론 그렇게 이해한다고 해서 틀렸다고 할 수는 없다. 그러나 유의해야 할 것은, 우리나라보다 더 많은 돈을 들여 지원을 해주는 나라라 하더라도 현지인들에게 좋은 평판을 받지 못하는 경우가 있다는 것이다. 바로 이 점에 주목해야 한다.

결론적으로, 필자가 주장하고자 하는 바는, 현지인들의 마음을 얻기 위해서는 여러 가지 경제적 지원을 해주는 것도 중요하지만 먼저 그들을 존중하는 마음을 가져야 한다는 것이다. 그것은 어떻게 우리의 마음을 주느냐에 달려 있는데, 그것은 파병을 나간 장병들 개개인의 행동과 자세를 통하여, 그리고 눈빛과 마음을 통하여 자연스럽게 전해진다. 그러므로 먼저 그들을 긍휼(矜恤)히 여기는 마음을 갖고서 우리의 마음을 주어야 하는 것이다.

여자, 어린이, 종교를 유의하라

이슬람권에서 활동할 때 유의할 사항으로 여러 가지가 있겠지만 크게 여자, 어린이, 종교라고 생각된다. 먼저 여성에 대해서는 아예 접근을 금지해야 한다. 관심을 갖거나 이야기 자체를 하지 말아야 한다. 혹여 음란한 눈빛으로 쳐다본다든가 지나가면서 고개를 돌려 끝까지 쳐다본다든가 하는 행동은 결코 해서는 안 된다. 이슬람권에서는 여성은 하나의 소유물로서 타인에게 보여줄 수 없는 남자와 집안의 자존심이라고 생각하면 틀림이 없다. 작전 중에 민가를 수색하거나 협조할 사항이 있다고 하더라도 여자가 혼자 있는 집안을 무턱대고 들어가면 안 된다. 미군이 실패하는 이유 중의 하나가 바로 이것이다.

길을 가다가 보면 많은 어린이들이 불쌍하고 가엾은 모습으로 달려든다. 때로는 돌을 던지기도 하는 각다귀 같은 아이들도 있을 것이다. 오랜 전쟁과 독재자의 압제가 어린아이들까지 삶을 위해 길거리로 내몰았던 것이다. 많은 동맹군들이 막대기를 들고 이들을 때리듯이 쫓아내는 것을 본 적이 있다. 통제하기가 다소 피곤하다고 몽둥이를 들어서는 안 된다. 그것을 말없이 쳐다보는 어른들이 있음을 잊지 말아야 한다.

한국군이 자신들을 도와주러 왔다는 인식을 심어주는 일은 큰 일에서부터 시작되는 것이 아니다. 어린아이 하나라도 아끼고 사랑하는 마음과 자세를 가져야 한다. 작전을 위하여 꼭 필요한 경우에는 철조망을 설치하고 접근을 통제하면 된다. 이라크인들도 그 정도는 이해해 준다. 욕지거리를 해대면서 몽둥이를 들고 설치는 것은 결국 부메랑이 되어 자신들에게 그대로 돌아옴을 잊어서는 안 된다.

종교 시설에 허락 없이 들어가서는 안 된다는 것은 이미 상식으로 다 아는 일이다. 이슬람교는 대단히 격식을 중요시하고, 금지하고 통제하는 것이 많은 종교이다. 그냥 그대로 그들의 종교이자 문화로 받아들이고 이를 흥미있어 하거나 재미로 대해서는 안 될 것이다.

여자, 어린이, 종교, 이 세 가지는 특히 파병활동에서 유의해야 할 요소임을 잊지 말라.

미군과의 관계

전쟁터는 아군과 적군이라는 절대적 이분법이 존재하는 세계이다. 동맹군들은 모두 아군인지라 친하게 느껴지고 서로 간에 잘 대해 주지만, 유독 미군들은 그 정도가 가장 심하다는 것은 앞장에서 밝힌 바 있다. 혈맹이라는 의미를 어느 정도 느낄 수가 있다.

미군들의 행동을 지켜보면 참으로 합리적이고 예의바른 사람들이라는 것을 볼 수 있다. 이탈리아군은 다소 거칠고 영국군은 콧대가 높은 것처럼 느껴지는데 미군들은 대부분이 친근하고 도와주려고 한다. 우리가 미군들을 도와주러 간 것이기 때문에 그런 점도 있겠지만, 그들은 근본적으로 그러한 문화 속에서 자라났기 때문인 것 같다.

그러나 유의할 것은, 모든 것에는 공짜가 없다는 것이다. 그들로부터 지원을 받아서 쓰는 모든 것은 돈을 지불해야 한다. 계산이 명확하지 않은 한국군은 미군이 준 것이라고 마구 얻어다 쓰는 경우가 있는데, 나중에 청구서가 날아오면 아연실색할 것이다. 이를 두고 야속하다고 생각하지 말고 원래 그들은 그런 문화 속에 살고 있음을 받아들여야 한다. 한국군이 파병한 제일의 목적은 한미 동맹관계 강화임을 잊어서는 안 된다. 두 번째 목적이 이라크의 전후복구를 지원하고 치안유지를 돕는 것이지만, 이것을 너무 들어내 놓고 하면 한미 관계에 그다지 좋지 못한 영향을 미칠 수도 있다. 대단히 아이러니칼한 문제지만, 아직도 미군들은 곳곳에서 테러를 당하고 있고 이라크인을 믿지 못하고 있다. 심지어 이라크인들은 지저분하고 게으르며 폭력성이 강한 민족이라고 생각하기도 한다. 이런 상황을 잘 이해하고 대처해야 한다. 우리에게는 두 가지 목적 모두 중요하기 때문이다.

전투 스트레스를 인정해야

6개월이란 기간은 그다지 긴 시간이 아니다. 그러나 해외에서의 6개월은 그렇게 느껴지지 않는다. 특히 이라크처럼 테러 위협으로 말미암아 임무 이외의 시간에 주둔지 외부에서의 자유스런 활동이 금지되어 오직 영내에서만 생활해야 하는 경우에는 그 정도가 심하다. 필자의 경험에 비추어 보면, 간부들은 간부들대로, 또 병사들은 병사들대로 국내에서 느끼는 스트레스보다 갑절 이상 받고 있으리라 생각된다.

따라서 적절한 스트레스 해소법이 필요하므로 이를 준비해야 한다. 일정 기간이 지나면 휴가를 주어 피로에 지친 정신과 육체에 휴식을 부여하는 것이 가장 좋은 방법이겠으나 그렇지 못할 경우가 많기 때문이다. 그래서 영내에서 노래방이나 장기, 바둑 등의 오락기구, 각종 취미활동 장려, 체육활동의 보장과 권장이 필요하다. 그러나 가장 큰 스트레스는 역시 상급자들로부터 오는 경우가 많다. 따라서 각자는 자신이 받는 스트레스보다 하급자가 받는 스트레스가 더욱 크다는 것을 생각하고 항시 최소한의 통제와 명쾌한 지침, 그리고 합리적인 지휘를 해야 한다.

특히 지휘관들은 일거수 일투족이 전부 노출되어 있으므로 행동에 더욱 유의해야 한다. 사소한 지휘의 실수가 커다란 반향을 일으켜 부대의 사기를 저해하는 것을 본 적이 있다. 지휘관, 지휘자의 절제와 합리적인 부대관리가 국내에서도 중요하지만 해외 파병 기간에는 더욱 중요하다는 점을 잊지 말아야 한다.

체력단련의 중요성

이라크는 모래가 많고 먼지바람이 늘 하늘에 가득 차 있다. 여름철에 먼지바람이 한 번 불기 시작하면 그 고통과 짜증스러움은 이루 말로 다 할 수 없다. 따라서 이러한 먼지 속에서 구보를 하는 행위는 그다지 바람직하지 않고 또 심한 경우에는 그것을 하는 것 자체가 불가능하다. 그런데 일부 지휘관들은 아침에 점호가 끝나고 나면 구보를 해야 한다고 정해 놓고 꼭 이를 실시하는 경우가 있다. 먼지가 온 천지에 가득한 대도 계획된 것이니 반드시 실시해야 한다면서 강행한다. 병사들의 불만은 아랑곳없이 자신도 똑같이 달리며 솔선수범하니까 너희도 따라와야 한다는 식이다. 얼마나 융통성 없고 비합리적인 행위인가?

그러나 역설적으로, 체력단련은 정말 중요하다. 여름철에 50℃가 넘어가는 더위는 그야말로 상상을 초월한다. 한증막에 들어가 있는 기분이 이럴까 싶다. 특히 옥외활동을 하는 경비대원들은 전투복에 방탄복, 방탄모를 쓰고 하루종일 뙤약볕에 경계를 서고 있노라면 머리가 몽롱

해지고 앞이 어질어질해진다. 그러므로 이러한 악조건 속에서도 임무를 수행할 수 있는 체력의 유지가 필요하다.

체력을 단련하는 방법에는 여러 가지가 있겠으나 필자가 권하는 것은 먼지가 일지 않는 야간이나 새벽 시간대에 자율 뜀걸음을 보장하고, 일과 중에는 일정 시간을 정하여 웨이트 트레이닝을 시키면 아주 효과적이라고 생각한다. 더불어 육체미 대회를 주기적으로 실시해서 우수자에 대한 포상을 부여하면 동기 부여도 되니 참고하면 좋겠다.

필자는 경계임무가 부여되지 않은 병사들에게 오전에는 상황조치 훈련을 실시하고 오후에는 반드시 15시부터 2시간 동안 웨이트 트레이닝을 시켰다. 처음에는 더위 죽겠는데 너무하는 것 아니냐는 불평의 소리도 나왔지만, 그 뜻을 알고 체력단련의 붐이 조성된 후부터는 불평의 소리가 들어갔다. 흥겨운 음악을 틀어놓고 운동을 하면 그만큼 스트레스도 해소되고, 부대가 활동적이 되니 일석이조(一石二鳥)의 효과를 거둔 셈이다.

병사들의 적절한 체력 단련과 유지는 지휘관의 필수 임무 중 하나임을 명심하라. 열하(熱夏)의 기후에서 체력의 소모는 극심하며, 체력의 고갈은 각종 사고의 원인임을 또한 잊어서는 안 된다.

병력들의 자긍심을 일깨우라

서희 부대가 처음 쿠웨이트에서 초기 적응기간을 마치고 이라크로 이동할 때 캄보이 임무를 수행한 「도로티」라는 이름의 미 여군 대위는 "한국군 특전사와 함께라면 어떠한 임무라도 능히 수행할 수 있을 것 같다"라고 감탄사를 발했다. 우리 경비대원들이 그 무더위에도 불구하고 복장을 갖추고 바른 자세로 흐트러지지 않고 경계를 제공하는 모습을 보고 칭찬하는 말이다. 그만큼 우리 경비대원들은 자신의 행동이 곧 한국군의 얼굴이라는 생각에 다소 힘이 들어도 긴장하는 마음을 잊지 않고 경호에 최선을 다했던 것이다.

그러나 그렇지 않은 경우도 있었다. 필자가 일부 병력을 인솔하여 바그다드에 가서 숙영지 편성의 임무를 수행할 때의 일이다. 하루의 일과를 마치고 미군 식당에서 저녁식사를 마치고 밖으로 나오니 우리 병사들 7~8명이 모여서 식당 옆 쉼터에서 땅바닥에 주저앉아 담배를 피우며 잡담을 하는 모습이 보였다. 마치 일단의 노무자들이 공사장에서 쉬고 있는 것 같았다. 그 옆을 지나가는 미군들과 동맹군들이 눈살을 찌푸리는 것이 보였는데, 그 순간 얼굴이 벌겋게 달아오르는 것을 느껴 이들을 불러서 너희들의 모습이 곧 한국군의 모습이며, 각자가 군사 외교관이란 점을 일깨워 주었다.

외국군을 포함한 현지인들에게 한국군의 바르고 선진화된 모습을 보여주는 것은 대단히 중요한 요소라 생각한다. 아무리 임무수행을 잘 하더라도 일상적인 생활에서 뒤쳐진 모습을 보인다면, 한국군은 일은 잘하지만 아직 뒤떨어진 민족이라는 평판을 받게 될 것이다. 민족의 자존심 문제 아니겠는가? 작은 부분에서도 한국군들의 자긍심을 보여야 할 것이다.

2. 세계경찰군, 그들을 지켜보고

인류의 역사상 과거와 현재를 포함하여 가장 강력한 무력집단을 꼽으라고 한다면 누구를 택할 것인가? 아마도 많은 사람들은 주저하지 않고 미군에 대해 이러한 칭호를 부여할 것이다. 그리고 향후 몇 십 년간은 미군에 대한 이러한 수식어는 변하지 않을 것 같다. 도대체 무엇이 그들을 이토록 강하게 한 것인가?

수년 전 미국이 대 테러전쟁의 일환으로 아프카니스탄 전쟁을 일으킬 때만 해도 많은 사람들이 미군의 승리에 대해 회의적이었다. 물론 압도적으로 우세한 전력(戰力)을 가진 미군이 승리야 하겠지만 그 과정은 순탄치 않을 것이란 전망이었다. 불과 20여년 전에 구 소련의 군대가 아프카니스탄을 침공하여 그들의 게릴라전에 말려들어 호된 대가를 치르고서 물러난 경험이 있는 데다가, 군사력만을 놓고 비교해 볼 때는 미군이나 소련군이나 비슷한 수준일 것이라고 판단했기 때문에, 미국의 개전(開戰)을 다소 우려의 눈초리로 바라보았던 것이다. 그러나 막상 뚜껑을 열어보니 미군은 많은 군사전문가들의 예측의 범위를 넘어서 소련군이 10여 년 동안이나 전력을 투구했어도 달성하지 못했던 성과를 불과 몇 주일만에 달성해버린 것이다. 미군은 이미 소련군과도 비교할 수 없는 압도적인 전력 우위에 도달해 있었음이다.

필자는 이라크 전쟁을 통하여 이러한 미군의 힘을 직·간접적으로 느낄 수가 있었다. 나시리아에 있는 바트당사 건물의 피폭 장면을 보고서 그 정확성에서 군사과학기술의 높은 수준을 보았고, 수없이 쌓아놓은 군수물자와 이들의 조직적인 관리와 운영을 보고서 군사경제의 힘을, 현역과 구분이 어려울 정도로 높은 수준의 전투력을 발휘하는 동원 예비군을 보고서 잘 정돈된 국방 시스템과 높은 수준의 국민의식을 보았다. 또한 한국군에게 자신들의 전쟁수행 과정과 전쟁교훈을 교육해 주는 한 해병 대령의 모습에서 미군의 자신감을 보았고, 동맹군들에게 미소를 잃지 않는 각개 병사들을 보고서 미군의 여유를 느꼈다. 이에 필자는 파병생활을 통하여 느낀 미군에 대하여 우리가 참조해야 할 것들을 몇 가지 제시하기로 하겠다.

어떻게 전투효율을 가장 극대화 시킬 것인가?

세계 경찰을 자처하는 미군은 항상 세계 어느 곳에서는 전쟁을 치르고 있다고 해도 과언이 아니다. 현재 이라크에서 전후 안정화 작전을 치르면서도 또 다른 지역의 분쟁에 개입할 의사를 나타내기도 하였다. 이러한 점은 미군이라는 군대로 하여금 항시 전쟁을 수행하는 시스템과 군인의 의식 전반을 전쟁과 전투에 대비하게끔 만들어 놓는다. 따라서 부대 운용이나 교육훈련, 전력개발 분야에 있어서 이것이 과연 전투에 기여할 것인가 아니면 그렇지 못할 것인가라는 잣대를 무섭게 적용한다. 전쟁에 있어서 다른 요인은 필요가 없다. 오직 이러한 시스템과 방법이 승리에 기여할 것인가 아니면 행정적 낭비에 그칠 것인가라는 절대적 기준만이 존재할 뿐이다.

우리나라 군대가 월남전 참전 경험을 통하여 전투력 수준에서 많은 향상을 보았다는 것은 자타가 공인하는 바이다. 북한군도 한국군이 월남전을 통하여 전쟁경험을 축적한 사실에 대하여 경계를 하고 있다는 이야기를 여러 차례 들은 바 있다. 아무리 실전과 같은 훈련을 통하여 전투력을 극대화한다고 하더라도, 훈련은 실전과는 엄연히 다른 어디까지나 훈련일 따름이다. 따라서 군인은 실전 경험을 가장 중시할 수밖에 없고 이를 통해서 많은 전력의 향상을 가져온다.

따라서 필자가 제안하는 것은 우리 군인에게 많은 해외 파병의 기회를 제공하여 직접적이건 간접적이건 전투경험을 쌓을 수 있기를 바란다. 국내에서 평시 교육훈련을 통하여 배우는 것과 해외에 나가서 실전에 참전하거나 전쟁수행 모습을 지켜보면서 배우는 것에는 큰 차이가 있음이다. 그리고 이러한 경험을 보유한 군인들에 의해서 우리 군도 매사를 대함에 있어서 '이것이 과연 전투력 발휘에 효율적일 것인가, 아니면 불필요한 행정적 낭비일 것인가?'라는 잣대로서 판단의 기준을 세우고, 이러한 문화와 분위기가 대세를 이룸으로써 '비효율, 비전투적'이라는 군살을 빼는 데 기여할 것으로 믿기 때문이다.

사회적 경영학이 통하는 군대문화 구축

예비역들이 소집되어 각자의 능력에 맡도록 제 기능과 역할을 수행할 수 있는 시스템의 구축이 필요하다. 이것은 국가동원체제의 효율적인 관리와 발전을 강조하는 것이기도 하지만, 먼저 전제되어야 할 것은, 군에서도 일반 사회의 보편적인 기술과 경영학이 통하는 시스템을 갖추어야 한다는 점이다. 즉, 사회에서 활용하는 자신의 전문기술을 군대에서도 효율적으로 사용할 수 있는 시스템 구축과 그 문화의 성숙을 기대하자는 것이다. 그런데 일반적인 우리나라 국민들의 시각은 군대, 하면 무조건적인 복종과 군기만이 요구되는 다소 시대의 발전에 뒤떨어진 조직이라는 의식이 만연되어 있다. 군에서도 이처럼 비판적인 국민의식의 불식을 위하여 많은 노력을 했음에도 불구하고 아직까지 의식의 전환을 불러일으키지 못하고 있는 점은 안타까운 일이다. 이처럼 회의적인 의식 속에서 동원병력에 대한 관리가 이루어지고, 그 정도 수준의 시스템이 가동되고 있다는 느낌이다.

따라서 동원되는 예비역들도 피동적이고 타성적으로 훈련에 임하는데, 이 악순환의 고리를 끊지 못하고 있는 것 같다. 필자가 그간 몇 차례 동원훈련을 경험해 보았지만, 가슴 후련하게 훈련의 성과를 달성했다고 느낀 적이 거의 없다. 이것은 결국 우리 군의 손해이며 나아가 국가적 손해이다. 하루 아침에 모든 것을 바꿀 수야 없겠지만, 진정한 민주 시민의식의 향상과 국가 개혁의 요체는 이러한 우리 국민 한 사람 한 사람의 정신 개혁에 달려 있다고 본다. 군에서도 사회의 경영학적 이론들이 통할 수 있는 문화의 구축은 결국 국민의 몫이다. 현재 군의 문화의 수준은 결국 우리나라 국민의 수준인 것이다. 결국, 내가 변하면 세상도 변한다는 진리를 우리는 믿어야 한다. 그리하여 우리사회의 잠재적인 능력을 국방력으로 승화시키기 위해서도 국민의식의 발전이 있었으면 하는 마음 간절하다.

동원체제 발전

미군과 이스라엘군을 연구하다 보면 양쪽 모두 선진화된 국방동원체제를 유지하고 있음을 발견할 수 있다. 불과 1천만도 안 되는 인구로 1억이 넘는 아랍의 적을 상대해야 하는 이스라엘로서는 그에 필요한 현역군을 상시(常時)로 유지하기는 불가능하다. 따라서 잘 발전된 동원체제가 필요한데, 전쟁이 발발하면 현역의 역할은 예비역을 신속히 동원하여 전투에 내보내고, 그들이 동원되기 전까지의 전선 유지 임무를 수행하는 것이라고 한다. 즉, 이스라엘군의 주된 전투력은 예비역이라는 것이다.

미군도 이러한 점에서는 이스라엘과 매우 유사하다. 필자가 앞에서도 언급했듯이, 한국군 서희부대가 주둔했던 기지의 사령관이 예비역 대령이었고 그 예하의 많은 군인들이 예비역이었다. 또한 우리의 업무 파트너였던 미 해병 공병사령관도 예비역 소장이었고, 공병 여단장도 예비역이었다. 이들과 대화를 나누고 함께 임무를 수행하면서 이들이 예비역이라는 사실은 어깨에 부착된 표식을 보지 않고서는 알 수 없었다. 그만큼 우리 눈에 비친 미군은 예비역과 현역이 구분되지 않을 정도로 모두가 현역처럼 보였던 것이다. 그만큼 예비역의 훈련이 잘 되어 있다는 것이다.

예비역들은 임무가 끝나 귀국하면 다시 소집에서 해제되어 원래의 일터로 돌아가 생업에 종사하는데, 이러한 군 경력이 사회에서도 유리하게 평가된다는 것이다. 이것은 단순한 동원체제의 발전 문제만이 아니라 나아가 선진화된 국민의식의 수준을 요구하는 것이다. 그리고 이 점에 있어서 우리의 현실을 생각하면 갈 길이 한참 멀다는 사실이 때로는 우리를 서글프게 한다. 현역의 복무 월수를 줄이고 상비군을 감축하기 전에 먼저 전제되어야 할 것은, 우리의 군을 포함한 국민의 성숙된 안보관과 동원체제의 발전이다. 안보라는 것은 군인의 전유물이 아니라 국민의 양보할 수 없는 권리이자 의무이기 때문이다.

자율과 책임

스스로를 통제할 수 있다는 것은 대단히 매력적인 일이다. 타인에 의하여 통제를 당하는 것보다는 많은 자유와 융통성이 보장되기 때문이다. 그러나 여기에는 엄격한 책임의 잣대가 따른다. 미군의 힘은 바로 성숙된 자율과 책임의 문화 속에서 기인한다는 생각을 많이 했다.

나시리아에서 쿠웨이트까지는 약 400km의 거리이다. 두 지역을 잇는 1번 고속도로는 TAMPA ROUTE 라고 소개한 바 있다. 서희부대는 일주일에 두세번씩 이 지역을 이동하곤 했는데, 그때마다 거리에서 마주쳐 지나가는 미군들은 그 누구 하나 헬멧을 벗은 모습을 본 적이 없다. 영내에서 보는 미군들과 작전지역에서 보는 미군들은 확연히 다르다. 영내에서는 다소 자유스런 복장과 행동들을 하고 있지만, 일단 작전지역에 나서면 우리나라 어떤 부대와도 비교할 수 없을 정도로 규정을 철저하게 지킨다. 미군의 차량은 그 무더운 사막에서도, 에어콘 시설이 장착되어 있지 않은데도 불구하고, 일체 복장을 흐트러뜨리지 않고 더위를 끝까지 견딘다. 바그다드에서도 힐라에서도 마찬가지였다.

만약 이러한 규정을 지키지 않으면 어떻게 될까? 아마 그에 해당하는 처벌을 받을 것이 분명하다. 감봉을 당하거나 고과 점수에서 좋은 평가를 받지 못한다. 여기서는 규정에 대하여 언급했지만 이들은 자신들의 업무분야와 교육훈련에서도 마찬가지다. 정해진 기간 내 일정 수준에 도달하지 못하면 영락없이 개인평가에 영향을 미친다. 이러한 것이 체계적으로 정착되어 있다. 다시 말하면, 자율을 최대한 보장하는 동시에 엄격한 책임을 부여한다. 이것이 미군문화의 보이지 않는 손이다. 이 또한 우리가 깊이 생각해 보아야 할 분야이다.

선진화된 시민의식

타인에 대한 배려와 자발적인 질서의 준수 등 선진화된 시민정신이 전투력에 미치는 영향은 무엇일까? 필자가 생각하기에는 이러한 것은 자율과 책임의 문화를 이루기 위한 보이지 않는 하나의 전제라고 본다. 건전한 시민의식의 발로 없이 자율과 책임이 올바르게 정착될 것이라고 보지 않기 때문이다.

전장지역에서는 누구나 할 것 없이 소총을 지참하고 다닌다. 쿠웨이트에서나 바그다드에서 미군들의 식당을 다녀보면 모두가 질서 정연하게 줄을 서고 소총은 타인에게 절대로 총구가 향하지 않도록 아주 조심스럽게 다루는 모습을 볼 수 있다. 하나의 작은 행동이자 타인을 위한 배려이지만, 이러한 모습 속에서는 자신도 이와 같이 존중받고 싶다는 마음이 깔려 있다. 길을 지나가도 눈빛만 마주치면 살짝 미소를 지어주는 여유와 배려는 하나의 몸에 베인 문화이겠지만 보기에 좋다. 조직생활에서 개인에게 부여된 임무를 제대로 수행하지 못하는 것은 그것이 조직에 누를 끼치는 것이 되기 때문에 이를 피하고자 주어진 임무수행에 더욱 매진할 것이라고 생각한다면 이들을 너무 좋게만 보는 것일까? 우리 군(軍)도 그리고 우리나라 국민도 빨리 높은 수준의 시민의식을 함양했으면 좋겠다.

3. 이라크 전쟁을 체험하고 나서 : 역사의 목소리를 들어야

군인은 그 존재가치가 국가의 안위와 국민의 생명을 보존하는 데 있다. 따라서 평시에는 적국으로 하여금 감히 전쟁을 도발할 엄두를 내지 못하도록 대비태세를 갖추고 억제 전력을 유지하며, 일단 전쟁이 일어났을 경우에는 반드시 승리하여 국가와 국민의 생명 그리고 주권을 지켜야 한다.

이러한 기본적인 가치와 당위에 대한 생각이 전쟁터에 와서 보니 한층 더 피부에 와 닿는다. 사람들이 말로는 제아무리 평화를 원하고 전쟁을 싫어한다고 하더라도, 동서고금의 역사를 통해볼진대 전쟁이 없었던 적은 없다. 그래서 어떤 이는 인류의 역사는 전쟁의 역사라고까지 말하기도 했던 것이다. 옛 선각자의 말씀 중에, "그대 전쟁을 피하려거든 전쟁을 대비하라"라는 말이 이라크에 가보니 더더욱 가슴에 와 닿았다. 역사는 돌고 돈다는 말이 있다. 이 말을 성서에서는 이렇게 표현하고 있다.

"하나님은 지나간 것을 찾으신다. 땅 아래 새로운 것은 없다"

사람들이 위주가 되어 진행되는 것이 역사인지라, 전쟁이 발발했던 과거와 비슷한 환경이 조성되면 또 다시 전쟁은 일어날 수 있는 것이다. 전쟁이 싫다고 해서 막아질 수 있는 것이라면 아마도 세상에 전쟁은 없었으리라.

이러한 이야기를 장황하게 하는 것은, 우리는 이라크 전쟁 같은 상황을 타산지석으로 삼아 이를 국민의 안보교육에 활용해야 한다는 것이다. 하나의 좋은 교육의 소재로 삼아야 한다. 사람은 교육을 행하지 아니하면 알기가 어렵고, 국가의 안보문제에 대해서만큼은 결코 물러설 수가 없기 때문이다. 평화를 사랑하고 전쟁을 미워해야 한다는 것을 교육하는 것도 중요하지만, 평화를 지키기 위해서는 어떻게 해야 한다는 것을 교육하는 것은 더욱 중요한 일이다.

과거 우리는 1세기 전에 나라 잃은 설움을 누구보다도 크게 겪어보지 않았는가? 언론상에서 일본이 재무장을 한다고 수 차례 경고하고 있는 것을 단지 하나의 사실로서만 알거나 잠시간의 관심거리로만 보아서는 안 된다. 그래서 어떻게 해야 한단 말인가? 그에 대한 우리의 대비책은 무엇인가? 재무장을 성토한다고 그들이 그만둘 것이 아님은 삼척동자도 다 아는 사실이다. 세상에 전쟁은 나쁜 것이니 해서는 안 되며, 또한 그렇기 때문에 우리나라가 이라크 전쟁에 파병해서도 안 된다는 주장을 국가적으로 책임 있는 사람들로부터 들은 적이 있다. 그 사람의 아마추어적 전쟁관에 실소할 뿐이다.

우리는 단기적으로는 북한이라는 커다란 안보적 장애물을 갖고 있고, 장기적으로는 중국과 일본의 정치·군사적 대국화라는 문제에 직면해 있다. 핵문제를 포함하여 거세져만 가는 일본과 중국의 정치 군사적 입김을 슬기롭게 대처해 나가기 위해 국가의 역량을 모아야 할 때이다.

안보는 군인들만의 몫이 아니다. 어떻게 국민적 힘을 모을 수 있을 것인가가 가장 중요한 것이다. 해외파병 같은 국가정책이 정해지기 전까지는 자신의 의견을 피력하고 반대할 수도 있겠지만, 일단 결정되면 반대하던 자들도 따라 주는 민주주의 정신이 아쉬운 세상이다. 마땅히 파병을 나가는 군인들이 국민의 뜨거운 환송을 받으며 자랑스럽게 파병 길에 오를 수 있도록 해주어야 한다.

그런 점에서 군인은 더욱 역사를 알아야 하고, 자신들이 느끼는 것만큼 국민들도 느끼고 정신적 무장을 할 수 있도록 분위기를 조성해야 한다. 이것이 국가의 안보를 책임진 사람들의 할 일이라 생각한다.

해외에 나와 보면 국가의 힘이 그대로 개인에게 실려져 그 언행에 무게감으로 나타난다. 우리나라가 어느 정도 국력이 있는가는 해외에 나가서 외국인과 견주어 보면 안다. 하물며 전쟁터에서야 더 이상 말해 무엇 하겠는가? 지금에 와서 부국강병론(富國强兵論)을 주장하려는 것은 아니지만, 국력을 키우는 것은 정말 중요하다는 점을 설파하려는 것이다. 우리의 아들딸들이 해외에서도 자랑스럽게 선진국의 젊은이들과 어깨를 나란히 하여 경쟁하고 꿈을 펼치는 모습이 보기 좋지 않겠는가? 이것은 근본적으로 국가의 힘에 달려 있다.

병력들의 정신교육을 시키다가 그들에게 역사 지식에 대한 기본 상식들이 너무 부족함을 보고 개탄한 적이 한두 번이 아니다. 대학입시에서 역사 과목을 필수과목에서 제외한 이후 생겨난 현상이고 문제점이다. 그래 놓고 중국이 고구려를 자국의 역사에 편입시킨다고 반대하는 목소리에 얼마만큼 설득력이 있겠는가?

국가에서 역사를 가르치지 않으면 군에서라도 가르쳐야 한다. 전부 교육할 수야 없겠지만, 전쟁에 대한 역사만큼은 가려서 가르칠 필요가 있다. 대한민국의 젊은이들이 군생활을 통해 나라를 사랑하고 국가안보의 중요성을 깊이 인식한다면 우리나라의 안보에 대한 국민적 역량 결집은 그다지 어려운 일이 아닐 것이다. 안보에 대한 역사적 책임이나 감각 없이 어떻게 국가안보의 중대사를 책임질 수 있겠는가? 군인이여, 역사를 공부하자.

4. 이라크 전쟁의 전쟁원인론 분석

지구상에 존재한 모든 전쟁을 분석한 결과 학자들은 전쟁의 원인을 크게 다음의 세 가지로 꼽는다.

첫째는, 전쟁을 일으킨 지도자의 인성적 측면이요,

둘째는, 부족한 자원의 확보 등을 위한 국가 생존을 위한 국가적 측면이요,

셋째는, 국제사회의 세력의 변화에 의해서 전쟁이 발생한다는 국제적 측면이 그것이다.

지도자의 인성적 측면을 원인으로 삼는 대표적 전쟁이 바로 토요토미 히데요시가 조선을 침략한 임진왜란과 히틀러가 폴란드를 포함하여

주변국을 공격한 전쟁이며, 국가적 측면에서 발발한 전쟁은 일본이 부족한 전쟁자원을 확보하기 위하여 동남아를 침략한 태평양전쟁이 그것이다. 국제적 측면에서 발발한 전쟁은 제 1, 2차 세계대전시 자의반 타의반으로 전쟁에 참여하게 된 많은 국가들이 그 예이다.

이번 이라크 전쟁을 이러한 원인론적 차원에서 분석해 보면, 미국이 이라크를 침공한 원인을 어디에서 찾을 수 있을까? 모든 전쟁을 세밀히 분석해 보면, 원래 어떠한 한 요인에 의해서만 전쟁이 일어나는 것이 아니라 위 세 가지 요인이 복합적으로 작용한 것이 많음을 알 수 있다. 다만 어떤 한 요인이 주된 요인으로 작용한다는 것은 사실이다.

필자는 위 세 가지 요인 중 세 번째 요인을 주된 원인으로 삼는다. 그 이유는, 앞에서도 밝힌 바 있지만, 사담 후세인이 주축이 되어 아랍권이 반미주의적 성향으로 돌아서는 것을 사전에 차단하고 범 아랍권에 친미주의적 분위기를 확립함으로써 기득권을 유지하기 위해, 부시 대통령에 의해 악의 축으로 규정된 이라크를 전격 침공하게 된 것이다. 겉으로만 본다면, 두 번째 전쟁 원인인 미국의 안보를 위하여 테러 지원국인 이라크를 공격하여 테러의 위협을 사전에 발본색원하려는 목적과, 이라크의 석유를 확보하여 미국이 경제적 측면에서 위협을 당하지 않으려는 목적에서 전쟁을 일으킨 국내적 요인으로 생각하기 쉽다.

그러나 위 두 가지를 아울러 아랍권에서 보다 근본적으로 미국에 유리한 상황을 조성하고, 장기적인 측면에서 이익이 되는 친 아랍권의 건설과 반미세력의 확산에 대한 차단을 포함하여 국제사회의 세력을 미국의 이익을 중심으로 재편하려는 목적이 그 원인이라고 생각한다.

여기에서 배제할 수 없는 것은 '부시'라는 지도자의 인성적 측면이다. 그가 폭력을 선호하거나 전쟁을 즐기는 전쟁광은 아니겠지만, 국가적 목적을 위하여 전쟁을 불사할 수 있는 과단성 있는 성격의 소유자였기 때문에 이 전쟁이 가능했다는 것이다. 결국 이를 종합해 볼 때, 위 세 가지 요인이 복합적으로 작용하여 전쟁이 발발한 것으로 분석할 수 있다.

필자가 여기서 이야기하고자 하는 주요 핵심은, 전쟁이란 그 속성상 일어날 수 있는 조건이 충족되면 언제든지 발생한다는 것이다. 자국이 원하지 않더라도 상대국에서 위의 조건이 충족되면 전쟁은 알어날 수 있음을 유의해야 한다는 것이다. 즉, 전쟁은 필요충분조건이 아니라 필요조건이라는 것이다.

인간이 삶을 영속하는 한, 그리고 그 기본 성질이 변하지 않는 한, 전쟁은 언제나 우리 곁에 존재하면서 그 파괴의 혀를 날름거리고 있다. 이 점에 있어서는 우리나라도 예외가 아니다. 아니 그 어떤 나라보다도 악조건에 있음을 수천 년의 역사에서 930여 회나 외침을 받아왔다고 하는 아픈 역사가 증거하고 있다.

있지도 않은 전쟁의 위협을 괜히 주장하는 것이 아니라 전쟁의 속성을 바로 알자는 말이다. 그리고 가장 핵심적으로 이를 수행할 군은, 서두에서 밝힌 대로, 자신들의 전투 준비 태세를 항시 최선의 상태로 유지하면서 국민들에게도 안보의식을 불러일으키기 위하여 노력해야 할 것이다. 그것이 안보를 전문으로 하는 군인의 책무이고, 조국과 역사가 부여한 숭고한 사명이기 때문이다.

발행인 후기

해외파병의 새로운 패러다임을 정립하자
― 이라크 추가파병 철회 논의를 보고 ―

비봉출판사 대표
박 기 봉

1. "정의"의 전쟁은 존재하는가?

총이나 칼, 폭탄 등 무력을 사용하여 사람을 대량으로 죽이는 전쟁이 어찌 정의(正義)로운 것이 될 수 있겠는가. 그 어떤 명분이나 구실을 대더라도 전쟁 그 자체는 정의로운 것이 될 수 없다고 해야 할 것이다.

그러나 인류 역사를 보면 여러 가지 명분이나 구실로 끊임없이 전쟁은 일어났고, 그 전쟁은 거의 예외 없이 "정의의 전쟁"이란 명분을 내세워 치러졌음을 알 수 있다. 그 진짜 이유가 인간의 탐욕에 있건, 무지에 있건, 분노에 있건, 설욕(雪辱)에 있건, 종교적 맹목에 있건, 아니면 단순한 힘의 과시 또는 지배욕에 있건 간에, 전쟁을 시작할 때에는 반드시 그럴듯한 명분을 내세우게 되고, 내세우는 명분이 그럴듯할수록 전쟁에 참여하는 병사들의 사기(士氣)는 더욱 진작되었던 것이다.

하나의 책 속에 가장 많은 전쟁 기록이 담겨 있는 책은, 필자가 알고 있기로는, 『춘추좌전(春秋左傳)』이 아닌가 한다. 이 책에는 전쟁에 관한 기록이 많은 만큼 전쟁을 시작하게 된 동기나 전쟁에 임하는 자세나 전략 등에 관한 사례도 많다. 수많은 인명과 귀중한 물자를 희생시켜 가면서 하는 것이 전쟁인 만큼, 언뜻 생각하면, 전쟁을 할 수밖에 없는 숭고한 목적이나 가치 또는 이상이 있어서 전쟁을 시작하게 되는 것으로 생각하기 쉽지만, 객관적인 입장에서 보면, 그런 것과는 거리가 멀다. 그래서 공자는, "역사상 수많은 전쟁 기록들을 살펴보니 정의의 전쟁은 없었다"고 말했던 것이다.

그러나 다른 측면에서 보면, 식물의 세계까지 포함하여, 살아있는 모든 존재의 속성에는 전쟁에의 충동이 내재되어 있다. 더 강하고, 더

빠르고, 더 높은 것을 추구하는 것이 어찌 올림픽 경기만의 이상이겠는가. 그것은 살아 있는 모든 것들이 공통적으로 추구하는 목표일 것이다. 그러나 일단 더 강해지고, 더 빨라지고, 더 높아진 후에는 자신의 그런 상태를 더 약하고, 더 느리고, 더 낮은 상태에 있는 존재에 대하여 적용해보고 행사해보고 싶은 충동이 일어나는 것도 살아있는 모든 존재에 내재하는 속성이며, 따라서 그것은 자연스런 충동이라고 해야 할 것이다.

이처럼 강해진 자신의 힘을 약한 존재에 대하여 행사해보려는 자연스런 충동에 제약을 가하는 것이 있다면, 그것은 오직 인간만이 가지고 있는 이성적 사고, 즉 정의, 도덕, 예의 등 인간이 창안해낸 사회적 가치나 규범들일 것이다. 이 이성적 규범들이 인간 본성에 내재하는 자연스런 충동을 억누르고 있는 동안에는 전쟁과 같은 큰 싸움은 억제 또는 회피되었다.

그러나 본성에 내재된 충동이 어느 정도를 넘어 강렬해질 때 이성적 규범의 힘만으로는 그것을 억누르기가 불가능해진다. 이처럼 내재된 충동이 이성적 사고가 설정한 한계를 벗어나려 하면서, 그러나 또 한편으로는 그것을 완전히 무시할 수 없는 그런 상황에서, 나타나는 현상이 바로 그 충동의 발현(發現)에다 일정한 명분이나 구실을 붙이는 것인데, 전쟁의 경우 이것은 "정의의 전쟁"이란 이름으로 나타나게 된다.

"정의의 전쟁"이란 것을 이러한 맥락에서 이해한다면, 우리는 "정의"라는 수식어가 사용되고 있는 경우에도 그 근본적인 한계를 인식할 수 있게 된다. 그런 바탕 위에서, 편의상 일정한 기준이나 조건을 설정한 후, 그것이 충족될 때는 "정의의 전쟁"이라고 부르고 있는 것도 사회적 동물인 인간들의 지혜가 창안해낸 교지(狡智)라 할 수 있을 것이다.

그렇다면, 수많은 인명의 살상을 목표로 하는 것이 분명한 전쟁이 어떤 기준이나 조건을 충족하는 경우, 제한적으로나마 "정의"라는 수식어가 붙는 것을 용인해 줄 수 있을 것인가?

2. 전쟁의 책임소재

"정의의 전쟁"에 관한 이야기를 계속하기 전에 먼저 생각해보고 싶은 문제가 하나 있다.

그것은, 우리 사회에는 양비론(兩非論) 또는 양시론(兩是論)을 모든 싸움에 대해 일률적으로 적용하여 판단하려는 사람들이 의외로 많다는 것이다. 그 원인은, "손뼉도 마주쳐야 소리가 난다"는 속담을 너무 과신하기 때문이고, 어릴 때 동화책에서 읽은, 싸우는 두 하인의 호소를 듣고 "네 말이 맞다", "네 말도 맞다"고 대답했다는 한 정승의 얘기를 대단한 미담인 양, 그리고 처세의 큰 지혜라도 되는 줄 잘못 이해하고 있기 때문이 아닌가 싶다. 그리고 우리의 현실 삶에서 이 두 가지 잣대만 준비하고 있으면, 저급한 수준의 논리력 구사로도, 싸우는 쌍방에 대하여 한 마디 점잖게 훈계할 수 있는 것이 우리 사회이기 때문일 것이다.

이것은 마치, 가만히 길을 가고 있는 사람을 이유 없이 때려서 싸움이 벌어진 경우, 싸움이 일어나게 된 근본 원인을 알아보려는 노력부터 먼저 하지 않고 싸우고 있는 현상만 보고서는, "싸우는 행위는 나쁘다, 그러므로 싸우고 있는 두 사람은 똑같이 나쁘다"고 훈계하는 것과 같다. 이런 경우, 먼저 이유 없이 남을 때려서 싸움을 야기한 사람으로서야 크게 위안이 되겠지만, 아무런 잘못도 없이 싸움의 당사자로 휘말리게 된 사람으로서야 참으로 분통 터질 노릇이 아닐 수 없다.

　따라서 어떤 다툼이나 싸움을 보게 되면, 그 다툼이나 싸움이 일어나게 된 일차적 원인이 어디에 있는지 잘 알아보려는 노력이 선행되어야 한다. 그런 노력이 쌓여감으로써 사물 일반에 대한 판단력도 커질 수 있는 것이다.

이것은 전쟁의 경우에도 어느 정도 타당한 말이다. 전쟁이라는 국가 간의 큰 싸움에 대하여 위에서 말한 것과 똑같은 논리를 그대로 적용하기에는 무리가 있겠지만, 전쟁의 경우에도 일반적인 판단 기준으로 유효하게 적용할 수 있는 잣대가 『맹자(孟子)』에 소개되어 있다.

맹자는 말했다. "한 개인의 경우, 스스로 모욕당할 짓을 하고 난 다음에야 남들이 그를 모욕하며, 한 가정의 경우, 스스로 망할 짓을 하고 난 다음에야 남들이 그 가정을 망하게 하며, 한 국가의 경우, 스스로 정벌당할 정치를 하고 난 다음에야 다른 나라가 그 나라를 정벌하는 법이다 (夫人必自侮, 然後人侮之; 家必自毁, 然後人毁之; 國必自伐, 然後人伐之)"
모든 잘못의 근본 원인과 책임은 언제나 그 자신에게 있다는 것이다!
이 얼마나 무서운 말인가! 이는 바로 모든 탓을 남에게, 강대국에게, 외부로 돌리고 속 편히 살아가고 있는 사람들을 두고 한 말은 아닐까? 자신들이 당한 모든 서러움과 스트레스를 "왜놈 새끼들!" 한 마디 욕으로 해소하고, "양놈 새끼들!" "xxx 제까짓 게!" 하는 한 마디 말로 날려버리고는 뼈아프게 자기반성 할 줄 모르고 살아가는 사람들이 세상에는 의외로 많은 게 아닐까?

필자가 맹자의 말을 빌려서 여기서 강조해두고자 하는 것은, 개인 간의 싸움이든 국가 간의 전쟁이든, 그 일차적 원인이 어느 쪽에 있었는지를 면밀하게 따져보려는 노력을 할 때 비로소 사물에 대한 인식의 수준이 제고될 수 있으며, 그것도 자신에게 교훈이 되는 방향으로 생각해보려는 자세를 가질 때 비로소 한 개인이든 국가든 발전할 수 있는 계기가 된다는 것이다.

필자가 미국이라는 나라와 이라크라는 나라의 실체와 실정에 대해 잘 모르면서 이라크전 개전(開戰)의 근본 원인을 얘기하고 있거나, 어느 한 편을 두둔하면서 하는 말이 결코 아니라는 점을 먼저 분명히 밝혀둔다.

3. "정의의 전쟁"으로 용인되기 위한 조건

그 누구보다도 정의(正義)의 중요성을 강조한 맹자는 (양혜왕 편에서) 정의의 문제를 전쟁의 경우에 적용하여, "정의의 전쟁"이 되기 위한 조건으로서 다음과 같은 이야기들을 소개하고 있다.

그 첫째는, 은(殷) 나라를 창건한 탕(湯) 임금이 정벌전쟁을 시작하여, 그가 동쪽 나라로 진군(進軍)하면 서쪽 나라 사람들이, 남쪽으로 진군하면 북쪽 나라 사람들이, "왜 우리는 뒤로 미루는가?" 하고 원망했다. 그들은 정벌자가 쳐들어오기를 마치 오랜 가뭄에 비구름과 무지개 기다리듯 '목이 빠지게' 기다렸다.

보는 입장에 따라서는, 정벌자가 찾아오기를 목이 빠지게 기다리는 백성들이야말로 전부 "반동분자"이고, "반역자"이고, "매국노"들이라 할 수 있을 것이다. 자기 나라 왕이나, 대통령이나, 주석이나, 장군 등 지도자의 통치를 거부하고 외국의 정벌자가 쳐들어오기를 목이 빠져라 기다리는 백성들이 있다면, 그들이야말로 간첩보다 더 나쁜 간첩, 반동분자보다 더 악질적인 반동분자, 반역자보다 더 극형에 처해야 할 반역자들임이 분명해 보인다.

그러나 백성들이 그런 처지에 놓이게끔 만든 장본인이 다름 아닌 그 왕이고, 대통령이고, 주석이고, 장군인 경우에도 그렇게 생각할 수 있을까? 백성들이 정벌자가 쳐들어오기를 기다리는 이유는 "포악한 통치자를 죽여서 박해받던 백성들을 위로해 주기 때문에, 그가 쳐들어온다는 것은 마치 하늘이 때맞추어 비를 내려주는 것과 같으므로, 백성들은 정벌자가 쳐들어오면 기뻐하는 것이다."

백성들이, "그가 왔으니, 이제 우리는 살았다!"고 하면서 감격에 겨워하고 환호작약(歡呼雀躍)하는 그런 정벌전쟁은, 그 정벌자의 원래의 전쟁 의도가 어디에 있었건 간에, 정의의 전쟁이라 불리기 위한 일차적 필요조건은 갖춘 것이라고 맹자는 말했다.

그 둘째는, 제(齊) 나라가 연(燕) 나라를 쳐서 점령한 것에 대한 이야기이다.

연 나라 재상 자지(子之)가 바보 같은 왕 쾌(噲)를 회유하여 왕위를 훔친 후 폭압적인 정치를 하자, 이번에는 빼앗긴 왕위를 되찾으려는 태자 평(平)이 반란을 일으키는 등, 연 나라는 국정이 극도로 혼란해져서 백성들의 삶은 도탄에 빠지게 되었다.

그때 제 나라가 쳐들어갔다. 그러자 연 나라 백성들은 "대나무(竹)

그릇에는 밥을 담고 병에는 식혜를 담아들고 와서 제 나라 군대를 환영했다. 정벌군이 장차 자기들을 학정(虐政)의 물불에서 구해줄 것으로 기대했기 때문이다."

백성들이 포악한 지배자의 학정이나 극도의 정치적 혼란으로 인해 물에 빠지고 불에 타는 듯 고통스런 처지에 있을 경우, 누가 와서 자기들을 구해주기를 바라는 것은 동서고금을 막론하고 어느 나라 백성들이건 매한가지일 것이다. 그런 학정의 재난에 처해 있는 사람들을 향해 애국심을 호소하고, 자존심을 설교하고, 자립심의 가치를 역설하면서 국토방위를 강조해 봐야, 그것은 우이독경(牛耳讀經)이나 격화소양(隔靴搔癢)처럼 전혀 설득력이 없다.

　만약 어느 한 나라가 이처럼 학정이나 정치적 혼란으로 인해 고통받고 있는 백성들을 구해주기 위해 군대를 동원, 정벌 전쟁을 일으켰다면, 설령 그 정벌자가 다른 무슨 꿍꿍이속을 가지고 있다고 하더라도, 그 전쟁은 "정의의 전쟁"이란 명분을 얻기 위한 이차적 필요조건을 갖춘 것이라고 맹자는 말하고 있다.

그 셋째는, 정의의 전쟁이 되기 위한 충분조건에 관해서이다.
　현재의 지배자나 통치자의 포악한 정치나 정치적 혼란으로 인해 고통받고 시달림을 받고 있던 백성들은 그런 상태에서 벗어나기 위한 유일한 길이라 생각하여 정벌자가 쳐들어오기를 목이 빠지게 기다리게 된다. 그들이 쳐들어오면, "백성들은 대나무(竹) 밥그릇에는 밥을 담고 병에는 식혜를 담아들고 가서 이를 환영하게" 될 것이고, 쳐들어오는 적을 막으러 나갔던 군사들은 도리어 총칼을 거꾸로 잡고 정벌군과 함께 쳐들어오게 될 것이므로, 전투다운 전투 한 번 하지 않고 전쟁은 정벌자의 일방적인 승리로 끝나고 만다.

전쟁이 끝나면 고통 받던 백성들을 위무(慰撫)해 주어, "장사하는 사람들은 누구나 그 나라 시장에 가서 장사하고 싶어하고, 농사짓는 사람들은 누구나 그 나라의 들에서 일하고 싶어하고, 다른 나라 여행자들은 그 나라의 길을 걸어보고 싶어하게 한다." 이러한 정상 상태를 회복시켜 놓고 나서는, "그 나라의 인사들과 협의하여 새 왕이나 새 대통령을 뽑아 세운 후 군대를 철수시킨다."

이처럼 할 때 그 정벌자의 침략은 "정의의 전쟁"이 되기 위한 충분조건을 만족시킨다는 것이다.

이 점에 대해서는 무위자연(無爲自然)을 주장하고 전쟁과 같은 다툼을 가장 싫어하였던 노자(老子) 역시 동의하고 있다. 그는, "군대란 근본적으로 상(祥)스럽지 못한 기물이다(兵者不祥之器)… 그러나 전쟁을 하지 않을 수 없는 부득이한 사정도 있다. 그런 경우, 그 나라에 안정과 평화를 가져다주고 물러나는 것이 제일 좋다(不得已用之, 恬澹爲上)."(『도덕경(道德經)』)고 했다.
맹자나 노자가 말한 것처럼 한다면, 그 전쟁은 "정의의 전쟁"이 되기 위한 충분조건을 만족시키고 있다 할 것이다.

만약 이렇게 하지 않고, 전쟁에서 이긴 후 자기 멋대로 그 나라 땅을 점령하고 앉아서, "그들의 부형들을 죽이고, 그들의 자제들을 꽁꽁 묶어 포로로 끌어가고, 그들의 종묘와 사당을 헐어버리고, 그 나라의 귀중한 물건들을 멋대로 가져간다면", 이야말로 그 나라 백성들로서는 "피하려던 물이 더 깊어지고, 피하려던 불이 더 뜨거워진" 것으로서, 이는 이전 지배자의 학정이 새로운 학정으로 옮겨진 것에 불과한 셈이 된다. 이러한 상황이 되면, 정벌자가 처음에 내세웠던, 포악한 정치로부터 백성들을 해방시켜 주기 위해서라는 "정의의 전쟁"의 명분은 거짓말이었음이 드러나고, 결국 속으로 숨겨 놓았던 탐욕, 야욕, 과시욕, 지배욕 등이 전쟁을 일으킨 근본 원인이었음이 만천하에 폭로되고 마는 것이다.

이런 상황에 직면한 백성들은 학정의 고통에 더하여, 기대가 배신당한 아픔까지 겹쳐져, 그야말로 더 이상 물러설 수 없는 궁지에서 목숨을 던져 항거하는, 이른바 자살폭탄 테러까지 불사하게 된다고 맹자는 우리에게 이야기해 주고 있다.

4. 이라크 파병과 우리의 입장

필자는 여기서 미국과 이라크의 전쟁 원인이나 책임 소재에 관해 이야기할 처지도 아니고 또 그럴 여유도 없다. 다만 먼저 분명히 짚고 넘어가고자 하는 것은, 어떤 원인으로 인해서건, 미국과 그 동맹국들은 이라크와 전쟁을 시작했고, 일단 승리하여, 현재는 이라크를 점령통치하고 있다는 것이다. 그리고 우리나라는 미국의 파병요청을 수용하여 이미 제마 부대와 서희 부대를 파견했고, 다시 전투병 3천 명 정도를 추가 파병 하기로 국회의 의결까지 받아 이를 대내외에 정식 공표하였다는 객관적인 사실들이다.

이라크의 후세인 대통령이 어떤 정치를 했건, 그리고 그 나라 국민들이 어떤 처지에 놓여 있건 간에, 우리나라가 주도적으로 이라크와의 전쟁을 시작할 위치에 있지 않다는 것은 이라크 국민들뿐만 아니라 전 세계인들이 다 알고 있는 사실이다. 따라서 우리의 파병은 미국과의 특수한 관계 때문에 이루어졌고, 또 그 과정이야 어떻든 간에, 현재 우리나라 군대는 이라크에 파병되어 있다는 사실이다.

이러한 객관적인 사실들은 우리에게 두 가지 측면을 고려하지 않을 수 없게 한다. 하나는 우리나라에 자기나라 군대를 주둔시키고 있는 세계 최강대국 미국과의 약속 또는 외교문제이고, 다른 하나는 후세인이라는 독재자의 학정과 그로 인한 전쟁으로 말미암아 피폐해질 대로 피폐해진 이라크 국민들과의 관계 문제이다.

미국과의 약속 또는 외교문제

미국과의 약속이나 외교문제에 대해서는 필자는 그야말로 문외한에 속한다. 따라서 평소 나름대로 느낀 소감 몇 가지만을 얘기해보도록 한다.

첫 번째는, 지상에 존재하는 모든 생명체에는 강자도 있고 약자도 있다는 것이다. 이는 부정할 수 없는 자연의 속성이고 법칙이다. 엄연히 존재하는 이 자연의 법칙을 망각하고 그것과 어긋나는 행동을 함으로써 초래되는 결과는 스스로 자초한 것이지 그 탓을 남에게 돌릴 수 있는 것이 아니다. 그 탓을 남에게 돌리는 것은 어리석은 존재의 자기기만일 따름이다.

인간을 포함, 모든 동물들의 삶을 살펴보면, 약자 또는 약소국일수록 자신의 생존을 외교에 의존하는 정도가 높고, 따라서 외교의 중요성은 가히 절대적이다. 약자나 약소국가가 자신의 처지를 망각하고 강자연(強者然)하거나 강대국연하는 착각에 빠져 외교를 할 때는 굴욕, 멸망, 패망이라는 값비싼 대가를 치르게 된다.

　우리나라의 역사로 국한해서 보더라도, 흔히들 고구려의 멸망을 당나라나 신라 탓으로 돌리는 사람들이 많다. 그러면서 만주 벌판을 지배했던 고구려의 그 강성함과 그 웅혼한 기상을 상기시키는 것을 매우 중요한 민족 정신교육이나 되는 것으로 생각하는 경향이 있다.

　그런데, 그런 고구려는 망하고 당시 삼국 중에서 가장 작고 약했던 나라 신라가 삼국을 통일한 이유는 무엇인가? 고구려가 자신의 힘과 당시 강대국으로 부상한 당(唐) 나라의 힘을 잘 비교형량 하지 못하고 스스로 강대국인 줄 착각하면서 잘못된 외교를 했기 때문이다.

　역사는, 그리고 국제관계는, 냉엄하기 짝이 없는 것이다. 그런데도 세 나라 중에서 가장 약하고 작았던 나라 신라가 삼국을 통일한 사실을 두고 아쉬워하면서, 신라에 의한 삼국통일의 우리 역사를 폄하하는 사람들이 많다. 그러나 이는 인류의 역사뿐 아니라 자연의 법칙에 대한 이해 부족에서 연유하는 것이다. 그 밖에 임진왜란, 병자호란, 일제 강점 등 우리 역사상 있었던 굴욕과 치욕의 역사는 거의 대부분 잘못된 외교정책으로 말미암은 것이었다고 해도 과언이 아니다.

두 번째는, 약소국과 강대국과의 외교관계에서 우리가 흔히 잘못 생각하고 있는 것으로 사대(事大)와 사대주의(事大主義)의 차이에 관한 것이다.

　사대(事大), 즉 작은 존재가 큰 존재의 뜻을 거스르지 않고 존중해야 한다는 뜻의 '이소사대(以小事大)'는 자연의 법칙이자 지혜로운 자의 생존 원칙이다. 작고 약한 존재가 자기 스스로를 보존하기 위해서는 크고 강한 존재의 뜻을 정면으로 어기거나 항거하지 말아야 한다는 것이다. 이것은 자연의 원리이고 법칙이다.

이 점에 관하여 맹자는 이렇게 말했다: "큰 나라가 작은 나라를 너그럽게 포용할 수 있으려면 그 통치자가 인자(仁者)여야만 가능하고, 작은 나라가 큰 나라의 뜻을 존중해 주고 정면으로 반항하지 않으려면 그 통치자가 지자(智者)여야만 가능하다. 큰 나라가 작은 나라를 너그럽게 포용하는 것은 하늘의 덕(德), 곧 자연의 법칙을 즐기기 때문이고, 작은 나라가 큰 나라의 뜻을 존중하고 정면으로 거스르지 않는 것은(약육강식이란) 하늘의 뜻, 즉 자연의 법칙을 두려워하기 때문이다(以小事大者, 畏天者也). 자연의 법칙을 즐기면 천하를 보전할 수 있고, 자연의 법칙을 두려워하면 자기 나라를 보전할 수 있다(畏天者保其國)."(『맹자』양혜왕 하)

약자가, 약소국이, 자기 자신이나 자기 나라를 보전하기 위해 냉엄한 자연의 원리, 역사의 법칙을 두려워하는 마음으로 지혜롭게 처신하는 일은 말처럼 그렇게 쉬운 일이 아니다. 그것은 매우 지혜로운 자가 아니면 할 수 없는 일이다.

이와는 반대로, 사대주의(事大主義)는 지혜로운 자의 지혜로운 행동방식이 아니라 어리석은 자의 어리석은 사고방식이자 처세방식이다. 변화를 그 속성으로 하는 자연의 원리, 역사의 법칙을 이해하지 못하는 어리석은 자가 무조건 크고 강한 자의 뒤만 쫄쫄 따라다니면 다 된다고 생각하고, 크고 강한 자의 그늘 아래 안주하려는 맹목적 추종일 뿐이다.

사대(事大)는 자연의 법칙에 대해 경외심을 갖고 주변 상황의 변화를 예의 주시함으로써 자신의 이해와 생존의 보존을 능동적으로 추구하는 것을 말하지만, 사대주의(事大主義)는 이미 스스로의 생각과 판단을 접어버리고 주변 상황의 변화에 눈을 감고 무조건 크고 강한 존재의 뒤만 쫄쫄 따라다니면서 거기에 안주하려는 어리석은 자의 사고방식과 수동적인 행동방식을 말하는 것이다. 위험이 닥치면 모래에 대가리를 박고 안전한 곳에 피신한 줄 착각하는 꿩이나 타조 같은 새 대가리들의 사고방식이다.

우리나라 역사에서도 광해군과 인조 시대에 명(明) 나라와 청(淸) 나라를 상대로 한 외교에서 이 둘의 차이를 경험한 바가 있다.

본인이 여기서 미국과의 약속 또는 외교문제를 이야기하면서 강조해두고자 하는 것은, 우리나라는 사대주의가 아니라 사대, 즉 자연의 법칙이자 역사의 법칙인 사대(事大)의 중요성을 명심해야 한다는 것이다.

올바른 사대(事大)는 국제정세에 대한 예리한 통찰과 역사에 대한 깊은 이해, 지혜로운 주체적 판단 없이는 불가능한 것이다.

다음으로 미국을 비롯한 국제 외교에서 명심할 것은 신(信)의 문제이다. 이에 대해서는 절을 바꾸어 이야기하기로 하자.

국가의 존립을 위해 가장 중요한 세 가지: 식(食), 병(兵), 신(信).
우리나라는 제 16대 국회에서 전투병 3천 명을 이라크에 추가 파병하기로 결의하여 전 세계에 이미 공표한 바 있다. 그런데 그 후 미군의 이라크인 포로 학대 문제가 언론에 크게 보도된 후 미국이 세계 여론으로부터 거센 비난을 받는 사건이 발생하자, 우리나라에서도 파병 결의안을 취소하거나 재검토해야 한다는 주장들이 일부에서 제기되고 있다.

본인의 이야기를 계속하기 전에 『논어(論語)』에 나오는 공자의 이야기부터 들어보자.

공자의 제자 자공(子貢)이, 정치(政治)를 함에 있어서 가장 중요시해야 할 일이 무엇이냐고 물어보자, 공자가 말했다: "그것은 경제의 발전(足食)과, 국방력의 강화(足兵), 그리고 지도자의 말에 대해 국민들이 믿도록 하는 것(民信之)이다."
자공이 말했다: "부득이한 사정으로 그 세 가지 중에서 한 가지를 포기하지 않을 수 없을 때, 어느 것부터 먼저 포기해야 합니까?"
공자가 말했다: "국방력의 강화를 포기해야 한다(去兵)."
자공이 말했다: "부득이해서 남은 두 가지 중에서 또 한 가지를 포기해야 한다면, 어느 것부터 먼저 포기해야 합니까?"
공자가 말했다: "경제 발전을 포기해야 한다(去食). 예로부터 결국 죽지 않은 자는 하나도 있은 적이 없다. 그러나 지도자의 말을 국민들이 믿어주지 않는다면, 그 나라는 한 순간도 존립할 수 없다."
공자의 말에 따르면, 국가가 국가로서 존립하기 위해 첫 번째로 중요한 것은 정치 지도자의 말을 국민들이 믿게 하는 것이며(民信之), 두 번째가 경제를 발전시켜 국민들의 삶을 풍족하게 하는 것이며(足食), 세 번째가 강력한 군대를 가져 국방력을 튼튼히 하는 것이다(足兵).
따라서 한 나라의 최고 지도자가 가장 힘써야 할 것도 바로 자기가 한 약속을 국민들이 의심하지 않고 믿게 하는 것이라고 했다.

만약 우리가 공자의 말을 일리가 있는 것으로 받아들인다면, 그간 우리 나라의 정치가나 대통령들은 공자의 말과는 반대되는 정치를 해왔다고 할 수밖에 없다. 첫 번째로 중요한 목표를 세 번째 정도에도 들어가지 못할 정도로 가볍게 생각해온 것이 사실이기 때문이다.

한 나라 내부에서도 신(信)이 갖는 비중이 이러할진대, 나라와 나라 사이의 관계인 외교에서야 더 이상 말할 게 무엇 있겠는가? 하물며 국경이란 울타리 안에서는 더 이상 식(食)조차 확보할 수 없게 되었을 뿐 아니라 모든 것이 국제화된 오늘날의 상황에서이랴. 현재 우리는 과학기술과 정보통신 기술의 발전, 매스 미디어의 발달 등으로 인해, 인류 역사상 그 어느 때보다 외교관계에서 신(信)을 상실하고는 나라가 나라로서 대접받기가, 그리고 존립하기가, 어려운 상황에 놓여 있다.

옛날에는 한 나라 왕의 말을 직접 들을 수 있는 것은 일부 고관(高官)들뿐이었고, 왕이 발표하는 성명서나 포고문도 자기 나라 밖으로 나가는 일이 거의 없었다. 그러나 지금은 한 나라 왕이나 대통령, 또는 정치 지도자의 말을 전 세계인들이 동시에 듣거나 읽을 수 있게 되었다. 따라서 정치 지도자들이 어떤 말이나 약속을 할 때에는 전 세계를 상대로 하고 있다는 것을 명심해야 하며, 따라서 이제는 앞에서 말한 "민신지(民信之)"에서의 "민(民)"의 범주 안에 우리와 외교관계를 가진 모든 나라들이 포함되고 있다는 점을 명심해야 한다.

'信'은 문자 그대로, 사람(人)이 자신의 입(口)으로 한 약속의 말(言)이다. 우리 속담에 "쏟아진 물은 다시 주워 담을 수 없다"고 했다. 그러나 과학기술의 발전으로 오히려 쏟아진 물은 다시 주워 담을 수 있을지언정 일단 한 약속의 말은 결코 다시 입 안으로 집어넣을 수 없다. 따라서 그것을 반드시 실천하려고 노력할 때에만 '信'이 생기는 것이다. '信'

의 고문자형은 '人'과 '口'로 되어 있었다. 입(口)의 가장 중요한 인격적 기능은 말하는(言) 것이므로, 후에 와서 '口'가 '言'으로 바뀐 것이다. 모름지기 정치 지도자는 입을 조심하고 말을 신중히 함으로써, 그 사람(人)과 말(言)이 서로 괴리되지 않도록 해야 한다는 훈계가 '信'이란 문자에는 함축되어 있는 것이다.

외국인들로부터 한국인과 한국이란 나라는 "신(信)이 없다(無信)"고 하는 평가를 듣는 것보다 더 무섭고 두려운 일이 없다는 점을 명심해야 할 것이다.

추가파병 결의 때와 지금 상황은 달라졌는가?

앞에서도 얘기했듯이, 그 원인이 어디에 있건 간에 미국과 이라크는 전쟁을 하였고, 일단 미군이 이겼으며, 그리고 현재는 미군이 이라크를 점령하여 치안을 유지하고 있고, 전쟁으로 파괴된 것을 재건하고 평화를 정착시켜 다시 이라크인으로 구성된 새 정부(그 실질 내용은 여하튼 간에)에게 권력을 이양해주려는 계획 하에 있다는 것은 부정할 수 없는 객관적 사실이다.

이러한 임무를 미국 혼자서 감당하기 벅차다고 해서 우리에게 도움을 요청하였고, 우리나라는 애초부터 이라크와의 전쟁을 통해 이라크를 점령 통치하려는 의도를 가지고서가 아니라, 이라크의 전후 치안유지를 도와주고, 전쟁으로 파괴된 이라크의 재건을 도와줌으로써 하루 빨리 이라크가 평화 상태를 회복하도록 도와주고자 하는 좋은 뜻에서 미국의 파병 요청을 받아들여 1차 파병을 했고, 또 추가파병을 결의했던 것 또한 객관적인 사실이다.

1차 파병과 추가파병 결의를 함에 있어서 미국의 요청이 있었다는 점과, 우리나라는 미국과의 특수한 관계상 그 요청을 거절하기 어려웠다는 점이 우리로 하여금 그러한 결의를 하도록 영향을 미쳤다는 점은 부인할 수 없는 사실이다. 그러나 그렇다고 해서 우리가 미국의 이라크전 개전(開戰) 동기까지 무비판적으로 인정하고 동의했던 것은 아니다.

비록 미국의 요청이 있어서 우리가 이라크에 파병을 하게 되었다고 하더라도, 우리나라가 이라크에 파병을 한 목적은 어디까지나 이라크의 전후 치안유지를 도와주고, 재건을 도와주고, 하루속히 이라크에 평화가 찾아오게 도와주려는 것이었다. 우리의 목적은 어디까지나 세계평화 유지와 인류애의 실천에 있었던 것이다. 그리고 현재 우리나라와 이라크는 서로 직접 당사자로서 관계를 맺고 있는 것이다.

미군들이 이라크에서 어떻게 행동하건, 그리고 그들이 세계 여론으로부터 어떤 비난을 받고 있건 간에, 그것은 미국의 문제일 따름이고 우리와는 직접 상관이 없는 일이다. 물론 이라크와 우리나라를 관련 맺도록 중간에서 소개한 미국이 이라크에서 잘 하여 좋은 평판을 듣게 된다면 우리로서도 반가워할 일이지만, 미국이 비난을 받고 있다고 해서 우리가 일단 공표까지 한 파병결의를 철회하려는 것은, 비유하자면, 중매쟁이의 소개로 결혼한 사람들이 그 후 중매쟁이가 남들로부터 손가락질 받을 짓을 했다는 이유로 도중에 이혼을 해야 한다고 주장하는 논리와 같은 맥락이라 할 것이다.

우리가 고려해야만 할 상황변화란 이러한 것들이 되어야 한다. 즉, 우리의 파병 결의 후 이라크 사태가 크게 호전됨으로써 이제는 이라크 국민들 자력으로 치안을 유지할 수 있게 되었고, 재건사업을 충분히 해낼 수 있게 되었으며, 무엇보다 이제는 이라크에 평화가 정착되었으므로 더 이상 우리의 파병 지원이 필요하지 않게 되었다는 그런 사실들이어야만 한다.

이런 것들만이 주된 고려사항이 될 때 비로소 우리는, 앞서 파병 및 추가파병 결의가, 비록 미국 측의 요청이 있었다고는 하나, 우리의 주체적인 가치판단 하에 이루어진 것이라고 자위(自慰)라도 할 수 있게 되는 것이다.

미국 측의 상황변화를 이유로 우리의 추가파병 결의를 재검토하거나 철회하자는 주장은, 앞서 든 비유에 의하면, 중매쟁이의 처지나 입장의 변화를 이유로 자신들의 결혼생활을 청산해야 한다고 주장하는 것처럼, 주체성이 전혀 없이 미국의 뒤만 쫄쫄 따라다니는 전형적인 사대주의자의 한심하고 비참한 그런 모습으로 스스로를 격하시키는 주장인 것이다.

이런 때일수록, 미국이 어떻게 하든 간에, "이라크의 선량한 많은 국민들이 우리의 도움을 필요로 하고 있으므로 우리는 추가파병을 해서라도 그들을 진정으로 도와주려고 한다"고 하면서 당당하게 나와야 하지 않겠는가? 그리하여 금번 이라크전이, 그 필요조건들이야 어찌되었건 간에, 정의의 전쟁이 되기 위한 충분조건들을 우리가 충족시켜 준다면, 이것이 도리어 미국을 진정으로 도와주는 길도 되지 않겠는가?

5. 이라크 파병 목적, 분명히 인식해야

이미 여러 차례 강조했지만, 우리는 결코 전쟁의 주체로서, 또는 당사자로서 해외 파병을 하려는 것이 아니다.

이라크 파병의 목적은 어디까지나 전쟁으로 인해 고통 받고 있는 이라크인들을 따뜻한 손길로 보듬어주고, 전쟁으로 파괴된 것을 복구해 주고, 치안을 유지해 주고, 평화를 심어주려는 것이다.

그리고 이러한 파병활동을 통해 뜨거운 사막에서 고생을 무릅쓰고 이러한 임무 수행에 매진하고 있는 사랑의 한국군 상을, 인류 평화를 위해 헌신하는 한국군 상을 전 세계인들의 가슴 속에 각인시켜 주자는 것이다.

이제 우리 한국인은 경제적으로만이 아니라 지적, 정신적, 윤리적 사고능력도, 그리고 특히 우리의 이상도, 더 커졌고 더 넓어졌다. 지금의 상태에 이르기까지 우리 자신이 겪었던 힘들고 쓰라렸던 경험들을 교훈 삼아, 그것을 발전적으로 승화시킨다는 차원에서, 우리는 저 뜨거운 사막에서 헐벗고 지쳐 있는 이라크인들을 우리 군인들의 넓어진 가슴으로, 악의를 가진 자가 감히 범접할 엄두조차 낼 수 없는 완벽한 무장(武裝)과 강건한 신체 속에 감추어진 따뜻한 마음으로, 위로해 주자. 그리고 이것을 계기로 세계를 무대로 활동하는 인애(仁愛)의 군대로서의, 평화 정착군으로서의 전범(典範)을 확립하자.

6. 해외 파병과 외국인노동자 문제

그러면, 이러한 파병목적을 달성하기 위해서 파병되는 군인들에게 어떤 정신무장을 시켜야 할 것이며, 그들이 파병 나가서 활동할 때의 주의사항들은 무엇인가? 즉, 그 목적을 현장에서 실천할 군인들을 어떻게 교육시켜 내보낼 것인가?

  이 문제는 이미 우리 군에서 그 중요성을 충분히 인식하고 그에 대한 대비를 하고 있을 것으로 생각되므로, 그리고 본서『아쌀람 이라크』의 저자인 김국현 소령의 이라크전 참전기에서도 충분히 언급되고 생각되므로, 이 문제들에 대해 필자가 더 이상 언급할 필요는 없을 것이다. 본인은 여기서 다만 국가 정책적 관점에서 고려해야 할 것들 몇 가지만을 요약, 정리하기로 한다.

첫째, 해외파병 문제와 외국인 노동자 문제
  금번 이라크 파병뿐만 아니라 앞으로 해외 파병이 현안으로 대두될 때에는 언제나 이 두 가지를 동시에 고려함으로써 우리에게 주어진 과제가 오히려 좋은 기회로서 작용할 수 있게 해야 한다.
  현재 우리나라에는 약 30만 명 정도의 외국인 노동자들이 각종 생산현장에서 일하고 있다. 그들은 거의 대부분 자국 내 급여가 월 100달러 내외 수준인 나라에서 온 사람들이다. 그들이 종사하고 있는 생산현장은 거의 대부분 소위 3D 업종이므로, 어차피 한국인 노동자들로써는 충원이 불가능한 실정이지만, 그들로서는 자국 내 임금의 8배 내지 15배나 벌 수 있는 엄청나게 좋은 기회의 직장인 것이다. 그런 이유로 그 기회를 좀 더 많이 갖고자 불법체류까지 감행하는 사람들이 늘어나서, 우리나라로서는 불법체류 외국인노동자 처리 문제에 직면하고 있는 실정이다.

  우리나라가 외국인 노동자들을 받아들여 일할 수 있는 기회를 제공하고 있다는 사실은 우리로서는 대단히 축복받은 현상이라 해야 할 것이다. 서독에 광부로 파견될 인원 선발 시험에 대학 졸업자들이 대거 응시하던 때가 그 언제였는가? 중동 건설현장에 서로 나가기 위해 건설회사들 정문 앞에 신청자들로 항상 장사진을 이루던 때가 언제였는가?

그러나 우리의 현행 외국인노동자 고용법은 한국에 일하러온 외국인 노동자들을 단순히 "가난한 나라의, 가난한 노동자들" 이상으로 보지 못하는 바람에, 그리고 인권과 평등을 기계적으로 잘못 이해한 결과, 국가적으로 좋은 기회를 놓치고 있는바, 이 점은 참으로 안타까운 일이 아닐 수 없다.

이러한 외국인 노동자 문제를 해외파병과 관련지어 생각하자는 것은 곧 다음과 같은 방식으로 문제를 생각하자는 것이다.

우리의 이라크 파병 병력이 3천명이라면, 우리 한국군이 주둔하고 있는 지역에 사는 이라크인들 중에서, 한국에 가서 일하고 싶어하는 사람들을 파병 숫자와 비슷한 정도로 선발하여, 그들에게 한국에 와서 일할 기회를 주자는 것이다.

현재 이라크 국내의 월 평균임금은 70~100달러 정도인데, 전후인지라 그나마도 일자리가 없어서 대량실업 상태에 있다. 그들에게 한국에 와서 자기 나라에서보다 열 배나 더 많은 돈을 벌 수 있는 기회를 준다면, 분명히 신청자는 쇄도할 것이다. 그들을 선발하여 한국으로 보내주는 권한을 한국군 지휘관에게 부여한다면, 그 지역 내에서의 한국군의 위상과 영향력이 커지리라는 것은 누구라도 쉽게 이해할 수 있을 것이다.

한국에 이미 와 있는 외국인 노동자들을 30만명으로 추산하면, 3천명은 그 1퍼센트에 불과하므로, 특별 관리도 얼마든지 가능할 것이다. 그리고 이라크는 아직도 사회구성 단위가 부족으로 되어 있으므로, 만약 자기 부족원(部族員)들 중에서 한국에 돈을 벌려 나가 있는 사람이 있다면, 그 부족원들은 한국군에 대하여 목숨을 건 테러를 감행할 생각을 아예 갖기 어려울 뿐 아니라, 주위에서 그런 의도를 가진 자를 발견하게 된다면 자발적으로 그들을 막거나 신고하려 할 것이다.

이런 상태라면, 한국에 나와 일하고 있는 이들 3천명이 갖는 의미는, 군사적으로 말한다면, 3천명이 한국에 들어와 있으면서 이라크에 주둔해 있는 한국군의 안전을 담보해주고 있음과 같고, 외교적으로 말한다면, 한국을 잘 이해하고 한국을 홍보할 장래의 지한파 인사 3천명을 교육시키는 것과 같으며, 석유 매장량 세계 2위의 나라 이라크에 장차 평화가 정착되어 전후 복구사업이 활기를 띨 경우를 생각한다면, 이라크에 진출할 한국기업이 고용할 수 있는 인적 자원 3천명을 사전에 교육시켜 두는 것과 같은 효과를 나타낼 것이다.

둘째, 현행 외국인노동자 고용법의 적용을 배제하고 특별 프로그램을 입안, 운용해야 한다

현행 외국인노동자 고용법은 선발과정의 극심한 비리와 가난한 외국인 노동자들이 한국에 오기 전에 엄청난 경제적 부담을 지고 있다는 문제점들을 해결해주지 못하고 있다. 그리고 이 법은 외국인 노동자들에게 실제로 일자리를 제공하고 있는 기업 측과 실제로 노동을 제공하는 외국인 노동자, 즉 시장의 두 주역인 수요자와 공급자의 의견이 제대로 반영되지 않고 있다는 맹점이 있다. 따라서 현행 외국인 노동자 고용법을 이라크인들에게 그대로 적용하는 경우, 소기의 목적 달성은커녕 부정적인 효과만을 초래할 가능성이 크다. 따라서 해외 파병과 관련지어 외국인 노동자 문제를 생각할 경우에는 이 법의 적용을 배제해야 할 것이다.

이라크인들을 선발하여 한국에서 일할 기회를 주는 경우 따라야 할, 필자가 생각하는 절차와 방법을 간단히 소개하면 다음과 같다.

합리적인 선발과정

현재 서희 부대에서 운영하고 있는 기술학교나 태권도 교육, 한국어 교육처럼, 한국군이 주둔한 지역에서는 이라크인들을 상대로 다양한 교육프로그램들을 운영하게 될 것이다.

① 그 프로그램에 한국어를 교육할 인원을 보강한 후(민간단체의 지원을 받을 수 있을 것임) 한국어 교육을 강화하여, 이들을 상대로 한국어 실력 검정시험을 치르고, 그 시험성적을 50%의 비율로 반영한다.

② 노동을 하기에 적절한 신체적 특성을 테스트하여 그 결과를 25%의 비율로 반영한다.

③ 기타 한국군과의 관계나 친밀도 등을 현지 주둔 한국군에서 판단하여 25%의 비율로 반영하여 종합성적 순서대로 매월 일정한 인원을 합격자로 발표한다.

이 경우, 어떤 형태로든 브로커들이 개입하여 선발과정에 부정이 개입될 여지를 철저히 차단한다. 외국인 노동자 문제에서 가장 큰 해악은 바로 선발과정에 악덕 브로커들이 개입하는 데서 발생한다. 이러한 과정을 거쳐 선발된 인원에게는 현지 지휘관이 한국에서의 취업허가서를 발급해주고, 이 취업허가서를 소지한 자는 영사관에서 입국비자를 자동적으로 받을 수 있게 한다.

의도하는 효과: 한국어 학습열기가 고조될 것이며, 이는 곧바로 한국인과 한국문화에 대한 이해 제고로 나타나서 친 한국 정서가 확산될 것이다.

소요되는 여행경비의 사전 대여

이리하여 한국에 오게 될 인원들에게는, 사전에 채용희망 기업들로부터 신청을 받을 때 항공료와 입국 후 이동경비 및 1개월간의 용돈 정도를 미리 납부케 한 후, 그 금액을 취업 후 6개월에 걸쳐 분할상환하게 한다(이 일은 국방부의 감독 하에 중소기협 중앙회에서 대행하게 할 수 있을 것이다.

이라크인들에게는 해외노동자 고용법의 적용을 배제하고, 완벽한 신체적 안전보장을 제공하는 대신(국방부에서 소수 인원으로 구성된 특별반을 편성하여 운영한다면 가능할 것임), 한국인 노동자와 동일노동 동일임금 원칙을 적용하지 말고 월 500 내지 600달러 선에서 고용 가능하도록 한다(단, 침식 별도제공).

의도하는 효과: 기존의 다른 외국인 노동자들은 한국에 오기 전에 이미 브로커 알선료, 여행경비 등, 그들로서는 엄청난 빚을 지고 한국에 오게 되므로, 한국에서 짧게는 1년, 길게는 2년 벌어봐야 한국에 오느라 들어간 빚만 겨우 갚는 수준이지만, 이라크인 노동자들은 첫째 달 월급부터 순저축이 가능해진다. 어찌 월급타령하고 이곳저곳 기웃거리겠는가? 일에만 전념할 수 있게 된다.

그들을 위로해주기 위한 각종 이벤트 개최

국방부 주관 하에 수시로 이라크인 노동자 위로의 밤 행사, 한국의 푸른 산과 강을 마음껏 보고 즐길 수 있는 일일 관광여행 등 각종 이벤트를 개최하여 학정과 전쟁으로 지쳐있는 그들의 마음을 따뜻이 위로해준다. 그리고 사막에서 살아온 그들에게 아름다운 한국의 자연 경관을 실컷 보고 즐기게 함으로써 한국의 자연과 한국인에 대한 아름다운 추억을 간직하게 한다.

특히 그들의 삶의 환경이 사막이어서, 코란에서는 천국을 묘사할 때면 언제나 "강물이 흐르고 푸른 나무들이 늘어서 있는"이란 수식어가 붙는다는 점을 이해하면, '그 환경이 천국과 같은 한국에서'는 비용을 별로 들이지 않고도 그들의 마음을 위로할 수 있다.

저축 시스템 교육

이라크인 노동자들이 매월 받게 될 월급 500 내지 600달러는 그들로서는 평생 가도 한 번 손으로 만져보기 힘든 큰돈이다. 그것을 가장 안전하게 저축할 수 있는 가까운 은행을 소개해주고 이용 방법을 안내해줌으로써 그것을 도둑맞거나 분실할 위험을 철저히 예방해준다. 그들로서는 은행을 통한 송금 자체도 낯선 경제행위라는 점을 이해해주어야 한다.

귀국 여비의 저축

귀국 여비가 마련될 때까지 그들을 고용한 기업에서 급여 지급 시 일정 금액을 적립시켜 가거나, 본인으로 하여금 은행에 적금 들 듯이 적립하도록 의무화할 필요가 있다. 언제나 돌아갈 여비가 있다는 사실이 그들의 마음의 부담을 덜어줌으로써 일에만 전념할 수 있게 해 줄 것이다.

체류하는 동안의 소비생활 교육

국내에는 외국인 노동자들이 매우 저렴한 비용으로 옷이나 신발 등 생활용품을 구매할 수 있는 기회를 제공하는 조직이나 시설이 있다. 경실

련에서 운영하는 알뜰장터, 중앙일보가 협찬하여 운영하는 사랑의 나눔 가게 등이 곳곳에 있는데, 이런 곳에 대한 정보를 이라크인 노동자들에게 소개해줌으로써 한국에서의 체재비 지출을 최소화할 수 있도록 해준다.

체류하는 동안의 한국어 학습

한국에 체류하는 기간 동안 꾸준히 한국어를 학습할 동기를 부여 하고 또 그럴 기회를 갖게 함으로써 한국인과의 의사소통을 더욱 원활히 할 수 있게 되도록 권장하고 이를 도와준다.

따뜻한 환송

외국인 노동자들이 생일을 맞았을 때는 이를 개별적으로든 직장 단체로든 회식 자리를 마련하여 향수를 달래주고, 귀국 시에는 같이 일하던 노동자들과 고용주의 작은 정성들을 모아주어 따뜻이 전송한다.

이상은 한국군이 주둔하고 있는 지역의 이라크인들에게 한국으로 와서 일할 수 있는 기회를 제공, 그들을 경제적으로 도와줌으로써 한국군에 대한 우호적인 분위기를 조성하기 위한 구체적인 방법을 간단히 생각나는 대로 소개한 것이다.

우리가 그들에게 이렇게 해줄 때 이라크에 주둔하고 있는 한국군에 대한 테러의 위험은 감소될 것이며, 그런 상태에서 이라크의 치안 유지, 재건 지원, 평화정착이라는 한국군의 파병목적은 용이하게 달성될 수 있을 것이다. 향후 이라크가 평화상태를 회복하게 되면, 우리의 이런 노력들은 다른 형태의 좋은 기회로서 우리에게 피드백 되어 보상을 받을 수 있게 될 것임도 새삼스레 말할 필요가 없을 것이다.

물론 여기서 제안한 방안에는 현실적으로 존재하는 법적, 제도적, 정치적 제약들이 많이 있을 것이다. 어느 나라에서나, 안일을 추구하고자 하는 사람들에게는 "이래서 곤란하다", "이래서 안 된다"라는, 언제든지 사용할 수 있는 수많은 이유들이 준비되어 있다. 그러나 새로운 길은, 가로놓인 장애물을 제거하려는 노력 없이는 결코 개척될 수 없는 법이다.

7. 맺는 말

은혜를 갚는 방법

필자는, 부모님 생전에 효도를 다하지 못한 변명으로, 사랑과 은혜는 위에서 아래로 흐르는 것이 자연의 순리라고 말해 왔다. 부모님에게서 받은 사랑과 은혜는 자식에게 갚는 것이 자연의 순리이고, 부자로부터 받은 은혜는 자신보다 가난한 자에게 베풂으로써 갚는 것이 순리이며, 강대국으로부터 받은 은혜는 우리보다 더 가난하고 약한 나라에게 베풂으로써 갚는 것이 순리이다.

순리대로 하면 하기도 쉽고 할 때 기분도 좋다. 순리가 아닌 것은 하기도 힘들고, 하는 순간에도 일종의 의무감 같은 강압적인 기제(機制)가 작용한다. 하고 나서도 느끼게 되는 감정은 일종의 빚을 갚았다는 기분이지 베푸는 경우 느낄 수 있는 마음속에서 우러나는 희열은 아니다. 본성의 내재적 충동이 아니라 인위적 규범을 따른 것에 불과하기 때문이다. 이로부터 우리는, 법이나 제도 등 인위적 규범을 준수하면서 감정의 희열까지 느낄 수 있도록 하려면, 그리하여 그 규범들이 용이하게 실천될 수 있게 하려면, 규범을 제정할 때 최대한 자연의 순리와 부합되게 해야 한다는 것을 알 수 있다.

전통적 관념의 효도의 규범, 즉 부모에게서 받은 은혜는 부모에게 갚아야 한다는 규범은 그 당위성을 그토록 오랫동안 교육해 왔으나 잘 실천되지 않고 있는데, 그 이유는 바로 그것이 자연의 순리, 즉 동물로서의 인간의 내적 충동과 부합되지 않기 때문일지 모른다.

우리는 주변에서 어렵지 않게, 오늘날 한국경제 성장의 공로를 모두 우리 자신의 노력의 결과로만 생각하고 우쭐해 하면서 우리보다 못사는 나라 사람들을 업신여기고 있는 것을 볼 수 있다. 그리고 그 성장 원인이나 발전 원인을 우리 자신의 높은 교육 수준, 근면과 성실, 등등에서만 찾고 있는 것을 볼 수 있다.

과연 한국경제의 성장 요인들을 그런 것들에서만 찾을 수 있을까? 다른 것은 몰라도, 책을 출판하는 일에 종사하고 있는 필자로서는, 그것을 높은 교육 수준에서 찾는 데는 별로 동의하고 싶지 않다. 현재도 대학생들을 가르치는 교재 하나를 자체 학문을 바탕으로 저술하지 못하고 미국이나 영국 등 선진국에서 배워온 것을 그대로 베끼듯이 하여 만들어낸 것들이 대부분이고, 대학원으로 가면 그 정도가 더욱 심하여 아예 우리 한글로 된 교재가 없을 정도인 나라에서, 자신들의 높은 교육 수준 운운, 하는 것은 듣기에도 민망하다.

소위 최고의 지성들을 길러낸다고 하는 대학에서 학생들을 가르치고 있는 교수들은 어디에 가서 배워 왔는가? 거의 대부분 선진국 교수들 밑에서 배워오지 않았는가? 이런 현상은 극복되기는커녕 오히려 심화되고 있는 실정이다. 그리고 또 기업들의 생산기술은 어디서 배워왔는가? 선진국 기업에서 배우거나, 이전 받거나, 심한 경우 훔치기까지 해서 배운 것들이 아닌가? 이제 일정 부분에서는 자체 기술을 개발하고 세계 최고 수준에 도달해 있다고는 하지만, 그 기초학문이나 기술 관련 책들은 모두 선진국의 저자들이 쓰고 선진국 출판사에서 발행한 것들 아닌가? 그리 보면, 아직도 우리가 진정한 의미의 선진국 반열에 올라서기는 요원하다 할 것이다. 따라서 목과 어깨에 들어 있는 힘을 빼내 버리고, 모두들 더욱 각고의 노력을 할 마음의 자세를 다시 갖춰야 할 것이다.

필자의 이 말은 결코 "자존(自尊)의 기(氣)"까지 버리자거나, 더 "잘 먹고 잘 살기 위해" 악착같이 노력하자는 뜻은 아니다. "좀 덜 잘 먹고 좀 덜 잘 살면" 어떤가?

필자가 정녕 하고 싶은 말은, 이제 생존을 위해, 먹고살기 위해 허리띠 졸라매야만 하던 시기는 넘긴 것 같으니, 그간 우리가 알게 모르게 많은 나라 사람들로부터 받은 은혜도 다시 생각해보고, 그것을 갚을 방법도 생각해보는 마음의 여유를 갖자는 것이며, 우리가 알게 모르게 받은 은혜를 갚을 방법도 생각해보자는 것이다.

은혜를 갚겠다고 우리에게 은혜 베풀어준 선진국 사람들을 이곳 저곳 찾아다닐 것인가? 그런 방식은 애초부터 불가능하고, 재미도 없고, 기분도 좋지 않다. 역시 은혜와 사랑은 위에서 아래로 흐르는 것이 자연의 순리이며, 실천하기도 더 쉽고 실천할 때 기분도 좋다.

평화를 심어주는 한국군 상(像) 확립

군(軍)이란 원래 전쟁의 이기(利器)이다. 국가 간에 전쟁이 없다면 군대도 있을 필요가 없다. 그리고 또, 온갖 명분에도 불구하고, 전쟁은 한 나라의 군대가 다른 나라에 쳐들어감으로써 일어나고, 전쟁을 하게 되면 수많은 인명의 살상이 있게 된다. 이것은 인류 역사가 시작된 이래 예외가 없는 전쟁의 모습이자 군대의 모습이다.

따라서 한 나라의 군대가 국경을 넘어 다른 나라로 이동하게 되면 그것은 곧 침략전쟁이 되고, 그 침략해 오는 군대를 저지하기 위해 그 나라의 군대가 동원됨으로써 전쟁이 일어나게 된다. 오랜 역사적 경험에 의해 군대의 국경 이동에 대한 이러한 부정적인 인식은 모든 사람들의 뇌리에 고정관념으로 깊이 자리 잡고 있다.

그러나 우리는 외국군대에 의해 침략을 당해본 적은 있어도 우리 군대가 먼저 남의 나라를 침략해 들어간 적은 없었다. 우리의 군대는 그 속성이 평화수호의 군대임을 우리의 역사가 증명해주고 있다. 한때 월남전에 참가하기 위해 해외파병을 한 적은 있으나, 그리하여 우리의 역사에서 단 한 차례 예외가 되고 있기는 하나, 그것은 우리 자신의 침략 의지에서 비롯된 것이 아니었음은 전 세계가 다 인정해주고 있는 바이다. 월남전 파병과 현재 당면하고 있는 이라크전 파병은 그 목적부터 결코 동일선상에서 비교할 성질의 것은 아니다.

이와 같이 우리에게는 다른 나라와는 다른 군대의 역사가 있다. 그렇기 때문에, 만약 일본의 군대가 그들의 국경을 넘어 다른 나라로 향한다면, 그들이 어떤 변명을 아무리 늘어놓더라도, 그것을 바라보는 외국인들의 마음속에 공포심을 자아내기 쉽지만, 그러나 한국군이 국경을 넘어 다른 나라로 향하는 것을 바라보는 다른 나라 사람들은, 일단 의아해 하기는 할지언정, 결코 '저들이 남의 나라를 침략하려고 하고 있구나' 라고 생각하지는 않을 것이다.

바로 여기에 우리의 앞으로의 과제도 있고 또 기회도 있다. 우리 군이 나라 밖으로 나가는 것을 바라보는 다른 나라 사람들이, 일말의 의아심도 없이, '한국군이 또 어디에 평화를 심어주러 가는구나' 하고 마치 당연히 그래야 한다는 듯이 생각하게 만들자는 것이다.

우리 군이 해외에 파병을 나가는 목적은 파괴된 곳에 건설을, 다친 자에게 치료를, 혼란한 곳에 치안을, 싸움이 있는 곳에 평화를 심어주기 위함이며, 총칼의 무장 속에 감추어진 따뜻한 가슴에서 우러나오는 인류애를 실천하기 위함이므로, 우리가 이 목적을 제대로 달성할 때 세계인의 뇌리에는 한국군이라는 전혀 다른 모습의 긍정적인 군대상(軍隊像)이 심어질 것이다.

그간 우리 자신도 군대라고 하면 38선을 가운데 두고 남과 북의 군대가, 같은 민족끼리, 서로 잔뜩 끓아보고 있는 그런 모습만을 생각해 왔다. 그런 상태가 아직 해소된 것은 아니지만, 이런 인식에만 매몰되어 있는 한 우리의 모습은 남들 보기에 왜소하고 어리석고 부끄러운 모습으로만 남게 될 것이다.

이제부터는, 경제 규모 같은 것은 생각하지 않더라도, 평화에 대한 갈망이 그 어떤 나라 사람들보다 강렬한 우리나라가 평화를 심는 군대로서, 파괴된 것을 건설해주는 군대로서, 다친 자들을 치유해주는 인애(仁愛)의 군대로서 탈바꿈되어 전 세계에 우뚝 서야 하지 않겠는가?

남의 나라 군대가 자기 나라로 들어오는 것이 무엇을 의미하는지에 대한 사람들의 보편적인 인식 때문에, 아무리 우리가 선한 의지를 가지고 있더라도, 우리의 이러한 뜻을 펼칠 기회는 좀처럼 주어지기 힘든 것이 사실이다.

그런 점에서, 만약 우리 자신이 세운 파병목적을 십분 달성한다면, 우리에게 있어 금번 이라크 파병은 진정으로 좋은 기회임이 입증될 것이다. 우리의 경제처럼, 우리 한국군도 그 활동의 무대를 좁은 한반도의 울타리를 훌쩍 뛰어넘어 전 세계로 향하도록 우리 군의 꿈과 포부를 키우고, 그 선한 꿈들을 큰 도화지 위에 그려볼 수 있는 계기를 이번 이라크 파병은 제공해주고 있는 것이다.

마지막으로, 이 시간에도 열사(熱砂)의 나라에서 고생하고 있는 우리의 젊은 장병들의 노고를 위로해주고 또 건강을 기원하자.

그리고 우리 모두 추가파병에 관한 더 이상의 왈가왈부를 중단하고, 우리 장병들이 국민 전체의 열렬한 환송 속에 이라크 파병의 장도에 올라 평화 심기의 숭고한 목적을 달성하고 돌아오기를 기도하자.

그리고 또, 온갖 위험과 고생 속에서 파병의 임무를 수행한 후 돌아오는 한국군 병사들을 뜨겁게 환영해 주고 그 노고를 진심으로 치하하자. 어찌 장한 일 하러 위험한 곳으로 가는 우리의 군인들이 언론의 각광도 받지 못하고 슬그머니 갔다가 슬그머니 돌아오게 할 수 있단 말인가.

2004. 5. 15

아쌀람 이라크!

"이라크에 평화를!"
서희부대 경비대장의 이라크전 참전기

초판인쇄일 2004. 5. 25
초판발행일 2004. 5. 30

지 은 이 김 국 현
발 행 인 박 기 봉
발 행 처 비봉출판사
주   소 서울 마포구 합정동 419-13 합정하이빌 102호
전   화 (02)3142-6551-5
팩   스 (02) 3142-6556
E-mail beebooks@hitel.net
등록번호 2-301(1980년 5월 23일)
ISBN 89-376-0324-1 03390
designed by DesignHome(02-336-0680)

정가 10,000 원

ⓒ 본서의 판권은 본사에 있습니다.
(파본이나 결함이 있는 책은 우송해 주시면 교환해 드립니다)